本成果获得湖州师范学院中国史特色学科暨旅游文化产业人才培养（南浔）基地资助

历史研究的江南视野

李学功 主编

鲁卫东
李章程 副主编

中国社会科学出版社

图书在版编目(CIP)数据

历史研究的江南视野 / 李学功主编. —北京：中国社会科学出版社，2020.3
ISBN 978-7-5203-6229-0

Ⅰ.①历… Ⅱ.①李… Ⅲ.①华东地区—地方史—研究 Ⅳ.①K295

中国版本图书馆 CIP 数据核字(2020)第 054592 号

出　版　人	赵剑英
责任编辑	宫京蕾
特约编辑	李晓丽
责任校对	秦　婵
责任印制	郝美娜

出　　　版	中国社会科学出版社
社　　　址	北京鼓楼西大街甲 158 号
邮　　　编	100720
网　　　址	http：//www.csspw.cn
发　行　部	010-84083685
门　市　部	010-84029450
经　　　销	新华书店及其他书店

印刷装订	北京君升印刷有限公司
版　　　次	2020 年 3 月第 1 版
印　　　次	2020 年 3 月第 1 次印刷

开　　　本	710×1000　1/16
印　　　张	16
插　　　页	2
字　　　数	254 千字
定　　　价	88.00 元

目　　录

古代编

近代编

序一 湖丝映射的天空

熊月之①

佛家有言，一粒沙中看世界。湖丝有光泽，有质感，湖丝不是自然物，有内涵，有文化。透过湖丝，人们可以看到中国与世界的联系，看到中国不同地域的环境变迁，看到江南的产业分工与工匠精神。从湖丝看中国与世界的联系：

先从大家比较熟悉的徐荣村的故事说起：

1851 年，英国举办第一届万国工业产品博览会。中国商人徐荣村，寄七里湖丝 12 包参展，获得博览会"制造业和手工业"奖牌。

这则故事连带出三个问题：第一，为什么是徐荣村参加世博会而不是别的什么人呢？第二，为什么提供首届世博会的是湖丝而不是其他物品呢？第三，为什么是从上海而不是从广州或其他港口出发呢？

这三个问题其实是连在一起的。

自葡萄牙人在 16 世纪占领澳门以后，广东香山一带就处在中西文化交汇、融合的前沿，那里的中国人，对西洋文明接触最多，了解最切，知之最深。鸦片战争前后十多年，对西方新生事物信息灵敏的人，主要是这一带人，特别是奔走于中西之间的买办。近代买办有广东籍、江浙籍之分，但那时候江浙买办还没形成气候，活跃在洋行里的买办主要是香山人。徐荣村与他的哥哥徐钰亭，都是最早的从广州转移到上海的香山买办。"湖丝甲天下"。湖丝以其细、圆、匀、坚、白、净、柔、韧等特点，远远超过其他地方所产蚕丝，在明清时期就世界闻名，明代

---

① 熊月之，复旦大学特聘教授，上海社会科学院研究员，上海文史馆研究馆员，中国历史学会副会长，中国孙中山研究会会长。

开始就有外国人用外国商品交换湖丝。鸦片战争以后，湖丝在欧洲市场上更受到欢迎，是中国最重要的出口商品。鸦片战争以前，中国对外贸易窗口主要是广州，那时丝、茶等商品主要从广州出口到西方。鸦片战争以后，五口通商，上海以其地处长江三角洲，与丝、茶等商品出产地联系更方便，交易成本更低，文化方面也比较开明，因此，很快成为中国最主要的对外贸易窗口。

这就是为什么是香山人、为什么是湖丝、为什么是从上海出发的历史原因。

再看一个一般人不太知道的故事：

上海在 1843 年 11 月 17 日正式开辟为通商口岸。在此以前，已有中国商人向上海道台提出申请，要求开设商号，从事对外贸易。前些年，历史学家王庆成从伦敦英国图书馆，发现一份由中国商人张新贤向上海道台提出开设商号的禀帖，其中正式提到"湖丝"问题。这份禀帖对于研究湖丝贸易，具有重要价值。禀帖不长，原文如下：

> 商人张新贤为禀请开设敦利号以与英商贸易事
> 为开设丝茶两栈禀请转详关宪给谕，以便饬遵事。
> 敬禀者：窃职向在粤东贩运江浙各货，开设裕隆竹记字号。缘上年奉有五口通商谕旨，职在粤东有同业陈春圃、卞博山情愿合伙在上海开设敦利字号，招徕丝茶各商，遵奉新议章程，照则纳税，经理贸易事务。是以职等于今年七月来上，在台治西姚家弄、东姚家弄、王家巷、孙家巷以及前和典基、万瑞坊基等处租赁栈房，门前均贴敦利栈字样，以便招接各路商人，安顿货物，庶英国领事官到日，即可通商贸易。
> 惟湖丝一项，遵照新章补纳三关税银，已据监生沈浩开设通亿丝栈，禀请详充给谕在案。
> 伏查新议通商章程内载，英商与华商交易一款，现经议定英商到货后，自投商贾，无论与何人交易，听从其便等语。职等遵照新章，预为租赁栈房，不论湖丝、茶叶各货，均听英商自投栈号贸易。所有内地丝商应补三关税银，令其于成交后自投银号代纳。其茶叶一项，亦令英商于成交后即赴银号输纳税银。

惟职等租有各处栈房，应行禀明宪案，叩请转详关宪，以专责成而杜偷漏，实为德便。为此谨禀。①

这则禀帖，有三点值得注意：

第一点是，鸦片战争以后，湖丝已是中外共同认可的最为重要的对外出口商品。事实上，明清时期，中国对外出口，包括出口欧洲、东南亚与日本，最主要的货物：一是丝绸，二是棉布，三是陶瓷，四是其他物品，其中尤其以生丝、丝织品最为重要。明代徐光启已称："有西洋番舶者，市我湖丝诸物，走诸国贸易，若吕宋者，其大都会也，而我闽、浙、直商人，乃皆走吕宋诸国。"② 16 世纪后期，每年由葡萄牙人运往西方的生丝，有 3000 余担，最多时有 6000 担。乾隆二十四年（1759 年），两广总督李侍尧已称："惟外洋各国夷船，到粤贩运出口货物，均以丝货为重。每年贩卖湖丝并绸缎等货，自二十万余斤至三十二三万斤不等。统计所买丝货，一岁之中价值七八万两或百余万两，至少三年，亦买价至三十余万两之多。其货均系江浙等省商民贩运来粤，卖与各行商，转售外夷，载运回国。"③ 1834 年（清道光十四年）英国政府撤销了东印度公司的对华专利权，中国丝的出口激增。1833—1837 年（清道光十三年至十七年），每年达到 10000 担。

第二点值得注意的是，中国商人在开埠初期的对外贸易中，作用非同一般。上述禀帖中言明，张新贤等人所设立敦利字号商行，是与同业陈春圃、卞博山等三人合伙，从七月份已经来到上海，已经租下至少六处栈房，可见规模不小。这三人，此前已在广东贩运江浙各货，是颇有经验的商人。张新贤在禀帖中自称"窃职"者，表明他是有一定功名的，很可能是经商成功捐了"候补道台""候补同知"之类的虚衔。

第三点值得注意的是，鸦片战争以后，清政府对于湖丝出口，采取了一定的限制措施。按照《南京条约》及其相关的一批条约，清政府为了保证税收，规定新设立的口岸关税，补交以前去广州旧道上本来应

---

① 《商人张新贤为禀请开设敦利号以与英商贸易事》，见王庆成《稀见清世史料与考释》，武汉出版社 1998 年版，第 31 页。

② 徐光启：《海防迂说》，《明经世文编》卷四九一。

③ 李侍尧：《两广总督奏准：本年外国商船允运丝出口折》，刘鉴唐等：《中英关系系年要录》（公元 13 世纪—1760 年）第一卷，四川省社会科学院出版社 1989 年版，第 631 页。

该缴纳的内地税。上述禀帖中说到的"所有内地丝商应补三关税银",就是指如果走旧路,即走陆路而不是走海路,从上海到广州,应该经过三个内地关口,即北新、赣州与太平这三关。从这份禀帖以及上海道台的批复中,英国曾要求免纳这一税款,但上海道台坚持不免,必须收缴。结果这一规定得到了实施,直到 1861 年以后才得以改变。① 鸦片战争以前,清政府对于湖丝出口,也有一定限制,比如禁止头蚕湖丝(细丝)的输出,而允许土丝和二蚕、三蚕丝出口。鸦片战争以后,限制的方式有了变化。

从湖丝看到中国不同地域环境变迁

蚕桑并非江南特产,丝绸也不是江南独有。中国蚕桑已有五千多年历史,华北、四川等地,植桑养蚕缫丝织绸,也都有悠久的历史。秦汉时期,这些地方都是丝绸出产地。南北朝时期,江南丝绸纺织技术仍不及华北发达,"河北妇人织纴组纼之事,黼黻锦绣罗绮之工,大优于江东也"②。直到唐宋时期,天下仍有三大丝织品中心,即华北、四川与江南。但是,南宋以后,特别是明清时期,华北、四川的蚕桑业便趋于衰落。到了清初,山东、河北一带已绝少能够看到蚕桑连片的情况。而江南则更加发达,湖丝甚至成了中国丝绸的代名词。这是什么原因呢?

这主要有四大原因。其一,中国经济中心自唐代以后就逐渐南移,南宋以后就彻底转移到了南方。对北方来说,粮食作为最重要的生活必需品,较之蚕桑,更为当务之急。其二,地球气候变化。据气象史学者研究,两宋时期,中国进入自西周以后的第三个寒冷期③,公元 1110 年,福州荔枝全部冻死,1111 年太湖曾全部结冰,冰上可以走人。气候变冷,使原本在北方种植的喜温植物,比如水稻、蚕桑等,面积大幅缩减,但有利于原来仅限于北方的作物在南方种植。南宋时期,南方降水没有像北方那样减少,反而有所增加。其三,宋金时期,北方战乱不断,原始植被破

① 参见王庆成《稀见清世史料与考释》,武汉出版社 1997 年版,第 21—23 页。
② 颜之推:《颜氏家训》。
③ 第一个寒冷期从公元前 1000 年到公元前 850 年,即西周寒冷期。第二个寒冷期从公元1 世纪到公元 600 年,即东汉南北朝寒冷期。第三个寒冷期从公元 1000 年到 1200 年,即两宋时期。

坏严重，造成大面积水土流失，黄河泛滥，使北方的天然湖泽陂塘缩减湮灭，导致土壤质量下降，这也使北方成为水旱蝗灾多发地区。与此形成对照的是，南方天然水体则有所扩大，太湖面积在南宋时期达到最大规模，太湖流域自然生态保持较好。其四，棉花的普及。棉花自元代开始，才成为人们日常生活用品。明太祖朱元璋大力推广棉花，规定可以花、布折纳税粮，促进了江南地区棉业的兴起。棉花比丝麻更高产，更廉价。丝绸较之棉布，消费门槛更高。南方较北方经济发达，南方消费水平更高，所以，北方人偏向于用棉布，南方的富裕人群则会消费丝绸。这四个因素的综合作用，使北方蚕桑业不可避免地衰落下去，南方的蚕桑业反而有了更大的发展。康熙南巡时说："朕巡省浙西，桑林被野，天下丝缕之供，皆在东南，而蚕桑之盛，惟此一区。"①

明清时期，江南蚕桑业发展也不均衡，而是逐渐向湖州一带集中。桑树喜高平地带，不喜低湿之区，对肥力亦有较高要求，因此，即使高平之处，亦宜培土深厚。唐宋时期，江南蚕桑以北部地区的润州、常州最为发达。宋元时期，太湖南侧发展迅猛，而北部呈衰落趋势，明代更加明显。明清时期，蚕桑区的中心是苏、湖、嘉兴、杭州四府交接地区，尤其以湖州的乌程（归安）、德清、嘉兴的桐乡、石门和苏州的吴江等地，最为发达。湖州、嘉兴一带，土地肥沃，地势高爽，肥力与排水条件均较优越，最宜桑树种植。沿海滨江地区，以及山区，虽然地势高爽，但肥力较差；苏州东部、松江西部，地势低洼，肥沃有余，但排水不畅。湖州地处水系上游，水质较好。桑蚕区最后落在四府交界区，落在湖州，是自然选择的结果，实非偶然。清初唐甄说：桑蚕集中于太湖南岸的湖州一带，"北不逾淞，南不逾浙，西不逾湖，东不至海，地不过方千里"（《潜书》），这一判断，基本合乎实际。

由此可见，湖丝的由来、演变历史，可以看作是一部中国历史演变的浓缩版。

从湖丝看江南产业分工与工匠精神

丝绸较之麻布、棉布，对工艺要求要高出许多。麻布、棉布的原材

---

① 康熙：《桑赋·序》，载《皇朝经世文编》。

料都是植物，而丝绸的原材料，是经过精心培育的专门食用桑叶的蚕吐出的丝，因此其原料的形成，是植物（桑）与动物（蚕）双重作用的结果，影响因子要复杂得多。就桑而言，就有选苗、栽树、浇水、施肥、松土、剪枝、采叶等环节；就蚕而言，则有选种、浴种、出蚁、喂叶、除粪、防病、治病、上蔟、采茧，然后再进入缫丝、漂染、纺织等环节。诸多环节，环环相扣，每一环节都很重要，都不能掉以轻心。

明清时期，江南地区人口密度高，在丝绸生产方面形成较为细密的分工，不但植桑与养蚕有分工，丝的生产与绸的生产有分工，而且每一阶段都再有分工，形成很长的产业链条，构成很大的生产规模。众所周知，在生产领域，集聚促进分工，分工促进创新，创新促进进步。以桑叶市场为例，太湖流域在光绪年间已形成集散范围大约百里的桑叶市场，集中在嘉兴、湖州、苏州三府交界处，以乌镇的桑叶市场最为著名：光绪年间"叶市甚盛，约有十万担出口，均由下乡（南浔、震泽、檀丘等处）蚕户来此采购"①。叶行上市，通宵达旦，采叶船封满河港（民国《乌青镇志》）。桑叶市场如此发达，就会促使有些农户从养蚕产业链中独立出来，专门种植桑树、生产桑叶、运输桑叶、销售桑叶，而不一定自己养蚕。至于缫丝、漂染、纺织、刺绣方面，分工更细、更为专业，这些环节，最后都成了相对独立的行业。如湖州的归安和乌程珠蚕桑丝织业自明代起即形成地域性分工，"诸乡统力农，修蚕绩，极东乡业织，南乡业桑、菱，西乡业薪竹，……菱湖业蚕，拈绵为绸尤工"。② 这样，每个环节都会涌现出一大批体现今人所谓工匠精神的行家里手，正是由于集聚与分工，湖丝才成为举世闻名的标志性产品。

综合以上三个方面，我们可以看出，湖州盛产丝绸，湖丝世界闻名，是天时、地利与人为综合作用的结果。

---

① （民国）《乌青镇志》卷二十一"工商"。
② 康熙《归安县志》卷七，"风俗"。

序二

汪朝光[1]

    湖州师范学院李学功教授领衔，主编出版了《历史研究的江南视野》论集，嘱我为序。我并不研究江南历史，然学功兄既有所托，且论集所论主题亦关乎民国时期，与我的研究或多或少有些牵连，我又算是生于江南、长于江南之人，所以，思虑之余，也就恭敬不如从命，略写一二文字吧。

    中国近代史研究在中国历史研究中占据着重要地位，近些年，中国近代史研究更是方兴未艾，蓬勃向上。而随着近代史研究的深入和研究范式的转换，区域史特别是区域社会史、文化史研究，更受到学界的重视，成果迭出，有关江南地域史的研究无疑是其中的翘楚。

    江南地方，物产丰富，人杰地灵，唐以后即逐渐成为中国经济社会发展的中心地区。近代以来，江南地方更得风气之先，在中国近代的经济、社会转型过程中，扮演着重要的角色。因此，历史研究中的江南地方主题和江南地方视野，是我们观察江南历史进而观察中国历史演进的独到主题和视角，是学术研究的富矿，值得学界同人不断地深耕细作。

    事实上，江南地域高校的历史研究同人也都注意到这个主题和这样的视角。近年来，江南的高校有不少聚焦江南历史的多面向的学术研究课题和学术研讨活动，我所熟知的湖州师范学院亦为致力其中者。湖州有两千多年的历史，人文荟萃，隋代即以湖州名，是江南名望之地。近代以来，湖州更在中国历史演进中起着独到的作用，影响历史的话题性

---

    ①　汪朝光，中国社会科学院学部委员、世界历史研究所所长，中国历史研究院中华文明与世界古文明比较研究中心主任。

人物蝉联辈出，在近代中国云起浪涌的社会风潮和历史事变中，或多或少都有着湖州人的身影。如政界的胡惟德、沈家本、陈其美、张静江、戴季陶、陈果夫、陈立夫、朱家骅、胡宗南等，科学文化界的俞樾、钱玄同、吴昌硕、赵紫宸、沈尹默、沈兼士、章鸿钊、梁希等，近代中山大学、复旦大学、中央大学、北京大学的校长谱系中也都有籍贯出自湖州的人物。俗语云，一方水土养一方人，那么，是什么样的文化山水滋养了湖州，使得如此之多的声名人物荟萃于这方土地。这应该是历史研究者的兴趣所在。

翻览史页，我们也不难发现，湖州在历史上还是著名的藏书之乡，从《宋书》的作者沈约聚书，到近代饮誉江南的藏书楼——"皕宋楼"和"嘉业堂"，湖州藏书富甲一方，难怪近代学术大师王国维对此赞誉有加。宏富的藏书，理当养育着饱学的文士，这也应当是湖州代出文士的重要原因之一。

因此，无论就哪个方面说来，湖州的历史都是江南历史也是中国历史的重要一环，吸引着学界的关注，对湖州史开展研究，是历史研究的题中应有之义，也是特别有意义的。

值得称道的是，湖州师范学院的历史学科，在其带头人李学功教授的组织推动下，近年来相继举办了多次高水平、高规格的学术研讨活动，如"海峡两岸纪念辛亥革命100周年学术研讨会""海峡两岸民国人物与社会学术研讨会""海峡两岸抗战记忆与历史影像学术研讨会""湖州与近代中国理论研讨会""丝绸之源·太湖文明全国学术研讨会""跨越与对话：海上丝绸之路文化交流学术论坛"等，在学界产生了很大反响，也体现了湖州师范学院的历史研究团队对学科动向和学术前沿的把握与推动。我也是在参加湖州师范学院举办的学术活动中得以结识学功教授，并在学术观点的交流碰撞中，得以了解这支研究团队，并与学功教授和团队成员有了一番契谊。我以为，一个学科和专业的发展水平，无疑与这个学科和专业研究团队的视野、高度密切相关。令人欣慰的是，湖州师范学院的历史学科团队有这样的思考和前瞻。览读本论集中收录的《徐中舒之问与良渚文化再认识》《说"瓯"》《湖州发现西洋人物铜饰牌小考》《海岛教案："第三域"视阈下的文化排异与和合》《"浔商现象"刍议——基于两个时段的历史观察与认识》等文，研究聚焦江南，立足湖州，不唯湖州，上下求索，于历史的细节和变迁中，寻找时代发展的机理；于话题的拷问中，作出史学的解释与回答。凡此皆是《历史研究的江南视野》一书给予我的新认识，也反映出该书所能达到的研究广度与深度。

读着书中的文字，仿佛又回到了问题讨论的江南场域，又回到了水色的南浔，绿色的湖州，尤忆与学功教授等把酒湖州、共话学术之时。衷心祝愿本书在江南史研究的学术方面所起的作用，也衷心期待湖州师范学院的历史研究团队能够更快地成长，担负更多的责任，使我们的历史学研究在青年一辈的手中更加枝繁叶茂。

是为序。

汪朝光

2019 年 6 月于北京东厂胡同 1 号

古代编

徐中舒之问与良渚文化再认识

　　论及古史或上古史，传统意义上总是以黄河流域为鹄的，而今天持这种看法的人自然已经很少了，这是由于考古学的努力与成果，让人们逐渐认识到中国文明起源有如满天星斗，星月同辉，是多民族、多地区，多元一体同构的。

　　多年来，一代代考古工作者为以"地下之新材料"揭橥古史的真实面貌付出了诸多辛劳和汗水，作出了令人感佩心仪的贡献与努力。李伯谦先生撰写的《考古学视野的三皇五帝时代》，给出了一份"考古学重建中国古史体系与传统史学中国古史体系对应表"，李学勤先生认为："此文代表了中国学者探索古史，特别是远古历史的新趋向。"① 由此出发，不仅放宽我们的视域，思考考古学发现对传统历史观的颠覆与启示。

　　具体到越文化的讨论而言，史学宗师徐中舒先生曾有一问："要是吴越的文化真很低，怎么能骤然兴起并与中原争霸呢？"② 荀子并将越与楚、夏一起目为战国时代的三大文化区域而等量齐观，《荀子·儒效》谓："居楚而楚，居越而越，居夏而夏，是非天性也，积靡使然也。故人知谨注错，慎习俗，大积靡，则为君子矣。"检括史籍，越地的历史面貌在春秋前的古文献记载中几近于盲点。正是由于考古学的介入，方使曾被遮蔽的历史重新发言。浙江等地良渚文化的相继发现，揭示出环太湖流域一带的文化及其历史颇为悠久，由此亦奠定了日后江南地区越文化发展、变化的大致格局和基本走向。由此出发，窃以为，以太湖流域为中心的河姆渡文化、马家浜文化、崧泽文化和良渚文化皆应

---

① 李学勤：《古史研究的当前趋向》，《尧舜禹文化研究动态》2008年第1期。
② 徐中舒：《吴越兴亡》，《四川大学学报》2006年第4期。

视作越文化的源头——先越文化，而太湖流域正是越文化的初兴之地。如此，徐中舒之问方可在此基点上求得正解。

为方便讨论，兹以良渚文化为例，对良渚文化的基本面貌和社会发展程度，以及作为越文化初兴地的太湖流域等问题作一勾勒、探讨，祈请方家指正。

一　良渚文化的基本面貌

良渚文化自 20 世纪 30 年代由施昕更①先生率先在浙江余杭良渚探掘而告白于世，迄今已历八十余春秋。随着考古发掘的深入展开和发掘报告、研究论著如行云流水般相继面世，良渚文化面貌渐被揭示得愈益清晰。

依照苏秉琦先生提出的中国考古学文化区系类型学说，良渚文化属于考古学文化六大区系之以环太湖为中心的东南部区系②。其年代，夏鼐先生有谓，经碳 14 测定，约为公元前 4000 年纪末到公元前 3000 年纪前半，与河南龙山文化、大汶口文化约略并行，而早于山东龙山文化③。

---

① 关于良渚文化发现人，何天行先生曾有不同看法，认为其于 1935 年即发现了良渚文化。对此，良渚遗址管委会张炳火、蒋卫东先生曾撰专文予以辨析，提出施昕更、何天行先生都对良渚文化的发现和研究做出过开创性的突出贡献。然而，就良渚遗址的发现和试掘而言，当为施昕更先生，并引陈星灿先生观点称，施昕更《良渚——杭县第二区黑陶文化遗址初步报告》，"第一次准确无误地向学术界展示了长江下游的史前文化，在中国史前考古学史上具有划时代的意义"。认为，"学术界推崇良渚遗址的发现者施昕更先生为良渚文化的发现人是实至名归，符合良渚文化发现的史实"。详见《也谈良渚文化的发现人》，《良渚文化探秘》，人民出版社 2006 年版，第 1—20 页。
② 苏秉琦：《中国文明起源新探》，三联书店 1999 年版，第 37 页。
③ 夏鼐：《中国文明的起源》，文物出版社 1985 年版，第 32 页。在是书第 7 页，关于良渚文化起讫年代，夏鼐先生使用了比较明确的表述，其上下限为约公元前 3300—2250 年。另，关于良渚文化的年代，学界认识不一，其上限有距今 5200—5300 年说、5300 年说、3500 年说、3300 年说、3200 年说等，下限则有距今 4300 年说、4000 年说、2500 年说、2300 年说、2200 年说、2000 年说。参见黄宣佩《论良渚文化分期》，《上海博物馆集刊》第 6 期，上海古籍出版社 1992 年版；林华东《浙江史前文化的两朵金花——河姆渡和良渚文化》，《文史知识》1996 年第 10 期暨《良渚文化研究》，浙江教育出版社 1998 年版，第 86—87 页；李伯谦《中国古代文明演进的两种模式——红山、良渚、仰韶大墓随葬玉器观察随想》，《文物》2009 年第 3 期；栾丰实《良渚文化的分期与分区》，《东方文明之光》，海南国际新闻出版社 1996 年版；牟永抗、魏正谨《马家浜文化和良渚文化——太湖流域原始文化的分期问题》，《文物》1978 年第 4 期；汪遵国《太湖地区原始文化的分析》，《中国考古学会第一次年会论文集》，文物出版社 1980 年版。

从考古发掘所取得的成果看，以 1982—1986 年上海青浦福泉山两座"玉器大墓"发掘①为标志，良渚文化考古发掘工作在 20 世纪八九十年代进入了一个高潮期。考古工作者先后在浙江余杭反山（按，发现 11 座玉器大墓，出土有号称"琮王""钺王"的玉琮与玉钺）、瑶山（按，发现祭坛遗址）、汇观山（按，发现祭坛遗址）、莫角山（按，发现巨型夯土台基）等地相继发掘出成片的高密度聚集的大型良渚文化墓葬及建筑基址②，上述文化遗存一经揭幕，即受到社会各界广泛关注，相继入选 1987 年、1991 年和 1993 年全国十大考古新发现及"七五""八五"期间全国十大考古新发现。此亦足见良渚文化考古发掘产生的影响。

为便于对良渚文化整体面貌的观察和分析，不妨以分期和分区为锁钥，立点以探。关于良渚文化的分期，以林华东先生的早、中、晚三期六段说较具代表性③。值得注意的是，一些学者在研究中把良渚文化又分为若干小的区系，如严文明先生即以太湖为基点，将良渚文化遗址分为太湖南岸、太湖东岸、太湖北岸三组④。刘恒武则划为四区：余杭区、嘉兴—海宁地区、苏州—上海地区、常州—常熟地区⑤。即以刘恒武所划四区而观，余杭区位处太湖南侧，范围覆盖余杭、杭州以及德清。该区域以莫角山遗址为中心，系良渚文化遗址分布最密集、文化内

---

① 上海市文物管理委员会：《福泉山》，文物出版社 2000 年版。

② 参见浙江省文物考古研究所反山考古队《浙江余杭反山良渚墓地发掘简报》，《文物》1988 年第 1 期；浙江省文物考古研究所等《余杭瑶山良渚文化祭坛遗址发掘简报》，《文物》1988 年第 1 期；浙江省文物考古研究所等《浙江余杭汇观山良渚文化祭坛与墓地发掘简报》，《文物》1997 年第 7 期；杨楠、赵晔《余杭莫角山清理大型建筑基址》，《中国文物报》1993 年 10 月 10 日。

③ 林华东：《良渚文化研究》，浙江教育出版社 1998 年版，第 92、133—196 页。另，良渚文化的分期，学界尚有二期说、四期说、五期说等。参见汪遵国《太湖地区原始文化的分析》，《中国考古学会第一次年会论文集》，文物出版社 1980 年版；栾丰实《良渚文化的分期与分区》，《东方文明之光》，海南国际新闻出版社 1996 年版；黄宣佩《论良渚文化分期》，《上海博物馆集刊》第 6 期，上海古籍出版社 1992 年版。

④ 严文明：《良渚文化と中国文明の起源》，《日中文化研究》11 号，1996 年。另，栾丰实先生将良渚文化划为六区：太湖以东、杭嘉湖、太湖以北、宁绍平原、江淮和宁镇地区；浙江省文物考古研究所划为五区：杭州地区、苏南—沪西地区、嘉兴—沪南地区、常州—无锡地区、湖州—宜兴地区。参见栾丰实《良渚文化的分期与分区》，《东方文明之光》，海南国际新闻出版社 1996 年版；浙江省文物考古研究所等《新地里》，文物出版社 2006 年版，第 596—597 页。

⑤ 刘恒武：《良渚文化综合研究》，科学出版社 2008 年版，第 31—34 页。

涵最丰富的遗址群；嘉兴—海宁地区位处太湖东南，范围涵盖整个杭嘉湖平原东部，遗址呈扇形星状散落；苏州—上海地区位处太湖之东，范围包括苏州、昆山及沪西等地，以吴县、昆山、青浦一线遗址最为集中；常州—常熟地区位处太湖之北，范围包括常州、江阴、无锡、张家港及常熟等地，其间较具规模的遗址不多①。从良渚文化考古发掘所揭示的遗址整体分布看，有论者注意到，"整个良渚文化时期，遗址分布是由太湖东部向太湖南部转化的过程，而高密度的遗址群则集中在面积约 40 平方公里的今杭州北郊的余杭区良渚镇—瓶窑镇一带，遗址总数至少有 115 处"②。

据有关资料介绍，良渚文化遗址出土有稻谷、玉器、刻纹黑陶、竹编器物、丝麻织品等。生产工具主要是石器，有磨制精致的斧、锛、镰、铲、犁形器、有柄刀以及特有的耘田器。陶器以泥质灰胎，表面光亮的磨光黑皮陶最具特色。采用轮制，器形规整，一般器壁较薄，器表以素面磨光的为多。常见的器形是壶、豆、盘、篓等，以圈足器居多，用镂孔、竹节纹、弦纹加以装饰，也有彩绘。墓葬出土很多玉器，有璧、琮、璜、玦、环、珠等，也有玉斧和玉铲。有的玉琮上还刻有象征威武的兽面纹饰。丝麻织品、竹器编织也比较发达③。此外，在良渚文化墓葬中少有兵器，并发现有人殉现象。

良渚文化基本面貌概如上述。在距今四五千年前的太湖地区发现有祭坛、玉器大墓和巨型夯土台基构成的建筑，联系到该时段恰好相当于古文献记载的传说中的五帝时代，总不免使人萌生关于长江流域越地初始文明形态的种种假说和遐思。

二　良渚文化时期的社会发育程度

考古发掘中的出土器物与遗址规制，既是揭开良渚文化面貌必不可少的要件，同时也是蠡酌、判断良渚文化时期社会发展程度的指示器。

---

① 参见刘恒武《良渚文化综合研究》，科学出版社 2008 年版，第 32—35 页。

② 高蒙河：《良渚文化区的人文景观》，《良渚文化探秘》，人民出版社 2006 年版，第 61 页。

③ 引自《良渚文化》，杨宽、沈起炜等主编《中国通史词典》（上），上海人民出版社 2008 年版，第 12—13 页。

在此，不妨从聚落、礼器及生产工具等的分析入手。

先看聚落。

众所周知，聚落是人类休养生息的原点和出发地，它集中反映着一地的经济社会发展水平和风土精神。令人遗憾的是，有关良渚文化聚落的研究明显偏少。这是因为在良渚文化中，作为聚落存在的居住遗址较少发现。由此亦局限了对良渚文化聚落问题的深入探究。这方面，殷墟发掘的经验是一个重要参照。过去，人们一直认为殷墟为殷都的天然所在，无须质疑，也不必存疑。但有意味的是，在殷墟始终未见城垣的发掘，直到 2000 年左右，考古工作者在洹水北岸发现了城垣遗迹，李学勤先生认为，此即盘庚迁殷之殷①。有鉴于此，对于良渚文化聚落组织的探索，不妨扩大思考的视野和搜索半径。就后者而言，希望今后能有良渚文化聚落遗址的新的更多发现，以弥补"文献不足"而带来的困扰。就思考而言，不妨围绕现今发现的墓地、祭坛及大型建筑基址所指示的聚落空间展开讨论。以期通过考古学方法所提供的路径，接近人类的早期文明。

据统计，环太湖流域良渚文化早、中、晚三期，计有 516 处遗址②。其中高密度遗址群连片集中在余杭区系内，前已引述，在此区系内有大小遗址 115 处之多。著名的反山、瑶山、汇观山墓地和莫角山大型建筑群即汇聚于此，且在分期上这些遗址群属于良渚文化中期，遗址的文化区系表现明显。兹结合上述遗址材料，以余杭地区为例，做一胪列、分析。

1. 反山墓地

位于余杭瓶窑镇雉山村，1986 年发掘。先后发掘出排列有序的竖穴土坑大墓 11 座，坑墓皆有棺木痕迹，棺木有红色涂层，随葬品颇为丰富，有陶器、石器、玉器等 1200 余件（组）。反山墓地东西长约 90 米，南北宽约 30 米，总面积 2700 平方米，为高台墓地，高出地表约 4 米。墓地距莫角山遗址 150 米③。

---

① 李学勤：《有关古史的十个新发现》，《大连大学学报》2005 年第 3 期。

② 高蒙河：《良渚文化区的人文景观》，《良渚文化探秘》，人民出版社 2006 年版，第 58 页。

③ 按，对反山墓地的认识，各家略有不同。如东西长度，或有数字表示，或曰长度不明；南北宽度，或曰 40 米，或曰 30 米；高台墓地高度，或曰 7 米，或曰 5 米，或曰 4 米。至于高台墓地系人工堆筑而成，还是在自然山体的基础上堆土增高，认识亦颇不一致。参见浙江

2. 瑶山遗址

瑶山遗址由祭坛和墓群构成，位于余杭安溪镇下溪湾村，1987 年发现。瑶山为天目山余脉凤凰山延伸出来的一座低矮山丘，海拔 38.2 米。山丘顶部有方形或回字形祭坛遗迹，系由祭台、围沟和以砾石铺砌的土台构成。灰围沟与红土台形成了鲜明的对比。发掘报告称："这是一项经过精心设计、认真施工，具有特定用途的建筑"，应是"以祭天礼地为主要用途的祭坛"。有意味的是，祭坛废弃后又用作墓地，概有 12 座大墓，随葬有陶器、石器和玉器等 707 件（组），墓葬分南北两列，自东向西排开。①

3. 汇观山遗址②

位于余杭瓶窑镇外窑村，1991 年发现。墓地海拔 23 米，系在自然山体的基础上修整而成，结构、规模与瑶山遗址概相类似，也是由祭坛和墓群构成，随葬有诸多玉器。③

4. 卢村遗址

发现有祭坛遗迹，位于台地顶部，呈方形台状，以纯色黄土堆砌而成，周沿经过修整。④

5. 莫角山遗址⑤

1987 年发现，东西长约 750 米（一说 670 米），南北宽约 450 米，

<hr />

（接上页）省文物考古研究所反山考古队《浙江余杭反山良渚墓地发掘简报》，《文物》1988 年第 1 期；林华东《良渚文化研究》，浙江教育出版社 1998 年版，第 460—461 页；方西生《从良渚文化的衰落说到防风国及与夏王朝的关系》，《良渚文化探秘》，人民出版社 2006 年版，第 229 页；段渝《酋邦与国家起源：长江流域文明起源比较研究》，中华书局 2007 年版，第 61 页；《反山墓地》，杨宽、沈起炜等主编《中国通史词典》（上），上海人民出版社 2008 年版，第 13 页；刘恒武《良渚文化综合研究》，科学出版社 2008 年版，第 113 页。

　　① 参见林华东《从良渚文化看中国文明起源》，《浙江学刊》1994 年第 6 期；浙江省文物考古研究所《余杭瑶山良渚文化祭坛遗址发掘简报》，《文物》1988 年第 1 期；浙江省文物考古研究所《瑶山》，文物出版社 2003 年版；《瑶山遗址》，杨宽、沈起炜等主编《中国通史词典》（上），上海人民出版社 2008 年版，第 13 页。

　　② 按，据笔者访谈相关人士，汇观山之"观"，在当地实意为"棺"。此亦足见，远古先民的墓群仍保存在后人口耳相传的历史记忆中。此外，涵盖了大莫角山、小莫角山、乌龟山三处良渚文化遗址的大观山果园之"观"，其初意亦为"棺"。

　　③ 参见浙江省文物考古研究所等《浙江余杭汇观山良渚文化祭坛与墓地发掘简报》，《文物》1997 年第 7 期。

　　④ 参见刘恒武《良渚文化综合研究》，科学出版社 2008 年版，第 115 页。

　　⑤ 按，莫角山过去为大观山果园的一部分，故亦称大观山果园遗址，现称莫角山遗址。

遗址区总面积 30 余万平方米。1992—1993 年进行大面积发掘，在大莫角山下发现大片夯土层、夯窝等建筑基址，在小莫角山南发现了柱洞，柱洞口径在 0.4—1.35 米之间，大立柱遗迹直径一般在 0.5 米左右，最大直径达 0.9 米，经钻探调查，夯筑基址总面积约 3000 平方米①。

由上述材料不难看出，良渚文化遗址群如此高密度的分布，表明聚落规模的扩大确是不争的事实。由此亦折射出人口的增长有了一定规模。许倬云先生通过对莫角山遗址工程用工量的估算，曾得出良渚文化中心区域人口约在 10 万人左右的结论。② 窃以为，这种估算还是有问题的。这是因为考古学的认识，永远都受到发现的局限。③ 前引有论者注意到，"整个良渚文化时期，遗址分布是由太湖东部向太湖南部转化的过程"④。这是否说明了在当时不可抗自然力和部落、部族间战争等的因素影响作用下，良渚先越部族仍处于一种迁徙中的游农游渔状态。如果是，则良渚先越文化中心区域的人口数，就得大打折扣。而且在原始时期，族的迁徙乃是部族变迁的常态，张衡《两京赋》有谓："殷人屡迁，前八后五。"可见，商人立国前迁徙为常，即便立国后，也曾有屡迁的记录。不惟如此，从所发现的良渚文化祭坛而言，仅余杭区域就有 3 处祭坛的存在，从祭坛在随后的岁月中改作墓地，亦折射出当时的社会尚处于游徙不定的部族时代，恐未"晋级"到产生阶级、国家的程度。故在部族林立的区域内方有多个聚落共同体祭坛的出现。

当然，笔者如此言说，并非执意否认良渚文化中心聚落的存在。距今四五千年前，在中国江南的核心地带——太湖流域，确乎出现了国内较早的先越文化中心聚落，莫角山大型建筑基址的发掘以及祭坛的出现即是一种说明。它表明游农游渔过程中，流动的部族有了自己的共同体同宗精神的象征。只是中心聚落毕竟与带有国家特征的都邑城市聚落有

---

① 参见杨楠、赵晔《余杭莫角山清理大型建筑基址》，《中国文物报》1993 年 10 月 10 日；林华东《从良渚文化看中国文明起源》，《浙江学刊》1994 年第 6 期；浙江省文物考古研究所《余杭莫角山遗址 1992—1993 年的发掘》，《文物》2001 年第 12 期。

② 许倬云：《良渚文化到哪里去了》，《新史学》1997 年第 1 期。

③ 刘斌：《良渚文化后续的若干问题》，《良渚文化探秘》，人民出版社 2006 年版，第 50 页。

④ 高蒙河：《良渚文化区的人文景观》，《良渚文化探秘》，人民出版社 2006 年版，第 61 页。

着质的不同。2007 年底曾传出在莫角山一带新发现良渚文化城墙遗址的讯息，对此，林华东先生曾著文予以辩驳，指出良渚发现的并非古城。① 林先生是主张良渚古国论的，显然，如果论实、证成这座良渚"古城"，无疑将对其观点提供极为有利的实证和支持。笔者亦曾赴莫角山寻访，深为林先生的严谨治学和求实态度所感佩。

次说礼器。

如果以遗址发现地的代表性文物来命名，良渚文化或可称得上是"玉文化"。其玉器数量之丰、品类之多、制作之精，在中国史前文明阶段，无出其右者。如余杭反山墓地 11 座墓葬中，随葬玉器多达 3200 件，占全部随葬品的 90% 以上②。玉，很早就被先民赋予了神圣的内涵，为社会生活中之重器。因此，玉器一经出场，便具有了某种礼器的身份和色彩。在此，不妨以方家之论略作分析。

李学勤先生曾以《良渚文化玉器与饕餮纹的演变》立题，探讨饕餮纹的源流。指出："浙江反山、瑶山发掘的一大收获，是发现了良渚玉器饕餮纹的最完整、复杂的型式。……这种图象所要表现的，正是人形与兽形（龙）的结合统一……图象中的兽，即龙，本来是神话性的动物，是古人神秘信仰的体现，同时又是当时正在逐渐形成、增长的统治权力的象征。……山东龙山文化和二里头文化的饕餮纹确实可以看成良渚文化与商代这种花纹的中介。"③ 良渚文化的玉琮、玉钺等玉器上常常刻有这种神人兽面纹以及神鸟纹，也有学者称之为"神徽"。张光直先生、邓淑萍女士对良渚文化中玉琮、玉璧亦曾分别进行过考述和分析，认为玉琮是绝地天通的象征，玉璧则是礼拜天神的法器。④ 日本学者林巳奈夫则认为，良渚文化的玉琮是古越族"降神时所依凭的

---

① 参见林华东《良渚发现的并非古城》，《观察与思考》2008 年第 2 期；《良渚文化"古城"再质疑》，《观察与思考》2010 年第 1 期。

② 林华东：《浙江史前文化的两朵金花——河姆渡和良渚文化》，《文史知识》1996 年第 10 期。

③ 李学勤：《良渚文化玉器与饕餮纹的演变》，《东南文化》1991 年第 5 期。

④ 参见［美］张光直《谈"琮"及其在中国古史上的意义》，《文物与考古论集》，文物出版社 1986 年版；邓淑萍《新石器时代的玉璧》，转引自国际良渚学中心编《良渚学文集》（玉器一）。

'主'"，"其中央的孔可能是降临的神所停留的场所"①。

　　毫无疑问，从余杭区域内良渚文化期祭坛的多设以及刻画有神秘符号、图象的大量玉器的出土，表明在良渚文化时期，信仰、神权对族群的影响力已十分强大和浓郁。文化人类学亦表明，在人类精神的童稚期，思想是在神的地盘上跃舞。因此，神本主义毫无疑问地统御、影响着良渚先越文化地区人类生活的方方面面。只是这种表现力、影响力（玉器的制作、利用与权力的彰显）同国家形态的神权控御之间的关系，遗址内涵对此揭示得尚不充分。

　　再观农具。

　　良渚文化遗址出现了器身较长的石犁，有了耘田器、破土器以及石镰等原始农具。② 表明有了犁耕农业的劳作，从而丰富了农耕采集渔猎经济的内容。

三　部族时代良渚文化初始文明形态的认识

　　夏鼐先生曾指出："从前我们认为良渚文化（约公元前3300—2250年）是我们所知道的长江下游的最早的新石器文化，并且认为良渚文化是龙山文化向南传播后的一个变种。实则这里是中国早期文化发展的另一种中心，有它自己独立发展的过程。"③ 应当说，对良渚文化阶段先越历史面貌的新认识，是考古学重构古史体系的重要努力。

　　在良渚文化社会发展阶段的认识上，苏秉琦先生提出"古文化古城古国"的概念，认为这个时代城邦、万国林立，古国以后是方国时代，即大国下的小国群体，而良渚文化正处于方国阶段。④ 这种认识，无疑是考古学朝着综合社会学、历史学的工作迈出的重要一步，令人有耳目一新之感。只是这种用古国、方国的新构架解释国家产生和发展的过程，是否在理论上能够融通？而且古国与方国如何界分、定义等，恐怕

---

　　① ［日］林巳奈夫：《良渚文化和大汶口文化中的图像记号》，《东南文化》1991年第4期。

　　② 参见牟永抗、宋兆麟《江浙的石犁和破土器》，《东方文明之光》，海南国际新闻出版社1996年版，第75—84页。

　　③ 夏鼐：《中国文明的起源》，文物出版社1985年版，第7页。

　　④ 苏秉琦：《中国文明起源新探》，三联书店1999年版，第130—151页。

还需进一步在理论和实践上予以澄清和梳理。此外，一些学者引据西方文化理论，进行诠释、解读，这方面以谢维扬先生的《中国早期国家》为著。谢先生立足于酋邦理论，总结良渚文化具有五个特点，即社会的规模超过简单氏族、部落社会；社会分化的程度甚于一般氏族、部落社会；出现了掌握社会最高权力的个人；在社会高层权力之间存在着金字塔似的等级结构；宗教与世俗权力相结合。① 窃以为，谢维扬先生的总结分析颇为精到。特别是指出了良渚大墓和祭坛遗址所显示的社会分化程度和政治权力程度规模要小得多，也简单得多，离真正的国家形态还有一定距离，立论殊为审慎。只是以域外之"酋邦"冠名中国古史的前国家时代，殊觉有异质之感。不妨以植根于传统记忆深处的"部族社会"构架初始文明形态的发展阶段更为稳便。

"部族"一词，笔者目力所及，较早似见于《旧唐书·郑馀庆传》，其后《旧五代史》《新五代史》《资治通鉴》《建炎以来系年要录》《三朝北盟汇编》《宋史》《辽史》《金史》《元史》《明史》等史著均有"部族"之记录。据王家范先生考述，20 世纪三四十年代，周谷城、吕思勉两位先生采"部族"之说，吕思勉先生并明确主张，"昔人所谓封建时代，应再分为（一）部族时代，或称先封建时代"。并谓：

> 盖古之民，或氏族而居，或部落而处，彼此之间，皆不能无关系。有关系，则必就其有才德者而听命焉。又或一部族人口独多，财力独裕，兵力独强，他部族或当空无之时，资其救恤；或有大役之际，听其指挥；又或为其所慑；于是诸部族相率听命于一部族。而此一部族者，遂得遣其同姓、外戚、功臣、故旧，居于诸部族之上而监督之，亦或替其旧酋而为之代。又或开拓新地，使其同姓、外戚、功臣、故旧分处之。此等新建之部族，与其所自出之部族，其关系自仍不绝。如此，即自部族之世，渐入于封建之世矣。先封建之世，情形大略如此。②

---

① 谢维扬：《中国早期国家》，浙江人民出版社 1995 年版，第 278—295 页。
② 吕思勉：《吕著中国通史》，华东师范大学出版社 1991 年版，第 46 页；吕思勉：《先秦史》，上海古籍出版社 2005 年版，第 346 页。

　　王家范先生据此认为，作为本土所自出的旧名词，"部族"植根于历史积淀的"集体性记忆"。若能比照西方人类学的研究成果，进一步抉发出一定的理论内涵，也许反比较容易做到名实相副，符合国情。①有鉴于此，本文采"部族"立题，以作思考的进阶。

　　距今四五千年前的黄帝以及尧舜禹时期，适值"天下万国"时代，只是此万国之"国"，并非现代意义上的步入文明时代的阶级、国家之"国"，而是部族时代的族邦、方国。愚意以为，既然传世文献未见以"良渚"名之的古国，因此，在历史叙事上既不适当，也无必要以考古文化遗址直接冠名、坐实历史上并无记载疏证的所谓"良渚古国"，不妨径以考古学中的"良渚文化"概念，叙述文明初始形态之太湖流域先越部族的历史更为稳便。

　　需予说明的是，随着文明探源工程的展开，其中对良渚文化认识最重要的变化，是良渚文化被人们提升到"文明"的认识高度。良渚文化与文明的认识涉及文明标准的认识。恩格斯曾提出国家产生的两个标准：一是公共权力的设立；一是按地区划分国民。考古学的标准则更为具象：国家组织形态、城市（政治：宫殿和官署；经济：手工业遗址和商业遗迹；文化：宗教遗迹）、文字发明或能够利用文字作记载（当然也有例外，如秘鲁即是结绳记事）、冶炼金属（铜石并用时代、青铜时代或铁器时代）。良渚文化比之于上述标准，正如有专家所指出的，良渚缺少文字和冶金技术。如果抛开或部分抛开原有的标准，再提出新的标准（当然既然标准的提出是人类认识的产物，则标准的修改甚或修订也不是不可以），有一个问题则无法回避，即如果按探源工程所提标准，那么距今五千年左右的旧大陆各地，细算起来都有五千年的文明史了，如此文明起源无疑又被泛化了，反而显现不出华夏文明的独特性。对此北师大教授、首都博物馆馆长郭小凌就发声认为修改文明形成的标准并不可取。提出良渚、陶寺、石峁可以作为已经形成文明的假说，待日后发现有关证据再由假说上升为事实，认为科学是允许在证据不足的情况下提出假说的。

---

　　①　王家范：《中国历史通论》，华东师范大学出版社 2000 年版，第 19—20 页。

四　太湖流域是越文化的初兴地

翻检《左传》、《越绝书》和《吴越春秋》，有一个现象引起笔者的注意，即春秋间吴与越的冲突、交战主要是沿太湖一线展开。如发生在前510年、前496年的两次檇李之战和前494年的夫椒之战（一称五湖之战）、前478年的笠泽之战等。而檇李即在今浙江嘉兴西南，五湖即太湖，夫椒即今太湖中之洞庭山，笠泽在今江苏吴江一带。如此，亦说明了有"五湖"之称的太湖，当是春秋时吴越交兵之处，南太湖流域当是越的势力范围所在。如此，亦可看出，曾以太湖流域为核心带的先越区域文化——良渚文化，在其形成、发展、演进的过程中，实际上确乎充当了涵化、孕育越文化的母体角色，从而使太湖流域成为越文化的滥觞、初兴之地。

《国语·越语上》载：

> 勾践之地，南至于句无（今绍兴诸暨），北至于御儿（今嘉兴桐乡），东至于鄞（今宁波鄞县），西至于姑蔑（今衢州龙游）。[1]

由此不难看出，越之初兴地确在浙江北部太湖以南流域，而与良渚文化之核心带正相吻合。对此，著名历史学家童书业先生则有着更进一步的"大胆"推断：

> 《左氏》哀元年传云："吴王夫差败越于夫椒，报檇李也，遂入越，越子以甲楯五千，保于会稽。"夫椒为今太湖中山（《越语下》："战于五湖，不胜，棲于会稽。""五湖"即太湖，则夫椒为太湖中山当可信），所谓"五湖"，盖即吴越之交界。越败于夫椒而吴遂得入越都，则越都必离太湖不远，不当在今绍兴。……（自楚灭越后，越裔南迁，故有越都绍兴之说）。……越都固在太湖流域。[2]

---

① 《国语·越语上》，徐元诰《国语集解》，中华书局2002年版，第570页。
② 童书业：《童书业历史地理论集》，中华书局2004年版，第231、232、234页。

　　按，童书业先生上述关于越都所在的议论，确乎是个大胆的推断。这是因为，无论《史记》、《越绝书》还是《吴越春秋》等，诸般史籍所载，均言越都在绍兴。对此，童先生亦言，自己的说法，"还是证据甚不够之假定"①。童先生对越都之所而发的议论，仍有待考古发掘的进一步说明。在此，笔者所关注的是，童先生对吴越地理区域的探究。为方便讨论，不妨再引述如下：

　　　　我读《国语·吴语》而发生怀疑，《吴语》载越王勾践袭吴之役云："吴王夫差……会晋公午于黄池，于是越王勾践乃命范蠡、舌庸率师沿海、沂淮，以绝吴路，败王子友于姑熊夷，越王勾践乃率中军沂江以袭吴，入其郛，焚其姑苏，徙其大舟。"说"沂淮以绝吴路"，"沂江以袭吴"，察其辞意，似吴都在淮南长江之附近，不然，何以用师辽远如此？

　　　　……

　　　　我又读《越语》，云："夫吴之与越也，仇雠敌战之国也，三江环之，民无所移；有吴则无越，有越则无吴……"（上）"与我争三江、五湖之利者，非吴耶！"（下）则吴越"三江环之"，均为临近太湖之国。

　　　　……

　　　　我们的假定，春秋末吴都江北扬州附近，越在太湖流域……②

　　童先生对吴越历史文化区位的思考，对我们启示良多。③ 联系到良渚文化的地理分布，颇有意趣。目今所见，良渚文化分布的范围北抵江苏的扬州、海安一带，南入浙江的宁（波）绍（兴）平原，东及舟山群岛，西达江苏的宁（南京）镇（江）地区，其中心区域主要在太湖流域。④

---

　　① 童书业：《童书业历史地理论集》，中华书局 2004 年版，第 234 页。

　　② 同上书，第 230、231、233 页。

　　③ 按，实际上，即便是吴之所在，学界也有颇为不同的认识。如对周之太伯奔吴，也有东吴、西吴、北吴等的不同说法。参见叶文宪《吴国历史与吴文化探秘》，文物出版社 2007 年版，第 28 页。

　　④ 林华东：《浙江史前文化的两朵金花——河姆渡和良渚文化》，《文史知识》1996 年第 10 期；并见林华东《良渚文化研究》，浙江教育出版社 1998 年版，第 80 页。安志敏先生在为

考古发现之良渚文化活动半径与童先生所论之吴越，特别是越的活动范围大致契合。2003—2004 年，考古工作者在浙北长兴鼻子山、安吉龙山均发现了战国时期的越国贵族大墓①，2005 年，考古工作者又在安吉笔架山发现了颇为密集的春秋战国越人古墓群及一座保存较为完好的古城遗址。这些发现可以说是继绍兴印山越国王陵之后浙江越文化考古新的重要成果。其中，长兴鼻子山"墓外陪葬器物坑的发现在浙江尚属首次，是越国墓葬考古的一次重要发现与突破"②。特别值得关注的是，安吉龙山越国贵族大墓，其木椁"在形制上与绍兴印山越国王陵木椁相同"③。不惟如此，2007 年，考古工作者对德清火烧山原始青瓷窑址的发掘，揭示出这是一处西周晚期至春秋晚期的纯烧原始青瓷的窑址。窑址"出土了大批包括卣、鼎、簋在内的仿青铜礼器产品，为江南大型土墩墓随葬的同类器物找到了原产地"④。窃以为，德清窑仿青铜礼器产品的发现和太湖流域石室土墩墓⑤等的发现，正在一步步揭开太湖流域与越文化崛起关系之谜。上述的一系列考古发现，使我们有理由认为：浙北太湖流域是越文化萌蘖之根系所在。如此，将良渚文化视作先越文化，在地域上应无大的问题。而且即便精神信仰上，良渚文化与越文化

（接上页）《良渚文化研究》所作序中认为，良渚文化以太湖流域为中心，南限迄于浙南，东到海滨并远达舟山群岛，同时还与大汶口文化、龙山文化以及江西、广东的若干史前遗存表现出千丝万缕的联系。另，对于良渚文化分布的范围，也有学者表达出不同认识，如认为宁绍平原不属于良渚文化范畴，认为宁镇地区的史前文化第四期属于江南新石器文化区系等。参见牟永抗《浙江新石器时代文化的初步认识》，《中国考古学会第三次年会论文集》（1981），文物出版社 1984 年版；魏正谨《宁镇地区新石器时代文化的特点与分期》，《考古》1983 年第 3 期。

　　① 浙江省文物考古研究所、长兴县博物馆：《浙江长兴鼻子山越国贵族墓》，《文物》2007 年第 1 期；浙江省文物考古研究所、安吉县博物馆：《浙江安吉龙山越国贵族墓》，《南方文物》2008 年第 3 期。

　　② 陈元甫：《长兴鼻子山越国贵族墓》，浙江省文物考古研究所《浙江考古新纪元》，科学出版社 2009 年版，第 177 页。

　　③ 陈元甫：《安吉龙山越国贵族墓》，浙江省文物考古研究所《浙江考古新纪元》，科学出版社 2009 年版，第 179 页。按，目前浙江省文物考古所正组织力量对安吉八亩墩越国大墓进行抢救性发掘，笔者曾在 2017 年和 2018 年几次与浙江大学方新德教授探访，深感墓主的等级规格似不低于"王者"，对此充满期待。

　　④ 曹锦炎：《〈浙江考古新纪元〉导读》，浙江省文物考古研究所《浙江考古新纪元》，科学出版社 2009 年版。

　　⑤ 据叶文宪先生分析，石室土墩墓可看作是越人、越文化颇具典型意义的特征。在德清独仓山与南王山，考古工作者发现有 6 座石室土墩墓。参见浙江省文物考古研究所、德清县博物馆：《独仓山与南王山》，科学出版社 2007 年版。

亦有一脉相承的地方。如良渚文化玉琮等玉器上的神鸟纹饰，《越绝书》《吴越春秋》于越人崇鸟习俗的记录，等等。日本学者林巳奈夫即认为，良渚文化的玉琮及其图像记号（包括神鸟纹）是古越族对外交流的深化。①

当然，沿着童先生之说所启示的方向思考，并不意味着童先生所提出的假说没有问题。问题之一，如果说吴都在江北，那么其与无锡发现的阖闾故城、苏州乃吴之姑苏所在等问题如何释解、圆通？这需要进一步的历史文献与实证资料的解读，以说明曾经发生的人口与文化的传播、流动及其带来的文化记忆的变迁；问题之二，考古界对春秋战国及其前后时段的发掘更多的尚处于"点"的解剖，若想复原先秦时代这一区域的面貌仍需假以更多的时日，而且这个问题的解决，其本身就是一个可展望，而不可即及的面向理想的现实魔方。

窃以为，良渚先越文化存在一个与其他文化的此消彼长以及相对疏离、渐趋聚合的状态与阶段。良渚文化向岭南的延展和后来在太湖之地的逐渐消遁，既反映出黄河流域文化对淮河、长江流域文化的扩张、影响，也表明吴文化（按，在笔者看来吴接受中原文化的影响当更深，印迹亦更为明显）与越文化的碰撞、交集（按，尽管对此我们还缺乏更多资料的诠释）及越地文化在族的迁徙和文化传播浪潮中的形态嬗变。而这也恰恰说明华夏文明的形成，确乎经历了一个复杂而漫长的历史发展过程，并非一蹴而就，远古时代族群的分分合合，各地方文化的差异聚合，当是一种常态。② 当然，无论怎样改变，区域文化的基本精神却仍如屈原《九歌》中的魂魄一般，虽九死其犹未悔。如所周知，越文化以好剑轻死、厥性轻扬而著称。《越绝书》即称："锐兵任死，越之常性。"③ 明《（万历）湖州府志》引《晋志》云："江南气劲，厥性轻

---

① ［日］林巳奈夫：《良渚文化和大汶口文化中的图像记号》，《东南文化》1991年第4期。

② 按，说到区域文化与主流文化的"离合"问题，早期巴蜀文化与中国的两河——长江、黄河流域主流文化的疏离较为明显，且更多地体现出一种"离"的文化差异性特征。春秋战国以降，巴蜀文化开始步入文化整合的过渡时期，其文化特征才较多的显示出与中原文化、楚文化等"合"的一面。而吴越文化则与巴蜀文化不同，其"合"的成分与意识相对较浓。限于篇幅，这里只交待一下观点，待另文论之。

③ 《越绝书·外传记地传》，上海古籍出版社1985年版，第58页。

扬。"及至东汉末、三国争雄时，世人谈及江南之地仍谓之："江南精兵，北土所难，欲以十卒当东一人。"凡此，亦说明时空的跨越消解不了文化的生命力，区域文化的耐应力和持续张力远比人们想象的顽强得多和复杂得多。

综上所论，尽管在良渚文化的方国冠名和国家（文明）状态的具体认知上，史学与考古学互有歧见，尽管对越文化初兴地的认识也还只是一个开始，但并不妨碍历史学借鉴考古学的成果构建新的古史体系，不妨碍我们将良渚文化遗址目作先越部族时代重要的文化聚落群，不妨碍史学放宽研究的视野去找寻越文化在历史的原野上留下的芳跡和支点。事实是，在今天想要探究文明起源和早期国家时代的历史，某种意义上，只能根据考古发现进行研究，而考古学确乎"有能力研究发生在数百年或数千年前的历史过程，以重现并检验某一时刻曾存在于世上但现在已消失了的各种文化类型的全貌"①。一如王家范先生所论："考古事业的大发展，使我们越来越多的人感受到了古书里提到的'方国'或'方邦'，正从地底慢慢涌出"②。而良渚文化无疑正是一个"从地底慢慢涌出"的具有一定的初始文明形态的先越文化的突出代表，太湖流域无疑应视作越文化初起、勃兴的重要地区。

---

① ［美］乔纳森·哈斯：《史前国家的演进》，罗林平等译，求实出版社 1988 年版，第 15 页。

② 王家范：《中国历史通论》，华东师范大学出版社 2000 年版，第 31—32 页。

说 "瓯"

"瓯"出先秦，时光荏苒，越数千年岁月，影响、辙痕或隐或现。其间一次次考古新发现、一回回史籍新认识，都曾拨动吸引着人们的目光不能不多次地、再次地回望历史之门。

的确，历史的潮起潮落之后，人们总是满怀期待，期待潮退过后的历史海岸能有令人惊喜的邂逅和发现，期待历史之门的重启，能给处于迷惘和在崎岖路径探寻的人们以一丝理性的光亮，以求得关于"瓯"之内涵明确而实在的正解。如所周知，瓯之历史面貌在先秦时段显得尤为支离而雾罩，正是由于考古学的介入方使曾被遮蔽的历史露出几许真容。因此，从历史文献学和考古学出发，或可使我们的认识更接近一些历史的真实。

一 史籍所见"瓯"之部族、方国

翻检史籍，于"瓯"之描述，有着如下记载：

《逸周书·王会解》：

> 成周之会……（各方所贡，其中）东越海蛤。瓯①人蝉蛇②。

---

① 按，瓯，一作"欧"，王应麟本作"瓯"，故从。另，《路史·国名纪四》亦引作"瓯"。

② （清）朱右曾校释引《尔雅翼》云："蝉似蛇，无鳞，体有涎沫，今字作鳝，生水岸泥窟中。"《一切经音义》卷十六引《训纂》曰："蝉蛇，鱼也。"《山海经》郭璞注："蝉鱼如蛇。"参见黄怀信、张懋镕、田旭东《逸周书汇校集注》，上海古籍出版社 2007 年版，第 835页。又，《太平御览》卷九百三十三引《韩子》曰："蝉似蛇"，"渔者持蝉"。

蝉蛇顺，食之美。于越纳。姑妹珍①。且瓯文蜃②。

《逸周书·王会解》引录《伊尹朝献·商书》：

汤问伊尹曰："诸侯来献，或无马牛之所生，而献远方之物，事与实相反，不利。今吾欲因其地势所有献之，必易得而不贵。其为四方献令！"伊尹受命，于是为四方令曰：

"臣请正东符娄、仇州、伊虑、沤深、九夷、十蛮、越沤、剪发文身，请令以鱼皮之鞞、□（鲗）鰂之酱、鲛瞂、利剑为献③；正南瓯邓、桂国、损子、产里、百濮、九菌，请令以珠玑、瑇（瑇）瑁④、象齿、文犀、翠羽、菌鹤、短狗为献……"

《山海经·海内经》：

瓯居海中，闽在海中。

《史记·赵世家》：

剪发文身，错臂左衽，瓯越之人也。

《史记·东越列传》：

孝惠三年，举高帝时越功，曰闽君摇功多，其民便附，乃立摇为东海王，都东瓯，世俗号为东瓯王。

---

① 按，"珍"乃"珧"字之误，《尔雅·释鱼》谓："蜃小者珧"。参见黄怀信、张懋镕、田旭东《逸周书汇校集注》，上海古籍出版社 2007 年版，第 838 页。

② 晋孔晁云："且瓯在越。文蜃，大蛤也。"参见黄怀信、张懋镕、田旭东《逸周书汇校集注》，上海古籍出版社 2007 年版，第 840 页。

③ 鞞，晋孔晁释作刀鞘。鲗鰂，清陈逢衡谓：一名乌贼，一名墨鱼。鲛，《说文解字》云："海鱼也，皮可饰刀"；瞂，《方言》谓："盾或谓之瞂"。参见黄怀信、张懋镕、田旭东《逸周书汇校集注》，上海古籍出版社 2007 年版，第 912—913 页。

④ 瑇（瑇）瑁，即玳瑁，一种大海龟。

后数世，至孝景三年，吴王濞反，欲从闽越，闽越未肯行，独东瓯从吴。及吴破，东瓯受汉购，杀吴王丹徒，以故皆得不诛，归国。

吴王子子驹亡走闽越，怨东瓯杀其父，常劝闽越击东瓯。至建元三年，闽越发兵围东瓯。东瓯食尽，困，且降，乃使人告急天子。天子问太尉田蚡，蚡对曰："越人相攻击，固其常，又数反覆，不足以烦中国往救也。自秦时弃弗属。"于是中大夫庄助诘蚡曰："特患力弗能救，德弗能覆；诚能，何故弃之？且秦举咸阳而弃之，何乃越也！今小国以穷困来告急天子，天子弗振，彼当安所告愬？又何以子万国乎？"上曰："太尉未足与计。吾初即位，不欲出虎符发兵郡国。"乃遣庄助以节发兵会稽。会稽太守欲距不为发兵，助乃斩一司马，谕意指，遂发兵浮海救东瓯。未至，闽越引兵而去。东瓯请举国徙中国，乃悉举众来，处江淮之间。

《史记·封禅书》：

东瓯王敬鬼，寿百六十岁。

《太平寰宇记》引《越绝书》逸文：

东瓯，越王所立也，即周元王四年越相范蠡所筑。

《越绝书·越绝外传记吴地传》：

汉高帝封有功，刘贾为荆王，并有吴。贾筑吴市西城，名曰定错城。属小城北到平门，丁将军筑治之。十一年，淮南王反，杀刘贾。后十年，高皇帝更封兄子濞为吴王，治广陵，并有吴。立二十一年，东渡之吴，十日还去。立三十二年，反。西到陈留县，还奔丹阳，从东瓯。越王弟夷乌将军杀濞。东瓯王为彭泽王，夷乌将军今①为平都王。

---

① 据钱培名《札记》，"今字疑衍"。参见乐祖谋《越绝书》点校本，上海古籍出版社1985年版，第21页。

《路史·国史纪四》释"越沤":

> 越之分，或云瓯人，沤、欧、瓯、区通。

《读史方舆纪要·浙江·温州府·永嘉县》:

> 永宁江，在府城北。一名瓯江、一名蜃江……亦曰永嘉江。

史籍所载"瓯"之种种，概见上端。尽管学界考据疏证之文，不在少数，但从考镜源流、探求事实原委和还原真相出发，释"瓯"、说"瓯"，以明"瓯"之内涵仍属必要。兹据文献史料和后世学者的疏证，将上述史籍文献所揭示的信息与笔者浅识概述如下:

1. 先秦秦汉间书于竹帛之文献中音义为"瓯"的族群或方国概有: 瓯、且瓯①、沤深、越沤、瓯邓、东瓯等。笔者浅见，文献史料中"瓯"之载记书录的有差，实际反映了瓯人族群在流衍播迁发展变化的过程中，所具有的多样性与分散性特征。

2. 汉代东瓯国的历史，无疑应从汉代开其端绪，而作为瓯越族共同体的历史以及方国脉络，自应溯至先秦。从文献史籍零星的断简片云式的记载来看，起码在商周时期，瓯越地区即已进入部族或方国时代，只是由于文献鲜征，瓯越区域这方"围在海外，另一乾坤"②的历史面貌更多地还遮蔽在地下星空中。就文献史料言，商周时期，瓯人族群与方国组织已与中原政权发生了较为密切的联系，或可说，当其时瓯越共同体之部族、方国已经成为商周政权较为松散的朝贡体系的一环，这方面《逸周书》所引《商书》即其证。

3. 观商周时期瓯人朝贡之物，如瓯人蝉蛇，且瓯文蜃，沤深、越

---

① (清)朱右曾据《太平御览》卷九百四十一，将"且瓯"改订"具区"，认为此具区即苏州府西南太湖也。孙诒让从其说。晚清民国学者陈汉章于此多所驳证，谓:"具区"本《职方》扬州泽薮，古未闻吴国外有建国于具区者，自当作且瓯，为周七闽之一。按，考诸文献未有"具区"别称"且瓯"之例，且"且瓯"与"具区"一在古浙东，一在古浙西，二者地界、距离两分明晰，陈说是，此从之。参见黄怀信、张懋镕、田旭东《逸周书汇校集注》，上海古籍出版社 2007 年版，第 839—840 页。

② 王士性:《广志绎》，中华书局 1981 年版，第 73 页。

沤鱼皮之鞞、（鲦）鮙之酱、鲛蒧，瓯邓桮（璹）瑂等。可以看出，史籍所云瓯人或瓯地之物产皆与海产品有着或多或少的关联。此亦可证，瓯人分布的范围当不会离海岸过远，而应在近海之区。对此，《山海经·海内经》亦有简要的文字说明。窃以为，尽管《山海经》记录“瓯”之文字过于简略，其文仅书“瓯居海中”四字，但还是触摸到了问题的实相——瓯人与海关系密切。

4. “瓯”为“越”之族系，百越之一。检览《史记·越王勾践世家》谓：越“文身断发”；《史记·赵世家》云：“剪发文身，瓯越之民也。”可知，瓯、越风俗相同，具有共同的心理状态和相同的文化背景。晋孔晁有谓：“且瓯在越”，一方面说明了瓯越文化的一体同构性，一方面也折射出族群流徙与文化互鉴交流带来的混融性。当然，由于文献不足，瓯地之广大区域的土著部落、族群名称早已湮没不彰，联系到历史上常常是以统治者族群之名来涵括称引那些“披草莱而邑”的被征服、被统治者族群的事实，瓯越土著与上层统治集团以及主流文化的关系当亦如是观。

5. 关于“瓯”之方位，《词源》谓：瓯，“浙江温州的别称。汉初温州一带为东瓯王国，故称”。应当说，促使温州之地与“瓯”发生密切关联的最直接诱因是汉东瓯国。尽管汉之东瓯国祚短促，历时仅 54 年，但作为部族的东瓯其源远流长，当是没有问题的。不惟如此，东瓯在温州，也与晋之学者郭璞的指认密不可分。郭璞曾对《山海经·海内经》之“瓯居海中，闽在海中”做过十分具体的文字疏证，谓：瓯“今临海永宁县，即东瓯，在岐海中”。由于郭璞学术通家的特殊身份，加之他曾亲历温州，迄今温州地区仍有不少地名与这位著名学者有关，如现今温州市郊之郭公山、温州乐清之郭路庄等。影响所及，历代径从其说者众。清代著名舆地学者顾祖禹《读史方舆纪要》之《浙江·温州府·永嘉县》亦谓：“永宁江，在府城北。一名瓯江、一名蜃江……亦曰永嘉江。”联系到《山海经》文中所涉“瓯居海中，闽在海中”，以及《逸周书》引录《伊尹朝献·商书》所言“瓯”之正东、正南方位的文意表达等，笔者认为，对古人所判定的“瓯”之方位，似不宜轻予置喙和否定，文献所言之“瓯”大体上应当涵括了今浙南、闽北在内的东南临海区域。

二 考古发掘所见"瓯"之遗迹

依照苏秉琦先生提出的中国考古学文化区系类型学说,瓯越之地属于考古学文化六大区系之以环太湖为中心的东南部区系。如果从细分的角度出发,考古学家夏鼐先生的观点可能更具有技术层面的指导性意义。夏鼐先生1958年在《浙江新石器时代文物图录》序中曾敏锐地指出:"文物方面浙南与闽北相接近。"1981年,李伯谦先生《我国南方几何形印纹陶遗存的分区、分期及相关问题》,则更为明确地将浙南与闽、台划为一区。[1]

浙南地区先秦时期的考古遗存虽然较少,但进入新世纪后,考古工作者在瓯江下游地区陆续取得了一些重要发现,兹据发掘报告,作一胪列、分析。

1. 温州老鼠山遗址

该遗址位于温州市鹿城区上戍乡渡头村,2002年11月至2003年4月发掘。该遗址群发现距今4000年前后的好川文化聚落,西南为居住区,东南为墓葬区,现场发掘连片成排石础建筑遗迹,先后清理墓葬35座,随葬品较为丰富,有玉器、石器、陶器等文物1000多件,墓葬中出土一件象征权力地位的镶嵌玉片的柄形器。老鼠山遗址发掘面积635平方米。[2]

2. 温州瓯海杨府山西周土墩墓遗址

西周土墩墓遗址位于温州市瓯海区仙岩镇穗丰村杨府山之巅,2003年9月发掘。该墓为典型的商周时期越族土墩墓,土墩直径近20米,现存高度1米余。随葬品为青铜器和玉石器,内有保存完好的大件青铜礼器和乐器。[3]

---

① 李伯谦:《我国南方几何形印纹陶遗存的分区、分期及相关问题》,《北京大学学报》1981年第1期。

② 王海明:《温州老鼠山遗址》,《浙江考古新纪元》,科学出版社2009年版,第54—55页。

③ 陈元甫:《温州瓯海杨府山西周土墩墓》,《浙江考古新纪元》,科学出版社2009年版,第167—168页。

3. 台州温岭塘山东瓯国贵族墓遗址

东瓯国贵族墓遗址位于台州市温岭大溪镇塘山村北的山间岙地，2006 年下半年发掘，为西汉初期墓葬。该墓历史上曾遭盗掘，残存文物有原始瓷、印纹陶、玉器和仿青铜陶制器物等。有意味的是，该墓不但是迄今为止整个浙江东南沿海地区发现的最大的一座西汉墓葬，且墓外还设有一陪葬器物坑。①

4. 台州温岭大溪古城遗址

大溪古城遗址位于台州市温岭大溪镇北大塘岭南麓，2002、2006、2008 年先后三次发掘，遗址揭露总面积达 500 平方米。城址呈东西向长方形，东西长约 300 米，南北宽约 260 米，城墙宽度约 8 米，整个城址分布面积约 10 万平方米。出土器物种类有印纹陶、原始瓷等。其北侧即为塘山东瓯国贵族墓。②

由上述考古文化材料不难看出，瓯越文化遗址群在浙南之温州、台州地区分布较为集中，表明这一地区应当是瓯越文化早期聚落的核心地带。尽管浙南地区的考古学遗存由于种种因素尚未揭示得足够充分和完整，但从目前的考古发掘看，至迟在商周时期，浙南的温州、台州等地已经出现了毋庸置疑的文明社会形态的因子，这从老鼠山遗址墓葬中出土的一件象征权力地位的镶嵌玉片的柄形器可以得到足够的说明。

考古发掘中，瓯越文化独具的质素、特征令人印象深刻。在浙南目前可及的考古遗存中，既可以看到中原文化传统、越文化元素对当地土著传统的影响（按，温州瓯海杨府山墓葬堪称浙南温州地区明确发现的第一座土墩墓），也可以看到土著文化传统也分明有着自己的发展过程（按，温州瓯海杨府山墓葬中出土的玉镯，其外缘的圆凸脊不见于中原，且玉镯的一侧切有一个状如玦形的缺口，此类造型的玉器在中原和南方地区亦为罕见）。如此多元、独特的文化元素，无疑对丰富、拓展我国古代文明的内涵有着不可或缺的独到贡献。

毋庸讳言，古代东南多蛮荒未垦的草莱之地，确是不争的事实。这

① 陈元甫：《温岭塘山东瓯国贵族墓》，《浙江考古新纪元》，科学出版社 2009 年版，第 199—200 页。

② 田正标等：《温岭大溪古城的调查与试掘》，《浙江考古新纪元》，科学出版社 2009 年版，第 202—203 页。

可从司马迁《史记》得到说明,《史记·货殖列传》载,"楚越之地,地广人稀,饭稻羹鱼,或火耕而水耨,果隋蠃蛤,不待贾而足,地埶饶食,无饥馑之患,以故呰窳偷生,无积聚而多贫"。在此需予指出的是,尽管人们对瓯人、瓯地文化的认识还只是一个逐渐展开的过程,尽管史学、文献学和考古学在瓯文化的认知上还多所歧见,但亦应看到,历史学借鉴考古学成果构建瓯越历史的努力已经开始,学术界和地方政府近年不断推动的瓯越文化研究即是最好的见证。

黑格尔曾说:"密纳发的猫头鹰要等黄昏到来,才会起飞。"① 意思是说,对一个历史现象的认识,需要到这一过程结束之后方能看得清楚些。过去,一说到华夏民族的来源构成,论者多谓"黄帝子孙说"或"炎黄子孙说",从浙江之地不断发现的日渐丰富的新石器时代考古学文化(按,典型者如丰富多彩的良渚文化)到浙之近邻江西新干大洋洲商墓的发掘等考古新收获,再联系到中华大地史前文化满天星斗般的事实,凡此诸端,使人们有理由相信包括浙东南在内的瓯越地区毫无疑问地应当是中国早期文明发生发展的一个重要所在。基此,我们庶几可以说,华夏民族不仅是炎黄子孙,更应是夷夏的子孙。

---

① 按,"密纳发"系希腊神话中智慧女神雅典娜的罗马名称。密纳发的猫头鹰,亦称雅典娜的猫头鹰。见黑格尔《法哲学原理》,商务印书馆 1961 年版,第 14 页。

论《越绝书》的文化整合意识

《越绝书》作为越地越人的精神文化遗产，它以宝贵的文本载体形式，记录了大转折时代——春秋之于越的历史。对于《越绝书》，从作者、版本、内容等，前贤近哲多有研究，成绩斐然。笔者关注的是《越绝书》所透露出的文化整合意识。认为，作为一部最早的地方区域史著，《越绝书》既有彰显越国文化精神的一面，也有吸收、认同儒家思想为代表的中原主流文化的一面，其间透射着以主流文化价值观整合越地思想文化的认识与努力。

过去，论及《越绝书》，人们多围绕是书作者、版本、年代等问题进行说项、研究。这种思考路径对于廓清萦绕在《越绝书》上的"身份"迷雾，确定该书时代断限，解开认识谜团，自然有着重要意义。古往今来，前贤近哲于此亦多有研究，成绩斐然。对于《越绝书》，笔者更为关注的是其文本内容。在此，权借郭沫若先生于《老子》所表达的观点：即"《老子》其书是一个问题，老子其人又是一个问题"①。同乎此，不妨说，《越绝书》作者是一个问题，《越绝书》其文又是一个问题。即《越绝书》是谁写的并不重要，重要的在于《越绝书》说了些什么。

作为我国最早出现的地方区域史著，《越绝书》文本的制作、传播与解释过程，② 负荷着对主流文化意识的选择与显扬，同时，亦洋溢着鲜活的地

---

① 郭沫若：《十批判书》，人民出版社1954年版，第136页。
② 《越绝书》因其内容的芜杂，对其作者与成书时间，学界看法不一。参见余嘉锡《四库提要辨证》；陈桥驿《关于〈越绝书〉及其作者》、《点校本〈越绝书〉序》（陈桥驿《吴越文化论丛》，中华书局1999年版）；仓修良《〈越绝书〉是一部地方史》、《袁康、吴平是历史人物吗？——论〈越绝书〉的作者》、《〈越绝书〉散论》（仓修良《史家 史籍 史学》，山东教育出版社2000年版）；王志邦《〈越绝书〉再认识》（《中国地方志》2005年第12期）。按，笔者倾向于余嘉锡先生的观点，即《越绝书》非一时、一人之作。是书的撰作盖始自战国，中经秦，至汉始定。这一历史时段，亦恰是思想文化整合的大历史时期。参拙作《战国秦汉时期思想整合问题述略》，《史学月刊》2001年第3期。

域文化精神，其间透射着以主流文化价值观整合越地思想文化的认识与努力。

一 "越为禹后"：文化心理的认同与皈依

翻检《越绝书》，对于越之源流，其中"外传记地传"篇，有着如下记载：

> 昔者，越之先君无余，乃禹之世，别封于越，以守禹冢。问天地之道，万物之纪，莫失其本。……
>
> 故禹宗庙，在小城南门外大城内。

《史记·越王勾践世家》，述记越之源流，有谓：

> 越王勾践，其先禹之苗裔，而夏后帝少康之庶子也，封于会稽，以奉守禹之祀。文身断发，披草莱而邑焉。后二十余世至于允常，允常之时与吴王阖庐战而相怨伐，允常卒，子勾践立，是为越王。

《吴越春秋·越王无余外传》，亦载：

> 越之前君无余者，夏禹之末封也。

越为禹后之说，追溯其源，概见上端。其后林林总总的考据、说解之文，不在少数。近今以来，"越为禹后说"不断受到许多学者的问难、质疑。如20世纪80年代蒋炳钊先生著文，认为："把越说成是夏代的后裔，从考古资料到文献记载都难于找到可靠的证据，从二里头文化和越文化相比较，夏族和越族明显是两个不同的古代民族，越族不是夏族的后裔。"① 著名史地学家陈桥驿先生撰文认为：越为禹后说，"从

---

① 蒋炳钊：《"越为禹后说"质疑》，《民族研究》1981年第3期。

事实来说都是无稽的"。① 张荫麟先生亦曾指出："在周代的东南诸外族中，越受诸夏化最晚。……越人的语言与诸夏绝不相通。"②

从考镜源流、探求事实原委和真相出发，对"越为禹后说"寻根究底，确乎必要。但笔者追问的路径，则在于"越为禹后"真相告白之后的思考，即越之上层精英与越地百姓传播"越为禹后"的心理文化动因究竟是什么？对此，陈桥驿先生曾予探讨，指出："'越为禹后'的传说，实际上是于越强大以后，从于越内部传播出来的。这个传说的编造者，或许就是越王勾践自己。……这种传说的有意识散布，可能是从迁都琅玡以后开始。当这种传说散布的初期，在琅玡的于越上层人物和在大越的故乡父老，当然都是心中有数的。但是由于这种传说对提高他们的身份地位都有好处，因此他们心照不宣，并且努力帮助这种传说的散布。"③

在笔者看来，"越为禹后说"所揭橥的恰是春秋时期越人的文化心理皈依现象，实际是越人对中原华夏文化认同意识的一种明确表达。对此，《越绝书》《吴越春秋》均强烈、清晰地传递了一个讯息，即走向中原、走向中国舞台的越人需要一位具有普世意义的"事变创造性人物"④ 以作为越人对中原文化为代表的主流文化价值体系回应、认同的符号和象征。

《越绝书·外传记地传》即载：

---

①　陈桥驿：《"越为禹后说"溯源》，《吴越文化论丛》，中华书局1999年版，第38页。

②　参见张荫麟《中国史纲》，辽宁教育出版社1998年版，第63页。王玉哲《论先秦的"戎狄"及其与华夏的关系》（《南开大学学报》1955年第1期）亦认为，"东南吴越两国的土著语言，是和诸夏不同的，从吴越君主的命名可以推知。《吴世家》中所见的吴君主名字，都是奇奇怪怪，毫无意义。……越的君主的名字也和吴一样，如'勾践''鼫与''不寿''无疆'.'鹿郢''朱句''诸咎粤滑''孚错枝''无余之''莽安次''无颛'。这许多名字有四字的有三字的，有的毫无意义。还有含不吉利的意思如'寿梦''不寿'，如越大夫'常受过'，这决不是用华夏语言的人所应取的。……吴越语言与华夏不同，从《说苑·善说篇》所载越人歌上表现得尤为清楚。鄂君子晰不懂越歌，召'越译'翻译。足见春秋末越土著语言与诸夏语不同。"

③　陈桥驿：《"越为禹后说"溯源》，《吴越文化论丛》，中华书局1999年版，第34页。

④　〔美〕悉尼·胡克谓：事变创造性人物，"他的行动乃是智慧、意志和性格的种种卓越能力所发生的后果，而不是偶然的地位或情况所促成的"。参见《历史中的英雄》，上海人民出版社1964年版，第110页。

昔者，越之先君无余，乃禹之世，别封于越，以守禹冢。问天地之道，万物之纪，莫失其本。神农尝百草、水土甘苦，黄帝造衣裳，后稷产稼，制器械，人事备矣。畴粪桑麻，播种五谷，必以手足。大越海滨之民，独以鸟田，小大有差，进退有行，莫将自使，其故何也？曰：禹始也，忧民救水，到大越，上茅山，大会计，爵有德，封有功，更名茅山曰会稽。及其王也，巡狩大越，见耆老，纳诗书，审铨衡，平斗斛。因病亡死，葬会稽。苇椁桐棺，穿圹七尺；上无漏泄，下无即水；坛高三尺，土阶三等，延袤一亩。尚以为居之者乐，为之者苦，无以报民功，教民鸟田，一盛一衰。当禹之时，舜死苍梧，象为民田也。禹至此者，亦有因矣，亦覆釜也。覆釜者，州土也。填德也。禹美而告至焉。禹知时晏岁暮，年加申酉，求书其下，祠白马禹井。井者，法也。以为禹葬以法度，不烦人众。

《吴越春秋·越王无余外传》亦载：

少康恐禹祭之绝祀，乃封其庶子于越，号曰无余。余始受封，人民山居，虽有鸟田之利，租贡才给宗庙祭祀之费，乃复随陵陆而耕种，或逐禽鹿而给食。

无余质朴不设官室之饰，从民所居，春秋祠禹墓于会稽，无余传世十余，末君微劣不能自立，转从众庶为编户之民，禹祀断绝十有余岁，有人生而言语，其语曰：鸟禽呼嚛喋嚛喋指天向禹墓曰：我是无余君之苗末，我方修前君祭祀，复我禹墓之祀，为民请福，于天以通鬼神之道。众民悦喜皆助奉禹祭，四时致贡，因共封立以承越君之后，复夏王之祭。

不难看出，现实的需要，信仰的需要，文化整合的需要，于是那位传说中曾巡守会稽、死葬会稽，因治水而名垂史册的英雄——大禹，便成为越人的自然选择，成为越民族骄傲的历史记忆而世代相传。① 选择

---

① 按，在今苏南、浙东，特别是浙江德清、东阳、绍兴一带，民间仍保存大量大禹治水事迹的口传故事。

大禹，既是一种政治的象征，也是一种文化的象征。作为政治象征意义的大禹是民族统一的象征，民族凝聚力的象征。作为文化象征意义的大禹则是勤劳勇敢、创新实干、厚德载物、自强不息的民族精神的象征。① 至此，"越为禹后"的文化心理皈依，通过《越绝书》的一番文化叙事整合而底定完成。

二　卧薪尝胆，服诚行仁：越文化精神的选择与改造

《越绝书》作为越地越人的精神文化遗产，字里行间深深烙刻、反映着越国文化的精神内蕴，即：卧薪尝胆，服诚行仁。前者是越地复仇文化的集中体现，后者则是接受、融汇中原主流文化价值观，形成"和顺天下"认识的新的越文化精神，是卧薪尝胆的文化改造和伦理升华。

观《越绝书》，提到"仇"有30处，"复仇"有5处。其中记录的复仇事件有3次，即伍子胥引兵报楚王杀父之仇；吴王夫差报檇李之战败于越，吴王阖庐伤重而亡之仇；越王勾践卧薪尝胆报夫差败越之仇。这里，"卧薪尝胆"的复仇叙事，经历了一番主流文化价值观对之的重构与改造。对此，《越绝书》颇为详细地记载了越王勾践兵败受辱归国后进行深刻反思、虚心纳谏的故事。不妨摘记如下。

《越绝书·计倪内经》载：

> 昔者，越王勾践既得反国，欲阴图吴，乃召计倪而问焉，曰：吾欲伐吴，恐弗能取。山林幽冥，不知利害所在。西则迫江，东则薄海，水属苍天，下不知所止。交错相过，波涛濬流，沈而复起，因复相还。浩浩之水，朝夕既有时，动作若惊骇，声音若雷霆。波涛援而起，船失不能救，未知命之所维。念楼船之苦，涕泣不可止。非不欲为也，时返不知所在，谋不成而息，恐为天下咎。以敌攻敌，未知谁负。大邦既已备，小邑既已保，五穀既已收。野无积庾，廪粮则不属，无所安取？恐津梁之不通，劳军纡吾粮道。吾闻先生明于时交，察于道理，恐动而无功，故问其道。

---

① 《淮南子·氾论训》谓："禹劳天下而死为社"；《史记·封禅书》亦谓："自禹兴而修社祀"。顾颉刚《古史辨》第一册《自序》据此认为，"汉代人确以禹为社神"。

计倪对曰：是固不可。兴师者必先蓄积食、钱、布、帛。……

越王曰：善，请问其方。吾闻先生明于治岁，万物尽长，欲闻其治术，可以为教常。子明以告我，寡人弗敢忘。

计倪对曰：人之生无几，必先忧积蓄，……必先省赋敛，劝农桑；饥馑在问，或水或塘，因熟积以备四方。……

越王曰：请问其要？

计倪对曰：……其主能通习源流，以任贤使能，则转毂乎千里外，货可来也；……夫人主利源流，非必身为之也。视民所不足，及其有余，为之命以利之。而来诸侯，守法度，任贤使能，偿其成事，传其验而已。如此，则邦富兵强而不衰矣。群臣无空恭之礼，淫佚之行，务有于道术。

……

《越绝书·外传记地传》记勾践之言：

夫越性脆而愚，水行而山处；以船为车，以楫为马，往若飘风，去则难从；锐兵任死，越之常性也。

《越绝书·外传计倪》曰：

贤君用臣，略责于绝，施之职而成其功；远使，以效其诚；内告以匿，以知其信；与之讲事，以观其智；饮之以酒，以观其态；选士以备，不肖者无所置。

越王大媿，乃坏池填堑，开仓穀，贷贫乏；乃使群臣身问疾病，躬视死丧；不厄穷僻，尊有德；与民同苦乐，激河泉井，示不独食。行之六年，士民一心，不谋同辞，不呼自来，皆欲伐吴。遂有大功而霸诸侯。孔子曰：宽则得众。此之谓也。

尽管一时还难尽脱越地"锐兵任死"的血族复仇心理影响，但从越王勾践所表现的"吾欲伐吴""恐为天下咎""子明以告我，寡人弗敢忘"的谦卑示下，虚怀纳言，以及"开仓谷，贷贫乏"，"尊有德，与民同苦乐""士民一心","遂有大功而霸诸侯"等记载来看,可以毫不夸大地说,经过《越绝书》的一番选择、改造、加工,传咏千古,历史记忆深处之中那个令人荡气回肠,复仇指向性、目的性清晰、决绝的三千越甲气吞吴国的复仇故事,在儒学"服诚行仁"文化的洗礼下,成为一种新的精神派送,使人一唱三叹。在其后的千秋百代岁月中,越王勾践卧薪尝胆,雪耻复国,反躬内省、刻苦自励的精神内蕴,逐步上升为国家话语叙事中一种永恒的"文化注意力资源",成为越文化精神的不朽象征。

三　剑与书的转换：儒家伦理观

向来治《越绝书》者,大都有其书芜杂、众说并陈之感。《四库全书总目提要》即谓《越绝书》："其文纵横曼(漫)衍,与《吴越春秋》相类,而博丽奥衍则过之。"这些评论是有道理的,一部《越绝书》所弥漫的气息确乎如此。

但若细究之,《越绝书》又分明有着自己的价值诉求和立场表达。在笔者看来,《越绝书》尽管庞杂,但通览全书(按,目今所见《越绝书》,① 共十五卷,十九篇),可以看到,《越绝书》实际上围绕着一个主题,横贯着一条主线,高张起一个主流价值观。即以吴越兴替、吴亡越兴为主线和主题,以儒家伦理本位为价值依归。此亦反映出越人主动靠近华夏文化主航线,接受、认同中原华夏文化的认识与努力。

如所周知,吴越文化以好剑轻死、厥性轻扬而著称。《汉书·地理志》即谓："吴粤(越)之君皆好勇,故其民至今好用剑,轻死易发。"《晋书·地理志》亦言："江南之气躁劲,厥性轻扬。"《太平御览》卷一百七十二亦载："吴越之境,其人好剑,轻死易发,火耕水耨,人养鱼稻,无千金之家,好巫鬼,好淫祀。"

至宋施宿《会稽志》则是："其民至今勤于身,俭于家,奉祭祀,力沟洫,乃有禹之遗风焉。"② 宋张淏《会稽续志》亦有："前志论风俗之美,谓有禹之遗风。王铚《学记》云,余姚有诸冯之地,舜所生也。

---

① 按,本文所据《越绝书》,係乐祖谋先生点校本,上海古籍出版社 1985 年版。
② 施宿:《会稽志》卷一,《风俗》。

会稽之地，禹所没也。舜、禹功被万世，而有见于风俗，又王安石有《历山赋》，盖亦思舜而作也，则习俗之美兼有舜之遗风矣。"①等述记。应当说，《会稽志》《会稽续志》的记载，从宋朝时期区域地方志的角度，进一步回答了吴越故地对中原华夏文化的认同、融汇问题。

据笔者粗略统计，《越绝书》书"剑"42处，涉"仇"30处，提到"孝"5处，"礼"12处，"德"42处，"仁"17处，"义"28处，"仁义"4处。兹撮要胪列其所涉伦理文化相关条目如下，以明书与剑、仇与德转换之路径。

（1）"越伐疆（强）吴，尊事周室。"（《外传本事》）

（2）"吴亡越兴，在天与，在人乎？皆人也。"（《外传本事》）

（3）舍生取义故事两则：救伍子胥涉渡之渔者，施饭于伍子胥之女子。（参见《荆平内传》）

（4）伦理观之表达："臣闻诸侯不为匹夫兴师。"（参见《荆平内传》）

（5）"事君犹事父也。"（见《吴内传》和《外传纪策考》）

（6）"和顺天下"，"顺之者有福，逆之者有殃。"（《吴内传》）

（7）"人道不逆四时。"（《吴内传》）

（8）舜之孝行。（参见《吴内传》）

（9）"向服慕义。"（《吴内传》）

（10）"君臣之义。"（《吴内传》）

（11）"汤行仁义，敬鬼神，天下皆一心归之。"（《吴内传》）

（12）"革乱补弊，移风易俗，改制作新。"（《吴内传》）

（13）"文王行至圣，以仁义争。"（《吴内传》）

（14）"武王以礼信。"（《吴内传》）

（15）"周公以盛德。"（《吴内传》）

（16）"省赋敛，劝农桑。"（《计倪内经》）

（17）"守法度，任贤使能。"（《计倪内经》）

（18）"顺之有德，逆之有殃。"（《计倪内经》）

（19）"卑身重礼，以素忠为信。"（《请籴内传》）

---

① 张淏：《会稽续志》卷一，《风俗》。

（20）夫差与太宰嚭探讨武王伐纣的正义性问题。（参见《请籴内传》）

（21）"善贵有道。"（《请籴内传》）

（22）"仁者。"（《外传纪策考》）

（23）"诚秉礼者。"（《外传纪策考》）

（24）"忠信。"（《外传纪策考》）。

（25）"人君选士，各象其德。"（《外传纪策考》）

（26）"进退揖让，君子之容。"（《外传纪策考》）

（27）"锐兵任死，越之常性也。"（《外传记地传》）

（28）"治道万端，要在得贤。"（《外传记地传》）

（29）"夫仁义者，治之门；士民者，君之根本也。"（《外传计倪》）

（30）"仁义之行。"（《外传计倪》）

（31）"孔子曰：宽则得众。"（《外传计倪》）

（32）"有勇见于外，必有仁于内。"（《外传计倪》）

（33）"居安思危。"（《外传计倪》）

（34）"越王勾践服诚行仁，听谏，进贤士。"（《内经九术》）

（35）"贤士邦之宝也。"（《内经九术》）

（36）"圣人行兵，上与天合德，下与地合明，中与人合心，义合乃动，见可乃取。"（《外传记军气》）

（37）"将仁而明。"（《外传记军气》）

（38）"执其中和而行之。"（《外传枕中》）

（39）"保人之身者，可以王天下。"（《外传枕中》）

（40）"执其中则昌。"（《外传枕中》）

（41）"天地之间，人最为贵。"（《外传枕中》）

（42）"父辱则子死，君辱则臣死。"（《外传枕中》）

（43）评价伍子胥"妻楚王母"事，"孔子固贬之矣。贤其复仇，恶其妻楚王母"。（参见《叙外传记》）

《越绝书》中所涉伦理文化关键词，有如上述。这些关键词所承载的文化意义，透过字里行间所表达的"中""和""仁""义""礼""信"等的价值向度，集中折射、反映出剑与书、仇与德在越地的转换信息。

　　《越绝书》通过阐扬复仇主义伦理观、战争伦理观、君臣伦理观，以儒家伦理文化为枢轴，以达至剑与书的转换、仇与德的转换。初步实现了对越地思想文化资源的选择、取舍、加工、改造和整合，并使其上升到伦理政治文化的操作层面。尽管限于资料的匮乏，实现这种转换的具体路径一时还难以完全揭示，但对《越绝书》的分析、梳理，使我们看到，儒家伦理观在吴越区域文化向中原华夏文化靠拢、皈依的过程中，起到了十分重要的枢纽作用，是越人实现其文化认同的转换器和整合器。

沈郎钱形制问题研究

沈郎钱改"铢"为"朱"的形制是对汉末剪边钱及曹魏侵轮五铢钱特征的发展和继承，反映了在通货紧缩、谷帛获得一般等价物地位的社会背景下民众对于单位细化之货币的客观需求，沈郎钱不同于曹魏侵轮五铢，彻底摆脱了旧钱式的控制，体现了吴兴沈氏作为江东望族强烈社会自信，这种自信亦能与史籍中沈充、沈劲的事迹产生联系，是东晋时期门阀政治的产物。

一 沈郎钱铸行始末及形制的确定

武康沈氏一门为吴兴望族，自东汉初沈戎不受光武帝封爵而迁居会稽乌程之余不乡，至六朝时已发展为江南世家大姓，子孙中多有显赫人物。东晋初，沈充凭借过人的军事才华成为王敦谋主，而沈氏家族在乡里的威望亦蒸蒸日上，甚至曾经自行开铸钱币。据《晋书·食货志》载：

> 晋自中原丧乱，元帝过江，用孙氏旧钱，轻重杂行，大者谓之比轮，中者谓之四文。吴兴沈充又铸小钱，谓之沈郎钱。钱既不多，由是稍贵。①

由此可知，沈充于东晋初曾铸造被后世称为沈郎钱的私钱，但具体

---

① （唐）房玄龄等：《晋书》卷26，中华书局1974年版，第795页。

的铸造时间则未明确指出。今人多认为沈郎钱当铸于 322 年王敦起兵后沈充于吴兴率众响应之时，但考虑到沈氏在吴兴早已立下根基，未必要等到起事之时才临时铸造钱币，而另一方面，东晋自偏安江南以来亦未发行官方货币，而是任由民间行使孙吴旧钱，因此对铸币的管理自然不会十分严格，故沈郎钱的铸造时间可能更早。除此之外，《晋书》虽载沈充铸钱之事，却未对钱币面貌有太多细节描述，只言"小钱"而已，引来后世学者争相猜测考证，旧谱甚至有将西汉晚期所铸小五铢钱附会为沈郎钱者，谬传甚久，至近代泉学大兴之后，郑家相、张綗伯及日人三上香斋、奥平昌洪纷纷辨旧说之谬误，指出沈郎钱当系一种面有外郭，以"五朱"为钱文的小钱。2017 年，高勇勇、吕耀初、钱学明著《湖州铸钱考》一书，对沈郎钱列有专章进行讨论，考证甚详，指出近代诸家的观点亦不准确，现存"铢"字不带金旁的五朱钱性质庞杂，可包括汉末民间私铸钱、曹魏明帝时铸币及沈郎钱三类，[①] 执论甚正，但通过对湖州本地出土实物的考察可知，沈郎钱（图 1[②]）面文为"五朱"的判断应是无可争议的了。

图 1　沈郎钱

二　沈郎钱形制反映的经济问题

　　尽管沈郎钱的形制特征基本得到确定，但其所反映的社会经济信息

---

① 高勇勇、吕耀初、钱学明：《湖州铸钱考》，现代出版社 2017 年版，第 14 页。
② 汪庆正等：《中国古代货币大系·秦汉三国两晋南北朝货币》，上海辞书出版社 2002 年版，第 333 页。

则鲜有人深入关注。从形制上看，沈郎钱的主要特征为以"朱"代"铢"，这显然是受到了自汉末以来社会中普遍流行的剪凿五铢钱的影响。损钱之行为在中国古代可谓由来已久，据杨君、孙宏雷《中国古代损钱取铜的历史考察》一文介绍，从现存实物的情况看，战国时期的刀币、圜钱中已出现磨镟取铜的现象，后世秦汉诸钱更不乏其例，但当时损钱行为之目的实为从钱币中剥取铜材，而从东汉后期开始，剪凿钱的数量开始激增，远远超过了磨郭钱。① 值得注意的是，不仅剪凿后的钱币凿心（今谓之"剪边钱"，见图2②）可以重新进入流通，连凿取的外环（今谓之"綖环钱"，见图3③）有时也有出土于钱币窖藏，甚至同穿一钱绳的情况，④ 这充分说明东汉后期兴起的剪凿行为与此前的盗铜行为有着完全不同的目的，简言之即将一大钱分作二小钱以供使用。此后，曹魏政权在魏明帝时曾"更立五铢钱"，而从存世实物看，新发行的曹魏五铢钱的主要特征为"钱面外郭侵压钱文，'五'字缺右上、右下两角，'朱'字左上、左下角也被侵压"，⑤ 或称"侵轮五铢"（图4⑥），这种形制明显模仿自受剪凿的汉五铢凿心部分，而沈郎钱以"朱"代"铢"的面文同样是继承了这种模仿凿心的传统。此前，学界多从汉末以降货币制度混乱的角度解释这一情况，如戴志强在《曹魏五铢考述》中称，侵轮五铢的出现"恰是当时劣质货币充斥市场的反映"，⑦ 但既然侵轮五铢为曹魏政府发行的新钱，那么它自然应该担负着在形制上纠正时弊的功能，而事实却是官钱主动参考了作为劣币典范的剪凿钱设计形制，而该形制似乎还成了当时流通钱币的经典范式，直至百年之后依然出现在东晋发行的沈郎钱中，可见这一看似恶劣的钱式内部必然蕴藏有顺应社会需求的合理性。

　　据《晋书·食货志》载：

---

　　① 杨君、孙宏雷：《中国古代损钱取铜的历史考察》，《中国钱币》2005 年第 2 期。

　　② 上海博物馆青铜器研究部：《上海博物馆馆藏钱币·魏晋隋唐钱币》，上海书画出版社 1994 年版，第 145 页。

　　③ 同上书，第 138 页。

　　④ 杨君、孙宏雷：《中国古代损钱取铜的历史考察》，《中国钱币》2005 年第 2 期。

　　⑤ 戴志强：《曹魏五铢考述》，《文物》1998 年第 4 期。

　　⑥ 同上。

　　⑦ 同上。

图 2　剪边钱

图 3　綖环钱

图 4　曹魏侵轮五铢

及献帝初平中，董卓乃更铸小钱，由是货轻而物贵，谷一斛至钱数百万。至魏武为相，于是罢之，还用五铢。是时不铸钱既久，货本不多，又更无增益，故谷贱无已。及黄初二年，魏文帝罢五铢钱，使百姓以谷帛为市。至明帝世，钱废谷用既久，人间巧伪渐多，竞湿谷以要利，作薄绢以为市，虽处以严刑而不能禁也。司马芝等举朝大议，以为用钱非徒丰国，亦所以省刑。今若更铸五铢钱，则国丰刑省，于事为便。魏明帝乃更立五铢钱，至晋用之，不闻有所改创。[①]

按献帝初年钱轻物贵，一方面源于董卓毁五铢铸小钱对货币经济秩序的破坏，一方面因天下动乱，谷帛成为维系生存之必需品所致，而到208年曹操称相时，北方已基本实现统一，农业经济得到一定程度的恢复，但由于长期未发行钱币，造成了"谷贱无已"的通货紧缩现象，曹魏建立后，这一局面依然没有改变，魏文帝甚至直接以谷帛交易取代货币经济，这恐怕是源于政权草创，尚无实力大开鼓铸之故，但谷帛交易极易为不法之徒钻营取巧，因此魏明帝不得不恢复货币流通，侵轮五铢正是在这一时期问世的。

侵轮五铢发行后一直沿用至晋世，而从前文所引《晋书·食货志》中的记载看，无论是统一的西晋还是偏安的东晋，对于发行货币均无太大的兴趣，社会中日常交易均以旧钱为主，通货数量自然难以维持市场之需求，钱重物轻的问题更加严峻，当钱币在市场中的地位占据优势之后，无论是剪边五铢钱，还是仿造剪边钱制作的侵轮五铢和沈郎钱，均获得了市场的承认，自然不可以劣币视之了。

既然剪边钱、侵轮五铢与沈郎钱不能视为单纯的劣币，那么它们的流通就只能被解释为在通货紧缩的经济环境下，社会需要将货币的基础单位维持在一个较低的水平，换言之，原本以一文为单位的五铢钱，似乎已因钱价过高而造成了交易不便，只有将其单位缩小至半文方能适应市场需求，而其中的缘故尚需详考。事实上，仅在局部地区发行的沈郎钱显然对扭转通货紧缩的局面起不到太大作用，而另一方面，既有的钱币也因为不法之徒的牟利行为而迅速减少，据《晋书·食货志》载：

---

① （唐）房玄龄等：《晋书》卷26，中华书局1974年版，第794页。

孝武太元三年，诏曰："钱，国之重宝，小人贪利，销坏无已，监司当以为意。广州夷人宝贵铜鼓，而州境素不出铜，闻官私贾人皆于此下贪比轮钱斤两差重，以入广州，货与夷人，铸败作鼓。其重为禁制，得者科罪。"[①]

销钱行为的盛行使市场中流通的钱币数更加稀少，故自桓玄辅政后，又复重开废钱用谷帛之议，但因孔琳之的反对而作罢。《晋书·食货志》载孔琳之言称：

《洪范》八政，货为食次，岂不以交易所资，为用之至要者乎！若使百姓用力于为钱，则是妨为生之业，禁之可也。今农自务谷，工自务器，各隶其业，何尝致勤于钱。故圣王制无用之货，以通有用之财，既无毁败之费，又省难运之苦，此钱所以嗣功龟贝，历代不废者也。谷帛为宝，本充衣食，分以为货，则致损甚多。又劳毁于商贩之手，耗弃于割截之用，此之为弊，著自于曩……今括囊天下之谷，以周天下之食，或仓廪充溢，或粮靡并储，以相资通，则贫者仰富。致富之道，实假于钱，一朝断之，便为弃物。是有钱无粮之人，皆坐而饥困，以此断之，又立弊也。[②]

由史料可知，钱币流通物资的作用和执钱者不可侵犯的个人利益是孔琳之反对废钱用谷帛交易的主要原因，而谷帛的劳毁耗弃问题是其相对于钱币而言在流通中所存在的最大弊端，其中犹以绢帛的截耗问题最大。绢帛在魏晋时期的畅销源于其重要的使用价值，但当它成为一般等价物时，这种使用价值的缺陷就会暴露无遗。市场经济活动面貌万端，既有大额交易，亦有小额交易，由于绢帛本身具有价值量较大的特点，当面对大额交易时自然能应付自如，但当遇到小额交易时，如缺乏单位更加细化的货币，卖方就不得不割截绢帛用于支付，而买方得到割截的小面积绢帛后既不能制衣，也不能书写，其不便性可想而知，这正是绢帛的流行不能夺钱币之地位的主要原因，而当钱价因政府长期罢铸而腾

———————

① （唐）房玄龄等：《晋书》卷26，中华书局1974年版，第795页。
② 同上。

贵时，它本身在小额交易中的优势亦受到影响，故为了适应商业活动的需要，民众纷纷以自发的方式将钱币的单位由一文减至半文，无论是剪凿钱，还是其后依剪凿钱的小单位特征仿铸的侵轮五铢与沈郎钱，都是这种通货单位细化的产物，是魏晋时期通货紧缩问题的实物例证。

三　沈郎钱形制反映的家族自信

尽管如前文所称，沈郎钱与曹魏侵轮五铢均为模仿剪边钱而作，但二者形制特征上的差异仍然值得注意。曹魏侵轮五铢虽将外郭压于"五铢"二字之上，但并没有改换钱文，仍然固执地保留了残缺的金旁，杨君、孙宏雷认为，这种特殊的形制"应是在磨郭、剪边等损钱取铜方式所导致的货币减重日益猖獗的情形下，铸币者不得不顺应减重潮流，而又留恋于规范的五铢钱形制的一种折中做法。'压五押金'钱透露出的，是被束缚并挣扎着的传统五铢钱的形制意识"，① 其论甚正，但似乎仍有深入的余地。三国时期，蜀、吴两国均实行通货膨胀政策，据《晋书·食货志》载：

> 孙权嘉禾五年，铸大钱一当五百。赤乌元年，又铸当千钱。故吕蒙定荆州，孙权赐钱一亿。钱既太贵，但有空名，人间患之。权闻百姓不以为便，省息之，铸为器物，官勿复出也。私家有者，并以输藏，平卑其直，勿有所枉。②

在孙权铸造大泉之前，刘备早在建立蜀汉之前就已发行直百五铢钱，《三国志·刘巴传》引《零陵先贤传》载：

> 军用不足，备甚忧之。巴曰："易耳，但当铸直百钱，平诸物贾，令吏为官市。"备从之，数月之间，府库充实。③

---

① 杨君、孙宏雷：《中国古代损钱取铜的历史考察》，《中国钱币》2005 年第 2 期。
② （唐）房玄龄等：《晋书》卷 26，中华书局 1974 年版，第 795 页。
③ （晋）陈寿：《三国志》卷 36，中华书局 1959 年版，第 982 页。

对比以上史料不难发现，同样作为虚值大钱出现的吴、蜀两国新钱在投入市场后被民众认可的程度可谓完全不同，东吴大钱寻铸寻废，而直百五铢在蜀国的流通则至少在发行之初未受到大的阻碍。事实上，现存直百五铢钱实物中尚有一种背铸"为"字的，为犍为郡发行的货币，考虑到蜀汉政权自225年诸葛亮出兵南中之后才基本控制西南夷活动区域的局势，这类直百五铢钱应为此后鼓铸的钱币，这亦从侧面反映了此类大钱的使用甚至延续到了诸葛亮治蜀时。当然，两类大钱在币值上的差异自然会对流通的顺利程度产生影响，但鉴于社会反响对比强烈，其中恐怕还有其他因素存在。笔者认为，直百五铢在钱文上继承"五铢"形制的设计可能是使其通行阻力较小的原因之一，这种钱文暗示了对于五铢旧钱的认可，使握有大量货币资源的富户不必担心自身的财富会因新钱的发行彻底化为泡影，而孙吴发行的大钱草率改易钱文的做法则极易造成此种恐慌，是故对于五铢钱文的继承与否，形象反映了政权的信用优劣，这也是曹魏不得不延续五铢钱式的原因之所在。

值得注意的是，沈郎钱虽为私铸货币，但却大胆挑战了五铢钱式，并没有延续侵轮五铢的形制，而是改"铢"为"朱"，完全不介意使用带有错字嫌疑的钱式。高勇勇、吕耀初、钱学明认为，"五朱"钱文为不通文化的匠人所作，是沈充为王敦筹措军饷仓促铸钱的例证，[1] 但前文已指出，《晋书·食货志》并未交代沈郎钱的铸造时间，故其完全有可能在沈充起兵之前就已在其控制的吴兴地区发行，仓促误书之说不能成立，因此自当以改制视之，反映了沈充强烈的社会自信，这种自信与沈氏一族江东大姓的地位息息相关，也贯穿于沈充及其子沈劲的事迹之中。

《晋书·沈充传》载沈充起兵失败事称：

> 及败归吴兴，亡失道，误入其故将吴儒家。儒诱充内重壁中，因笑谓充曰："三千户侯也。"充曰："封侯不足贪也。尔以大义存我，我宗族必厚报汝。若必杀我，汝族灭矣。"儒遂杀之。充子劲竟灭吴氏。[2]

---

① 高勇勇、吕耀初、钱学明：《湖州铸钱考》，现代出版社2017年版，第31页。
② （唐）房玄龄等：《晋书》卷98，中华书局1974年版，第2567页。

又《晋书·忠义传》载沈劲事称：

> 　　沈劲，字世坚，吴兴武康人也。父充，与王敦构逆，众败而
> 逃，为部曲将吴儒所杀。劲当坐诛，乡人钱举匿之得免。其后竟杀
> 仇人。劲少有节操，哀父死于非义，志欲立勋以雪先耻。年三十
> 余，以刑家不得仕进。郡将王胡之深异之，及迁平北将军、司马刺
> 史，将镇洛阳，上疏曰："臣当藩卫山陵，式遏戎狄，虽义督群心，
> 人思自百，然方翦荆棘，奉宣国恩，艰难急病，非才不济。吴兴男
> 子沈劲，清操著于乡邦，贞固足以干事。且臣今西，文武义故，吴
> 兴人最多，若令劲参臣府事者，见人既悦，义附亦众。劲父充昔虽
> 得罪先朝，然其门户累蒙旷荡，不审可得特垂沛然，许臣所上否？"
> 诏听之。劲既应命，胡之以疾病解职。①

　　沈充所犯为谋逆大罪，在历朝历代均难逃牵连家族的命运，但其面
对吴儒时的态度却说明即便在谋逆失败且生命将终的现实面前，其对于
沈氏家族政治地位的信心亦未曾动摇，而此后沈劲的崛起更是印证了他
的预见。东晋王朝对参与谋逆的沈氏家族仅仅以限制仕进的处罚加以控
制，并旋即解除禁令，重用沈劲，而沈劲在发迹后更是毫无收敛地为父
报仇，诛灭吴儒家族，而东晋政府亦不曾予以处罚或干预，究其原因，
无非是忌惮于吴兴沈氏在江东的深厚底蕴，王胡之所谓"吴兴人最多，
若令劲参臣府事者，见人既悦，义附亦众"即言此理，由此看来，沈充
以超越正统政权的社会自信改易钱文，正是东晋时期世家大族以高傲的
姿态左右经济与政治的客观反映，是门阀制度兴盛的直接物证。
　　需要指出的是，在六朝时期的吴兴地区，拥有此种特殊待遇的家族
绝不仅仅只有沈氏一支。在前文所列史料中，沈劲因乡人钱举的藏匿而
得以保全，而据同书载：

> 　　沈充，字士居。少好兵书，颇以雄豪闻于乡里。敦引为参军，
> 充因荐同郡钱凤。凤字世仪，敦以为铠曹参军，数得进见。知敦有

---

① （唐）房玄龄等：《晋书》卷 26，中华书局 1974 年版，第 2317 页。

不臣之心，因进邪说，遂相朋构，专弄威权，言成祸福。遭父丧，外托还葬，而密为敦使，与充交构。①

　　由史料可知，与沈氏同为望族的吴兴钱氏一门同样参与叛乱，且与王敦的关系更为亲密，但在叛乱失败后吴兴钱氏显然亦未受到大的打击，尚有余力藏匿避祸的沈劲，可见其在东晋朝廷心目中之地位不亚于沈氏。当然，在六朝时期有能力使政府妥协绥靖的家族并不拘于吴兴一隅，而在私铸货币时敢于改易钱文的例子也不止一例，从出土实物的情况看，除"五朱"外，尚有"五五""五王""五工""五子""朱朱"等多种。② 1984 年，在安徽马鞍山朱然墓中就曾出土过此类钱币，可见私钱改易钱文情况的出现，至少不晚于汉末三国时期。前文已指出，传世的"五朱"钱亦并非均为沈充铸造，其中必然包括年代早于东晋者，而《通典》称此类"源出于五铢，但狭小"的小钱为"稚钱"，主要流通于三吴地区。③ 由此可见，在六朝江南大族中，与沈充一样私铸钱币，且敢于改易钱文者不乏其例，只不过由于史料的失载，其他现存"稚钱"的铸造时间和铸造者已经难以考证了。

　　综上所述，沈郎钱改"铢"为"朱"的形制特征与曹魏侵轮五铢相同，都是对汉末剪边钱的继承，反映了在通货紧缩、谷帛获得一般等价物地位的社会背景下民众对于单位细化之货币的客观需求，不能单纯以"劣钱"视之。另一方面，沈郎钱不同于曹魏侵轮五铢，以"五朱"为钱文，彻底摆脱了旧钱式的控制，体现了吴兴沈氏作为江东望族强烈的社会自信，这种自信亦能于史籍中沈充、沈劲的事迹产生联系，是东晋时期门阀政治的产物。

---

① （唐）房玄龄等：《晋书》卷 98，中华书局 1974 年版，第 2566 页。
② 汪庆正等：《中国古代货币大系·秦汉三国两晋南北朝货币》，上海辞书出版社 2002 年版，第 330 页。
③ （唐）杜佑：《通典》卷 9，中华书局 1988 年版，第 190 页。

"吕洞宾过沈东老" 仙话考述

八仙是中国民间最为知名的神仙群体，八仙传说纷纭众多，其中尤以吕洞宾仙话为盛。吕洞宾仙话流传大体始于五代宋初，五代尚只是零星出现，北宋时开始盛行于世。[①] 而北宋吕洞宾仙话最著名者有二：一是吕洞宾过岳阳楼，一是吕洞宾过沈东老。[②] 前者学人已有所探讨，[③]后者尚无专文论述。本文试图通过对"吕洞宾过沈东老"仙话（以下简称吕沈仙话）的流传始末进行考察，分析这一仙话样本的生成过程，以揭示古代造神运动的社会基础。

一 吕沈仙话的出现

吕沈仙话诞生于北宋中叶，之后经过后人历代加工不断丰富，其基本情节为：北宋中叶吕洞宾自称回山人，拜访湖州善酿好客的沈东老，以榴皮题诗其家壁上云："西邻已富忧不足，东老虽贫乐有余。白酒酿来缘好客，黄金散尽为收书。"并与沈约定异时复会，至期沈化去飞升。这则仙话在历史上流传很广，它既是吕洞宾早期传说的基本组成部分，

---

① 关于吕洞宾仙话流传的起始时间，目前存在数说。浦江清《八仙考》（《清华学报》11 卷 1 期，1936）认为始于北宋仁宗庆历年间，陈尚君《〈全唐诗〉误收诗考》（载氏著《唐代文学丛考》，中国社会科学出版社 1997 年版）认为始于北宋太宗至真宗时期，尹志华《吕洞宾生平事迹考》（中国道教协会网（http://www.taoist.org.cn））认为始于五代，盛于北宋。

② 尹志华：《吕洞宾生平事迹考》。

③ 童牧林：《论岳阳民间文化中的吕洞宾形象》（《云梦学刊》2003 年第 3 期）探讨了地域文化中吕洞宾形象的特征与内涵，但对仙话产生和流传的原因未做探讨。

同时还在藏书、酿酒、教化、养生、姓氏文化等领域皆有较大影响。其中吕以榴皮题诗后二句"白酒酿来缘好客，黄金散尽为收书"，至清代被收入蒙学名作《增广贤文》后，更是演化成为脍炙人口的处世格言。

吕沈仙话见诸史载可谓夥矣，但考其源流，则首见于苏轼（1037—1101）的一首诗序，其全文为：

> 回先生过湖州东林沈氏，饮醉，以石榴皮书其家东老庵之壁云："西邻已富忧不足，东老虽贫乐有余。白酒酿来因好客，黄金散尽为收书。"西蜀和仲闻而次其韵三首。东老，沈氏之老自谓也，湖人因以名之。其子偕，作诗有可观者。

该诗查慎行考证作于北宋熙宁七年（1074）。① 诗序记载虽简，但已具备了后世流传吕沈仙话的主要元素：人物是回先生与沈东老，地点在湖州东林沈家，时间是北宋中期，情节是饮醉与榴皮题诗东老庵壁。

《东坡诗话》又载：

> 有道人过沈东老饮酒，用石榴皮写绝句壁上，称回山人。东老送出门，渡桥不知所往。或曰："此吕洞宾也。"②

南宋晁公武《郡斋读书志》言《东坡诗话》成书，为"东坡居士杂书有及诗者，好事者因集成二卷"，③ 可知虽非苏轼定本，但亦出于苏轼，仍可据信。《诗话》比诗题又多了两个元素，一是回山人"渡桥不知所往"，二是将回山人与吕洞宾联系起来。另据清人吴玉树辑《东林山志》卷五所载，题为两宋之交湖州邑绅刘一止所撰《回山人祠堂碑记》称，苏轼为回山人和诗之余，尚为沈氏题"东老庵"、"回仙桥"字，刻石立于东林。④ 苏轼对于吕沈仙话的流传，可谓与有力焉。

苏诗出后，又有苏轼诗友郭祥正（1035—1113）作《寄题湖州东

---

① 冯应榴辑注，黄任轲、朱怀春校点：《苏轼诗集合注》卷12。
② 佚名辑：《东坡诗话》（单卷本）。
③ 晁公武撰，孙猛校证：《郡斋读书志校证》卷3下《小说类》。
④ 该文未收入刘一止《苕溪集》，但董斯张《吴兴备志》卷24《金石征》有题录。

林沈氏东老庵》诗，仙话情节在其笔下更显丰富：

> 东林沈郎真隐居，山环水绕开方壶。何年濯足脱尘网，坐卧七言哦蘂珠。
>
> 有时隐几佚吾老，万事不到灵台虚。瓮间绿蚁春欲活，仙翁夜降青云车。
>
> 自称山人号回客，为君猛饮留斯须。蚊蝇驱尽烛还灭，清风扫地银蟾铺。
>
> 藜花蕉叶钟与鼎，倒卷锦浪吞鲸鱼。双瞳湛湛剪秋碧，三山不动乔松孤。
>
> 欻然踊起拂素壁，笔洒二韵铿琼琚。西邻已富忧不足，东老虽贫乐有余。
>
> 白酒酿来缘好客，黄金散尽为收书。瓮干吟罢尚携手，寥寥天籁鸣笙竽。
>
> 渡桥掺袂忽无迹，东方渐白飞群乌。世人寻仙不可得，仙人寓世情何如。
>
> 桃源归路杳难问，落花流水空踟蹰。后来福祸固已验，生死往复犹坦途。
>
> 圜庵不坏子传业，玉琴遗韵寒泉俱。以回易吕未可必，回生回生是赤刘方徒。①

诗作中叙述的情节已相当完整，表明背后存在一个内容丰富的仙话。其中言"以回易吕未可必"，表明时人将回山人视为吕洞宾，而郭祥正持无意深究的存疑态度。另外回仙警句在郭诗中为"白酒酿来缘好客"，易苏诗所引"因"为"缘"，此亦无关大局，只是此后大体以"缘"行世。诗名"寄题"，又有"圜庵不坏子传业"之句，应为受沈东老子沈偕之邀寄题东老庵之作。

现存体例意义上完整的吕沈仙话，首见于湖州长兴人陆元光稍后所作《回仙录》，其云：

---

① （宋）郭祥正：《郭祥正集》卷9《寄题湖州东林沈氏东老庵》。

　　吴兴之东林沈东老，能酿十八仙白酒。一日有客自号回道人，长揖于门曰："知公白酒新熟，远来相访，愿求一醉。"实熙宁元年八月十九日也。公见其风骨秀伟，竦然起迎。徐观其碧眼有光，与之语，其声清圆。于古今治乱、老庄浮图氏之理无所不通，知其非尘埃中人也。因出酒器十数于席间曰："闻道人善饮，欲以鼎先为寿如何？"公曰："饮器中惟钟鼎为大，屈卮螺杯次之，而梨花蕉叶最小，请戒侍人次第速斟，当为公自小至大以饮之。"笑曰："有如顾恺之食蔗，渐入佳境也。"又约周如复始，常易器满斟于前，笑曰："所谓杯中酒不空也。"回公兴至即举杯举白，常命东老鼓琴，回乃浩歌以和之。又尝围棋以相娱，止弈数子辄拂去，笑曰："只恐棋终烂斧柯。"回公自日中至暮已饮数斗，无酒色。是夕月微明，秋暑未退，蚊蚋尚多。侍人秉扇改拂，偶灭一烛。回公乃命取竹枝，以余酒噀之，插于远壁。须臾蚊蚋尽栖壁间，而所饮之地洒然。东老欲有所叩，先托以求驱蚊之法，回云曰："且饮，小术乌足道哉。闻公自能黄白之术，未尝妄用。且笃于孝义，又多阴功，此予今日所以来寻访而将以发之也。"东老因叩长生轻举之术。回公曰："以四大假合之身，未可离形而顿去。惟死生去住为大事，死知所往，则神生于彼矣。"东老摄衣起谢，有以喻之。回公曰："此古今所谓第一最上极则处也。此去五年复遇今日，公当化去。然公之所钟爱者，子偕也。治命时不得见之，当此之际，公亦先期而知，谨勿动怀，恐丧失公之真性。"东老领而悟之。饮将达旦，则瓮中所酿止留糟粕而无余沥矣。回公曰："久不游浙中，今日为公而来，当留诗以赠，然吾不学世人用笔书。"乃就举席上榴皮画字，题于庵壁，其色微黄而渐加黑。故其言有《回仙人赠东老诗》："西邻已富忧不足，东老虽贫乐有余。白酒酿来缘好客，黄金散尽为收书。"凡三十六字。已而告别。东老启关送之，天渐明矣。握手并行，笑约异时之集。至舍西石桥，回公先度，乘风而去，莫知所适。后四年中秋之吉，东老微疾，乃属其族人而告之曰："回公熙宁元年八月十九日尝谓予曰：'此去五年复遇今日，当化去。'予意明年，今乃熙宁之五年也。子偕又适在京师干荐，回公之言其在今日乎?”及期捐馆。凡回公所言无有不验。①

这已经是一则非常成熟的仙话了,情节较为丰富,人物形象也很饱满。其要素与郭祥正诗基本相合,苏诗要素在该文中更是得以广为展开,表明皆同出一源。该文的写作时间见于《东林山志》卷六所收该文落款,称“元丰七年岁次甲子春正月之吉,吴兴知州军事、朝奉大夫、集贤院大学士、提举南京鸿庆宫、赐紫金鱼袋、里人陆元光记”。按“吴兴”为湖州隋以前古郡名,宋建置无此名,“吴兴知州军事”当为“知湖州军州事”之讹。查《嘉泰吴兴志》卷一四《郡守题名》及卷一五《县令题名》,未见陆元光之名,元丰七年知湖州为滕元发,显见此款为后人妄加,“元丰七年”云云亦不可完全据信。但陆元光其人与苏轼有交往,建中靖国元年(1101)任晋陵令时于苏轼临终前为之侍疾。②该文北宋阮阅《诗话总龟》、南宋胡仔《苕溪渔隐丛话》收录时皆题陆作,应属可信,故将此文撰写时间定为稍后于苏诗当不误。又《东林山志》收陆文名为《东老祠堂碑记》,文末云“为之立祠,岁时致敬”云云,较《诗话总龟》所收文长,与其名《回仙录》亦异,亦不可完全据信。但从郭祥正诗为寄题东老庵看,其时东老庵已由沈东老居宅演变为供奉仙迹的祠庵,仙话至此具备了实物载体。如果《东林山志》所载刘一止称苏轼为东老庵题字刻石属实,则演变时间还可提前至苏轼和诗的熙宁七年,即沈东老卒后第三年。

二 吕沈仙话流传的两条路向

吕沈仙话成熟之后,很快广为流传,成为吕洞宾仙话的基本组成部分。其流传大体通过两条路向:一是在湖州东林当地,方式是屡次建祠立碑以及过客传播;二是通过纸质传媒,主要是名家诗文以及类书蒙文。二者又存在一定的交集,合力将吕沈仙话深刻植入民族文化记忆。

---

① (宋)陆元光:《回仙录》,载阮阅《诗话总龟》后集卷39《神仙门》。陆元光此文宋阮阅《诗话总龟》、(明)董斯张《吴兴备志》、(清)吴玉树《东林山志》等皆有收入,主体部分相同,但首尾部分略有出入。

② (宋)费衮:《梁溪漫志》卷4“东坡懒版”条:“东坡北归至仪真,得暑疾。止于毗陵顾塘桥孙氏之馆,气寝上逆不能卧。时晋陵邑大夫陆元光获侍疾卧内,辍所御懒版以献。”

（一）　建祠立碑以及过客传播

第一种流传方式是自湖州东林传播，主要媒体是邑人碑记和访客诗文。

吕沈仙话几乎一开始就具备了实物载体性质的祠庵，此后历代前仆后继建祠立碑，碑记的主体是湖州官绅以及寓居湖州的蜀人，其中蜀人热衷建祠与苏轼的偶像效应密切相关。碑记因为名人效应已影响日著，慕名寻仙的访客所作诗文又进一步对仙话传播推波助澜。

从历代碑记的作记过程，可以见出祠观的兴废之史。《东林山志》卷五载回仙观历代兴建过程为：

> 回仙观：在山北麓。宋熙宁间，里人沈思舍宅建。崇宁间圮，绍兴间重建，额曰"回山人祠堂"。端平间，眉山道士王闻喜重建，改名回仙庵。后著作郎潘允恭同道士杨承元增建殿堂、门庑，改名回仙道院。淳祐己酉，右丞相游似请为荐先功德院，敕赐今额。元明历加修葺。万历间里人陈晟施地开路，北出大溪，舟楫通焉。清乾隆间，杭州、嘉兴、湖州、苏州诸缙绅捐资重修。嘉庆间请入防护册。

上述兴建史大体可以通过传世碑文及相关记载得到证实。沈思为沈东老之名，[①] 所云沈思舍宅所建应即东老庵。《东林山志》卷五载刘一止《回山人祠堂碑记》称其缘自郡守赐名：

> 秘阁陈成伯以其隐德于东林而老，遂号其庵曰"东老"。[②]

秘阁陈成伯指元丰二年至三年（1079—1080）知湖州的陈侗。东老庵为沈思自己舍宅而建可能性不大，舍宅应是其子沈偕所为。由于前述苏轼作于熙宁七年之诗已有"东老庵"之名，郭祥正诗亦名"寄题东

---

① （明）董斯张：《吴兴备志》卷 13，引（宋）陆元光《回仙录》："沈思，字持正，号东老。"
② （宋）刘一止：《回山人祠堂碑记》，载《东林山志》卷 5。该志卷 6 所收陆元光文，亦有此句且文字同。

老庵"，故元丰年间郡守陈侗所谓的"号其庵"，应只是对由沈偕舍宅所建，并因苏、郭二名士题诗而一再扬名的东老庵，进行一次官方的题赠。但此项意义不可小觑，它标志着仙话至此正式得到了官方承认，从而与大量民间自奉的淫祀划开了界限。

之后碑记陆元光文不论外，又有南宋王会《回仙碑》与刘一止《回山人祠堂碑记》，仙话情节与陆文大同小异。王会碑文赖载于南宋王十朋《东坡诗集注》而得以传今，后者引用碑文是为注释前引苏诗。考宋有二王会，一为王岩叟（1044—1094）长子，朝请大夫，工画；一为秦桧亲党，岳飞狱与有力焉。① 查《嘉泰吴兴志·郡守题名》，有王会于绍兴二十一年到二十四年间（1151—1154）以敷文阁直学士、右朝奉大夫知湖州，应为后者。刘一止作记时间为绍兴二十二年，由刘撰，邑人敷文阁直学士俞俟书，奉议大夫某篆盖。可知回仙祠为湖州知州王会于1152年立，邑绅刘一止、俞俟等与事，是湖州官绅继祠庵于"崇宁间圮"后合力重建之工程。王十朋乾道三年至四年（1167—1168）知湖州，应于任期内读到王会碑，故注苏轼诗时得以引用。

至此仙话传播主体尚为湖州官绅，至南宋后期重建回仙观者则为一批寓湖蜀人。淳祐九年（1249）有《回仙观碑记》，苏轼同乡眉州人程公许撰，眉州青神人杨栋书，隆州井研人李性传篆额。② 程在碑文中说自己寓湖访东林时，仙迹已"鞠为榛莽"。端平间（1234—1236）由眉山道人王闻喜在遗址上"为仙翁结屋三间"。不久程之同里、道正虚静大师杨承元在程友青神人著作郎潘允恭捐金相助下，改卜吉地增建祠堂。程公许将亡室杨氏"所遗簪珥衣裳计楮万四千余缗，并归庵之司出纳者"。淳祐九年（1249），右丞相致仕寓居湖州德清县新市镇的南充人游似应杨承元之请上奏理宗，请将回仙观作为其荐先功德院，额仍旧，理宗赐可，仙话至此取得朝廷认可的正统地位。杨承元建回仙道院成后，眉山人任子能又为之作《新创回仙道院疏》。③ 此次回仙观的重建，全程经营皆为蜀人。

宋以后历代，对回仙观又多加修葺。修葺者一为称沈氏之后者，如

---

① （明）余寅：《同姓名录》卷8。
② 《东林山志》卷5。《吴兴备志》卷24《金石征》作《回仙馆记》，误。
③ （明）任子能：《新创回仙道院疏》；游似《回仙观留题》，皆载《东林山志》卷5。

明代吴兴沈氏代表人物沈儆炌，少时曾负笈于姻家东林陈氏，任福建右布政后，虽不能指明沈思与己之血缘关系，但本着"宁为马迁，不为狄青"的因思贤而认祖之态度，自称系孙，于明中叶重建东老祠堂。二为东林陈氏，作为明清湖州东林第一望族，分别于明成化、万历，清乾隆、嘉庆年间屡次主持重修回仙观。三为周边郡县的士绅，如清乾隆间重修时，湖州、嘉兴、杭州、苏州等诸邑缙绅纷纷解囊捐资，[1] 可见其时仙话流传的辐射之广。

随着回仙馆祠的建立和膜拜心理的需要，仙话又逐渐出现了一些仙迹灵物等副产品。首先是出现了回仙像，南宋中期陈鹄《西塘集耆旧续闻》卷六"吕洞宾多游人间"条，在引述完东坡诗话后云：

> 今在石村沈家，画壁犹存。所画之像，藤蔓交蔽其体，惟面貌独出，余往来苕霅，屡见之。

关于回仙像的出现过程，明人董斯张《吴兴备志》引陆元光《回仙录》有载：

> 东老归购写照者绘仙人像，不甚肖，别命图之。正操笔，忽一道者求斋，延入坐。坐定，东老退具饭。少顷竟无所见，回至画所，第见壁上仙像宛然，如所遭回仙人无异。盖回字者，吕字也。后四年中秋，东老果化去，神采如生。家人举棺怪其轻，视之惟衣履存焉。今其地有回仙观。

回仙像作为吕洞宾再次显灵的产物，其妄诞之气更甚，以至于在其派生仙话中，连沈东老也尸解成仙了。

进而又出现了灵物雌雄木，《吴兴备志》卷三〇引明代《东林山志》[2] 言：

> 雌雄木，生沈东老庵左，回仙桥东。其木一本二干，撑云突

---

① 《东林山志》卷 6。
② 《东林山志》有明清二种。明志由闵光德纂，已佚；清志吴玉树纂，今存。

兀，高十余丈，枝叶秀异，不辨其为何木也。雄者花而不实，雌者实而不花。永乐间已朽，人伐而薪之，其根尚存回仙桥轮囷，玲珑如卿云万态，诚奇物也。沈偕诗曰："闻说真仙女，灵根庇万家。"不知其何所指而云然。

类似副产品表明仙话一旦诞生之后，就会具备自生性，不断发展和演变，其神化色彩则日益突出。

碑记仙迹之外，慕名而来的游客作诗，对仙话亦起到重要的传播作用。南宋江湖诗人张蕴是较早访仙留诗者，作有《东林访仙》诗二首，有"石榴醮酒书何在，山薜缘衣画亦非"①之句。元人杨维桢写有《湖州作》四首，其中"明朝纱帽青藜杖，更访东林十八仙"句，曾为清代归安人吴景旭辑《历代诗话》时所引用。②清代湖州知府吴绮亦曾至东林访仙，作有《东林山》诗，云"画榴不复见，葛井鲜行汲"③。虽然此时回仙遗迹已无，但仙话作为一种文化形态，则随着访仙诸人的诗咏而传播日广。

（二）纸质传播

相较第一种的实地传播而言，第二种纸质传播影响更为广泛而且深入。纸质传播首先是以名家为主的诗文为载体。继苏轼、郭祥正诗作后，又有陈师道作《次韵回山人赠沈东老》诗二首，诗成于绍圣元年（1094），是年春陈罢颍州教授，授江州彭泽令。④郭为苏轼好友，陈为苏轼门人，他们的诗作与苏当不无关系，陈之次韵即有明显的仿苏痕迹。三人以苏轼为中心形成一个苏轼交游群体，携三人在宋代诗坛之盛名，成为仙话诗的重要传播源。南宋绍兴中，秦熺又对仙话传播推波助澜。其《送舅氏王亨道知湖州》诗云："饱闻东老榴皮字，试问溪头鹤

---

① （宋）张蕴：《东林访仙》，载（宋）陈起《江湖后集》卷21。
② （元）杨维桢：《湖州作》，载（清）陈焯《宋元诗会》卷92；（清）吴景旭《历代诗话》卷56《辛集上之中宋诗·沈东老》。
③ （清）吴绮：《林蕙堂全集》卷13《东林山》。
④ （宋）陈师道撰，（宋）任渊注，冒广生补笺：《后山诗注补笺》卷4《次韵回山人赠沈东老》。

发翁"。"人初不知之，及秦诗出，观（回仙遗迹）者不绝"①。据刘一止碑记，王亨道即王会。可知王会建回仙祠，主要是受到了秦熺的影响，这是纸质传播推动实地传播的一个生动个案。另外，在苏轼等人的影响下，仙话又逐渐走进宋人笔记。苏轼友人赵令畤《侯鲭录》卷四首记其事，文字与《东坡诗话》略同而简，显然源自苏轼。南宋时湖州邑贤叶梦得《避暑录话》、绍熙间（1190—1194）乌程令赵彦卫《云麓漫钞》、南宋中期陈鹄《西塘集耆旧续闻》，又分别记载了此则仙话，这些笔记名著从而又成了新的仙话传播源。诗歌与笔记的结合品种是诗话。前述北宋《东坡诗话》以及阮阅《诗话总龟》，皆为仙话的重要传播源。南宋初年湖州寓贤胡仔《苕溪渔隐丛话》与理宗朝魏庆之《诗人玉屑》、俞文豹《吹剑录外集》，亦收录了该则仙话，吕沈之名遂与时俱进。比起以精英阶层为主要受众的诗文来，类书的读者覆盖面显然更广。南宋孝宗时期的两部著名类书，祝穆的《古今事文类聚》与无名氏的《锦绣万花谷》皆收录该仙话，无疑将吕沈仙话推向了更为广阔的读者群。

入元明清，仙话在原有路向上继续发展。首先看诗文方面。元代湖州名士赵孟頫《松雪斋外集》有《题〈东老事实〉后》，以沈东老遇仙事为不知足者说法。辛文房《唐才子传》卷八单列"吕岩"条，系吕沈事于条下。明书家董其昌《画禅室随笔》卷一则称吕洞宾题东老壁诗遗迹笔法类张旭。至清人彭定求等编《全唐诗》、厉鹗编《宋诗纪事》，皆仿《唐才子传》系吕沈事于"吕岩"条下。其次类书方面，元阴劲《韵府群玉》、明彭大翼《山堂肆考》、清张玉书等编《佩文韵府》等著名类书，皆专列吕沈事条。

诗文类书之外，元明清又出现了一些新的传播方式。首先是姓书收录吕沈仙话，元无名氏《氏族大全》、明凌迪知《万姓统谱》皆专列"沈思"条，下系此则仙话。明代华亭人沈霁建东老堂，即以同姓沈东老之名自高。② 明人吴宽亦以"东老"誉画家沈周。③ 仙话至此又发展成为姓氏文化的一部分。继而吕沈仙话又频现于养生家著作中，发展而为

---

① （宋）赵彦卫：《云麓漫钞》卷1。
② （明）顾清：《东江家藏集》卷38《东老堂记》。
③ （明）吴宽：《家藏集》卷12《题启南写游虎丘图》。

养生文化。如元人邹铉《寿亲养老新书》卷三"延方士"条、明高濂《遵生八笺》卷八"起居安乐笺"皆录之人书。这一时期传播形式上面亦有发展，如南宋遗民郑思肖有《沈东老遇吕洞宾图》题诗，该诗收于其《一百二十四图诗》集，与《徐福采药图》《烂柯图》《陈抟睡图》等著名仙话图题诗并为一集，可知该仙话已经以图画的形式开始传播，并与上列著名仙话享有同等知名度。至清代著名蒙文《增广贤文》收录"白酒酿成缘好客，黄金散尽为收书"后，此诗句遂家喻户晓。

三　吕沈仙话社会基础的剖析

以上考察了吕沈仙话生成和流传的大体过程，但总体限于表象层面。仙话本质上乃是人类心理需求的产物，无论被如何神化，都可以找到其现实层面的社会基础，以下从其起源与流传两个环节来具体剖析。

（一）仙话的起源：世俗欲望

从流传过程看，仙话的始作俑者是苏轼。再据《东坡诗话》追查，则尚可见其背后有一幕后人物：

> 仆见东老子偕，道其事，为和此诗。后复与偕遇钱塘，更为书之。

这一追查便可真相大白，制造了如许轰动之仙话的苏诗，其信息来源竟只是沈家人的夫子自道。欲究其竟，则须考察沈偕其人。

沈偕为人颇为浮诞，南宋湖州寓贤周密对其人有段颇为有趣的记载：

> 吴兴东林沈偕君与，即东老之子也。家饶于财。少游京师入上庠，好狎游。时蔡奴声价甲于都下，沈欲访之，乃呼一卖珠人于其门首茶肆中，议价再三不售，撒其珠于屋上。卖珠者窘甚，君与笑曰："第随我来，依汝所索还钱。"蔡于帘中窥见，令取视之，珠也。大惊，惟恐其不来。后数日乃诣之，其家喜相报曰："前日撒珠郎至矣。"接之甚至，自是常往来。一日携上樊楼，楼乃京师酒

肆之甲，饮徒常千余人。沈遍语在坐，皆令极量尽欢至夜，尽为还所直而去，于是豪侈之声满三辅。

既而擢第，尽买国子监书以归。时贾收耘老隐居茗城南横塘上，沈尝以诗遗之蟹曰："黄秔稻熟坠西风，肥入江南十月雄。横跪蹒跚钳齿白，圆脐吸胁斗膏红。蘁须园老香研柚，羹藉庖丁细擘葱。分寄横塘溪上客，持螯莫放酒杯空。"耘老得之不乐曰："吾未之识，后进轻我。"且闻其不羁，因和韵诋之云："彭越孙多伏下风，蟛蜞奴视敢称雄。江湖纵养膏腴紫，鼎镬终烹爪眼红。嗍称吴儿牙似镀，劈斮湖女手如葱。独怜盘内秋脐实，不比溪边夏壳空。"君与怒曰："吾闻贾多与郡将往还预政，言人短长，曾为人所讼。吾以长上推之，乃鄙我若此。"复用韵报之云："虫腹无端苦动风，团雌还却胜兴雄。水寒且弄双钳利，汤老难逃一背红。液入几家烦海卤，醢成何处污园葱。好收心躁潜蛇穴，毋使雷惊族类空。"贾晚娶真氏，人谓贾秀才娶真县君以为笑，沈所指团雌为此。贾寻悔之，而戏语已传播矣。①

　　观沈偕狎蔡奴、为饮客遍偿酒直、尽买国子监书归、与贾收斗诗之行事，可知其人有才，但颇为浮诞不羁。了解此背景后，大体可以如是推测沈偕向苏轼谈仙的心理动机：沈偕以诗见赏于苏轼后，希望苏能为其新丧之父作碑铭，及为所建家庙东老庵题字。由于苏轼平生不喜为人作铭，"于天下未尝铭墓，独铭五人，皆盛德故"，② 故迎合苏轼好道心理，以仙话打动苏轼，以期父名随之不朽。作此推断，理由如下：

　　（1）时间因素：苏轼仙话诗作于熙宁七年，是年六月苏自常州、润州回钱塘，九月后移知密州。赵令畤《侯鲭录》卷四言"（熙宁）七年坡过晋陵见东老之子"，前引《东坡诗话》言"后复与偕遇钱塘"，可知沈偕向苏轼谈仙在熙宁七年六至九月间。沈偕元丰二年及第，之前游京师入太学，其遇苏轼正值年少轻狂之时。沈思丧于熙宁五年，沈偕于七年未在家守丧而遍游晋陵、钱塘，解释为访名士作碑铭较为合理。而苏轼言于钱塘"为书之"，应正是为书"东老庵""回仙桥"字。

_____

① （宋）周密：《齐东野语》卷 11 "沈君与"。
② 《容斋随笔》四笔卷 6 "东坡作碑铭"。

（2）情节因素：回先生为吕洞宾之说源于此则仙话，广为大众接受后二者遂为一人。苏诗仅言回先生而未言吕洞宾，知沈偕初时并未完全刻意营造仙话，否则完全可以攀附吕而不必言回。沈偕所述吕沈事不像许多仙话那样离奇，剔去道人预言沈殁（毕竟在沈思死后而作预言实为易事）、乘风而去（这只是仙迹最为初级的表现）这两个因素外，实在是一次极为平常的道俗交游。在此作一最为让步的推测，也许的确存在一位回道人曾经拜访沈东老，谈吐举止的确异于常人，年少轻狂的沈偕居为异闻向苏轼叙述时，为了打动对方达到目的，投其所好顺势借题作了一些发挥，便自然地形成了一则仙话。所谓回仙题诗，当为沈偕所作。这首先是因为这诗后来过于出名，若实有回道人其人，当出来认领才对；二是"黄金散尽为收书"一句，实为沈偕自况；三是这首诗也的确堪称佳作，而沈偕确具此等诗才。

（3）心理因素：苏轼喜言神仙，并曾一再为此上过大当。叶梦得《避暑录话》卷上言：

> 苏子瞻亦喜言神仙。元祐初有东人乔仝，自言与晋贺水部游，且言贺尝见公密州道上，意若欲相闻。子瞻大喜。仝时客京师，贫甚。子瞻索囊中得二十缣，即以赠之，作五诗使仝寄贺，子由亦同作。仝去，讫不复见，或传妄人也。晚因王巩又得姚丹元者，尤奇之，直以为李太白，所作赠诗数十篇。姚本京师富人王氏子，不肖，为父所逐，事建隆观一道士。天资慧，因取道藏遍读，或能成诵。又多得其方术丹药，大抵好大言，作诗间有放荡奇诵语，故能成其说。浮沉淮南，屡易姓名，子瞻初不能辨也。后复其姓名王绎，崇宁间余在京师，则已用技术进为医官矣。出入蔡鲁公门下，医多奇中，余犹及见其与鲁公言从子瞻事。且云海上神仙宫阙，吾皆能以术致之，可使空中立见，蔡公亦微信之。坐事编置楚州。梁师成从求子瞻书帖，且荐其有术。宣和末复为道士，名元城。力诋林灵素，为所毒，呕血死。

乔仝、王绎如此妄人，居然可使苏轼一再受骗，遑论沈偕一则不甚离奇的仙话。而乔仝连骗苏轼、苏辙兄弟二人，王绎连骗苏轼、王巩、蔡京、梁师成等人，实可见在北宋崇道之风下，士大夫求仙得道的欲望，实在非常容易成为他人利禄欲望的起点。沈偕的叙述，苏轼的和诗，正是这样一个链接欲望的连环扣。

（二）仙话的流传：权力的文化网络

"权力的文化网络"是美国汉学家杜赞奇提出的概念，它包括不断交错影响的等级组织（市场、宗族以及水利控制类组织等）以及非正式相互关系网（如血缘关系、庇护人与被庇护人、传教者与信徒等）。①这一概念的提出突破了早期汉学界先后流行的"帝国统治"与"乡绅统治"两种相对立的模式，对于包括国家、各层乡绅以及其他权力关系如何在文化网络中交织，具有更为全面有效的解释力。吕沈仙话的流传，正是士绅、政府、大众等各种权力关系交织而成的结果。

1. 士绅层面

这里有必要先考察一下湖州东林镇历代士绅势力。东林在北宋即已建镇，是中国早期出现的市镇之一，属湖州归安县，地当湖、杭、秀等名郡之冲，地灵人杰。仙话的主角沈东老，是北宋湖州东林沈氏家族的始迁祖。该族于北宋初由沈东老始迁自湖州乌程县震泽乡，② 不久即取得产业、文化和科举等多方面的成功，发展为东林当地一大著姓。其家族主要成员如下：

沈思，字持正，因终生隐居东林，自号东老。北宋天禧年间（1017—1021）迁自震泽。后世多称其"喜藏书，好宾客，善酿酒"，这些特质其实皆来自本文所揭仙话，未必是沈思本来面目。同时由于因仙话而成名，后世沈氏宗谱多有奉思为始祖者，其中又常见将沈思称为沈括子者，皆附会。

沈偕，字君与，号太清子，思子。元丰二年（1079）进士，官终知池州宣德县。家饶于财，少游京师入上庠，好狎游。豪侈之声满三辅，尽买国子监书以归。诗作被苏轼称为"有可观者"。③

---

① ［美］杜赞奇：《文化、权力与国家：1900—1942 年的华北农村》，王福明译，江苏人民出版社 2003 年版，第 10 页。

② （明）陈忱：《沈东老遇回山人始末》，据赵孟頫后裔所遗《东老集》，载《东林山志》卷 5。

③ 《齐东野语》卷 11 "沈君与"。

沈友直，字伯益，偕子。政和五年（1115）进士，授颍昌府教授，教导有方，成就才能者甚众，考课为诸路最。寻升奉议郎，曾官开封府刑曹掾。为徽宗宰臣门下侍郎薛昂甥。①

沈巽之，右承事郎致仕，娶同郡乌程钱氏。偕子侄辈。

沈修，字诚中。东老曾孙。贤而才，虽贫有守，挺挺得祖风。②

沈长卿，一名棐，字文伯，号审斋居士，巽之子。少游太学，登建炎二年（1128）进士，曾官两浙西路提举常平司主管，乾道改元（1165）任信州判官，淳熙间任婺州教授。有诗名，与芮国器、刘一止、仲并、王炎、曾协、王质、王阮、沈造等皆有交游。绍兴中任常州通判时，曾与同乡国子祭酒芮国器唱和牡丹，忤秦桧贬化州。后赴金死节。通史学，著有《春秋比事》20卷、《西汉总类》26卷。③

巽之六子，长子长卿外，静觉为浮屠，武卿继承父业，次卿、清卿、墨卿业进士。女四人，长适王择友，次吴洋，次徐樵，次倪称。④倪称亦名人，字文举，归安东林人。绍兴八年（1138）进士，官太常寺主簿。受业于张九成，与芮国器友善，著有《绮川集》15卷。《吴兴备志》卷二四《金石征》载有《东林山灵应庙碑》，即于绍兴十六年（1146）由倪称书，时任常州通判的沈长卿撰，进士沈绎之立石。沈绎之其人不详。称子倪思乾道二年（1166）进士，官至权兵部尚书兼侍读，为宋著名学者，著有《经鉏堂杂志》。

巽之孙，三人分别名符、简、策，余不详。孙女四。

东林沈氏至少持续兴盛了六代。倪思在论述东林人物成就时，称"沈甥家赀已过十万"。⑤此"沈甥"不可考，但由于倪思为第三代沈巽之婿倪称之子，则"沈甥"应为东林沈氏第六代。同时亦可推出，东

---

①《吴兴备志》卷12《人物征第五之五》；（宋）孙觌：《鸿庆居士集》卷25《沈友直开封府刑曹掾》。（清）吴玉树：《东林山志》卷15《征献志》。

②《吴兴备志》卷12《人物征第五之五》。

③（宋）陈振孙：《直斋书录解题》卷3；（宋）仲并：《浮山集》卷2《怀沈文伯》；曾协：《云庄集》卷1《王炎弨安古丞厅真清轩和沈义伯韵》；（宋）王质：《雪山集》卷12《赠沈文伯》；（宋）王阮著，朱瑞熙、孙家骅校注：《义丰文集校注》之《过东竹吊沈文伯》（按，"东竹"应为"东林"之讹）；（宋）刘一止：《苕溪集》卷5《宋故孺人钱氏墓志铭》言长卿为巽之子，《吴兴备志》卷12言长卿为友直子，误。

④《苕溪集》卷5《宋故孺人钱氏墓志铭》。

⑤（宋）倪思：《经鉏堂杂志》卷5《东林山水》。

林沈、倪二姓为累世通婚。另外，《回仙录》作者、朝奉大夫、湖州长兴人陆元光亦为沈氏姻家，① 沈友直为宰臣杭州人薛昂甥，此亦可知其族当时地位。

但该族整体在科举与仕宦上成就有限。族中共出进士三人，分别为沈偕、沈友直、沈长卿，但出仕后皆为低级官员。故有相者曾对东林作有"官不过正郎，钱不过十万"② 之占，东林沈氏虽然突破了"钱不过十万"的断言，但仕宦不振限制了该族的发展。观清人吴玉树辑《东林山志》卷一五《征献志》所载邑贤，宋代沈氏仅沈思、沈偕、沈友直、沈长卿、沈修五人；元代不出倪（倪称裔）、孟（南宋名将孟珙裔）、陈（至明出名宦陈恪；近代名人陈英士、陈立夫、陈果夫为东林陈氏迁湖州府城支派之裔）三姓；明清绝大多数为陈姓，仅得沈姓四人，为明处士沈伦、清处士沈枚、处士沈启元、茂才沈鹤亭，其中前二人称东老裔，皆处士。可知东林沈氏大体在第六代即南宋中叶之后即已无闻，属于典型的宋代速衰式宗族。

从两宋的情况看，东林不但有沈、倪等数大家族，且多有名士寓居，如状元宰相眉山人何栗（1088—1127）、工部尚书南昌人李谊（两宋之交人）、资政殿学士绵州人文及翁（宋末元初人）、吴兴郡公枣阳人孟淳（南宋名将孟珙孙，宋末元初人）等。此虽为两宋概观，但亦可见北宋沈偕时期东林士绅势力之盛。沈偕捏造仙话，显性目的是为得到苏轼美言而使亡父生辉，隐性目的实为增强东林沈氏家族在乡里的影响力。欲在士绅网络中脱颖而出，借用仙话是一个不错的选择。故颇善造势的沈偕，先建东老庵，次造仙话，复请苏轼、郭祥正等名士题庵，沈思时期并不显名的东林沈氏自此称为著姓。

但沈偕的造仙运动并不只是仙话流传链条的全部，而仅仅只是开端。接着苏轼以其一代文宗的偶像地位为仙话作诗，迅速成为郭祥正、陈师道等北宋诗坛名家的唱和对象，郭、陈等进而又成为次级传播源，如此将仙话如波澜一般次第推远。吕沈仙话流传开来之后，尤其是在东林沈氏迅速衰落之后，它已经不只是沈氏一家之物，而成为众多士绅操

① 《东林山志》卷6载陆元光《东老祠堂碑记》末云："予与公（沈东老）既同里閈，又为姻家。"

② （宋）倪思：《经鉏堂杂志》卷5《东林山水》。

纵的一种共同话语，其主体则是湖州邑绅。回仙观历代虽或由官员发起，但其主事者皆为邑绅，因为通过领导民间信仰他们可以一再凸显自己的意见领袖地位。故而秦熺《送王亨道知湖州》诗有"饱闻东老榴皮字，试问溪头鹤发翁"之句，"所谓鹤发翁者，乃给事刘公一止"。①不过这种话语权力的当然继承者，最主要是东林陈氏。明清回仙观的历次兴建，除一次为自附为沈思后人的沈徵炌主持外，皆为陈氏家族所为。作为吕沈仙话流传核心地区的第一望族，东林陈氏显然十分热衷于营建自己在当地的民间信仰领导角色，这就是回仙观屡圮屡建的奥秘所在。

邑绅之外，寓公的参与也不容忽视。南宋末期主持和参与回仙观复建的八人，不但扩建了庙观，且通过致仕宰相游似的上达天听，使回仙崇拜正式得到朝廷的承认而成为正祀，使仙话影响又进一阶。最为特别的是，此八人居然尽为寓湖蜀人。这显然与苏轼对仙话"首为发扬"之功密不可分，这点可在八人中眉州人又占六人上再次得到证实。所以回仙观供奉吕洞宾外，尚"挟苏沈二公而与之俱"。而淳祐九年致仕宰相南充人游似一行"荐香回仙及苏沈二公"，"携家及诸孙汶、泽、淘，外孙冯异伯，与客普慈（今四川乐至）冯开元、左绵（今四川绵州）邓莘起、开封赵必修"，一行亦多为蜀人。苏轼神位的赫然其上，以及众多寓湖蜀人对其的祭拜，已显然具备同乡联谊的性质。故程公许碑记首叙诸位蜀人建观之功，随后感叹说："岂为溪山与吾蜀人有宿昔缘乎？"②"宿昔缘"是虚，借回仙观加强在湖蜀人联谊是实。宋代固然已经出现同乡会组织，但像回仙观这样具备实体形式的尚为孤例，可认其为明清同乡会馆之滥觞。

2. 政府层面

仙话诞生不久，北宋知州陈侗即为东老庵题名，虽仅为浅层参与，但表明仙话得到官方承认。在秦熺赠诗的影响下，南宋初知州王会在"试问溪头鹤发翁"的基础上倡建了回山人祠堂。从此过程可见，《云麓漫钞》所谓"人初不知之，及秦诗出，观者不绝"，其实是将过程简单化了，回仙祠的建立固然有士大夫秦熺的影响，邑绅刘一止等的参

---

① 《云麓漫钞》卷1。
② （宋）程公许：《回仙观碑记》；游似：《回仙观留题》，皆载《东林山志》卷5。

与，但主持者显然是知州王会，他的意义在于将原来作为沈氏家庙的东老庵改建为回仙祠庙，从而首次从官方层面为回仙崇拜树立了实体，祠庙从而取得"观者不绝"的轰动效应，吕沈仙话也因之而广为流传。及至南宋末，游似虽以寓公身分奏请回仙观为荐先功德院，但其获准主要是因为其曾为右丞相的政治地位。而宋理宗的准奏，更是标志着回仙崇拜正式得到朝廷承认，从而与大量草根生长的淫祀划清了界限。仙话的传播主体固然是士绅，但朝廷的承认及扶持，是其得以行世的必要前提。

3. 大众层面

作为"沉默的大多数"，大众通常隐身于历史舞台之下，但舞台上的表演精彩与否，却取决于他们喝彩声的高低。八仙作为中国最为亲民的一批神祇，其实是大众之神，以度化著称的吕洞宾尤是。吕洞宾度人多混迹市井，所度之人多为小生意人及娼妓，神迹不外赏善惩恶，其人实为宋代世俗生活投影于仙界之产物。沈思在仙话中的形象其实亦为市井人物，其特征大体如下：一、笃于孝义，多阴功；二、善酿十八春酒，且喜宾客；三、能黄白之术，未尝妄用。第一条是受度之人须具之基本条件，即须为善人；第二条善酿酒而有品牌，且家饶于财以致沈偕豪侈之声满三辅，大体可以判断沈思是位成功的商人；第三条则是吕洞宾作为道教神所呈现之特点，并具备戒贪之意。沈思家饶于财，仙话诗中却言"东老虽贫乐有余"，其要旨在于拉近其与平民的距离。结合仙话末沈思在回仙预言之下飞升的情节，可以判断其属典型的度化仙话。仙话为受众提供了一个善有善报的经典个案，沈思和回仙的市井形象更提供了一种报在眼前的心理暗示，这就是仙话在继诗文传播之后，又随类书、姓书、医书、图画等通俗读物流传于千家万户，并最终被收入蒙文《增广贤文》而融入传统文化之根的深层奥秘。

世上本没有神仙，说的人多了，就成了神仙。而这言说的过程，其实是士绅、政府、大众的话语权力交织作用的过程。东林沈氏作为士绅家族，以其在乡里和文坛的双重影响创造了吕沈仙话，并由其后的邑绅、寓公及其他士人加工和传播。政府则扮演了承认和保护的监理角色，而仙话最终广泛流传并植入中国传统文化之根，是它迎合了大众心理的需要。

范型嬗变的宋学路向：
胡瑗与宋初学术建构

    过去，论及"宋学"，说起宋代新儒学开山人物，学术界多将研究视点聚焦于周敦颐等"北宋五子"，对胡瑗、石介、孙复等宋初学人，则以"老一代的儒生"①定位。细究之，这种研究路数源出于朱熹，缘之于朱熹手撰、厘定的理学谱系②。只是，这远非历史的真实。

    对此，钱穆先生曾谓："以濂溪为宋学开山，或乃上推之于陈抟，皆非宋儒渊源之真。"③黄宗羲等《宋元学案》亦辨称："宋世学术之盛，安定、泰山为之先河。"但后之研究者言宋学仍本诸朱子之论，是因为在他们看来，继承唐五代而来的胡瑗一辈学人"已经无力胜任完成这项（按：新儒学即宋学开创）巨大的课题"。④如此，胡瑗等在后人的笔下自难见其思想的行踪。以胡瑗为代表的"宋初三先生"在哲学史、思想史研究中的缺位，反映了宋代哲学思想研究的定位、取舍问题。如所周知，长期以来胡瑗是以教育家的身份名世的，由于其著作多佚亡不存，无疑给研究胡瑗其人、其学增添了一定难度。但胡瑗既被视

---

① 张岂之：《中国思想史》，西北大学出版社1993年版，第302页。
② 《朱文公文集》卷38《答薛季宣》之一有朱熹评论胡瑗语："安定之传，盖不出章句诵说，校之近世高明自得之学，其效远不相逮。"显见，朱熹不大认可胡瑗于学术思想的价值贡献。其肯定濂洛师承关系，而疏略安定与洛学之渊源，盖出于自身学术建构之需要。实际上，不苟同朱熹看法之学者亦大有人在，如明全祖望在《宋元学案·序录》中即谓："伊洛所得实不由于濂溪……二程子终身不甚推濂溪。"
③ 钱穆：《中国近三百年学术史》，商务印书馆1997年版，第4页。
④ 张岂之：《中国思想史》，西北大学出版社1993年版，第302页。

作"宋初三先生"之一，宋学开山人物，后世称誉的"先儒胡子"①，胡瑗思想自当有其可观处。有鉴于此，笔者不揣浅陋，爬梳、董理胡瑗思想、行迹之相关资料，置胡瑗于宋学兴起之宏观背景下，探讨胡瑗对宋初学术建构的意义，从史之角度，对胡瑗的历史、精神世界作一番钩沉、蠡酌。

一　儒学宋学化的思想动因

宋学是历史的产物，宋学的发生缘自社会的变迁、时代的要求。一方面它是在汉唐思想遗产的基础上发展起来；一方面宋代的社会政治经济文化现实，要求思想家在形而上的理论层面取得一个立足点，以支持其对社会政治文化价值观念的诠释与重构。

就思想史运动的轨迹考察，儒学宋学化的思想动因约略有三：

第一，两汉经学的谶纬化，预告了儒学面临的困局与难题。经学谶纬化兴起、弥漫于西汉成、哀、平时期和东汉光武、明、章时期，历经一个世纪的岁月。谶纬内容芜杂，涉及天官星历、灾异感应、经义训诂以及神仙方术、自然知识，其思想特征是强调天人感应，其运作理路，则是神化、羽化孔子，圣化、玄化儒学说教。谶纬化的儒学成为两汉之际社会的时尚和追求，经学日渐陷入以章句训诂为其要义的烦琐、僵化的研究路径。

《汉书·夏侯胜传》直陈：

> 章句小儒，破碎大道。

迄宋，"宋初三先生"之一的孙复谈及汉唐经学则称：

> 六经之旨郁而不章也久矣。……汉魏而下，诸儒纷然四出，争为注解，俾我六经之旨益乱，而学者莫得其门而入。（《孙明复小

---

① 笔者 2014 年夏季访学台湾"中研院"，其间走访有"全台首学"之誉的台南孔庙，作为配享地位的"先儒胡瑗神位"牌仍赫然在列。按，胡瑗以"先儒胡子"从祀孔庙，时在明嘉靖九年。参见清《钦定国子监志》卷 12，《配享从祀》，四库全书本。

集》卷二,《寄范天章书》二)

程颐亦谓:

> 汉之经术安用? 只是以章句训诂为事。(《程氏遗书》卷十八)

上述所论, 言之凿凿, 均道出了问题的实相。吕思勉先生对此评说道:"学术走入此路……再无西汉学者经世致用的气概。"① 说明经学化的汉代儒学其立足、展开的方式, 确已界临"道术"穷的关节点。问题并没有就此止步, 随着三国两晋南北朝时代大变局的冲击, 儒学面临着更大范围、更深层次的本体危机。

第二, 魏晋玄学思潮的兴起, 进一步震荡、冲击着儒学价值本位原则。自王莽改制失败, 光武度田半途夭折, 改革社会组织、推动社会体制业已无人敢予问津, 加之东汉末期以来, 迄至三国两晋南北朝时代的社会大动荡、大分化、大改组, 解决人生, 拷问死生问题成为社会思想的焦点所在。魏晋南北朝时期的思想家不满于汉代经学, 他们跳出经学藩篱, 试图从儒、道两家学说的综合中走向玄远的哲学思辨。儒学面临着在变与不变中, 如何坚守其价值本位的困惑与矛盾。当其时, 佛教在乱世变局中, 已在黄河、长江流域获得了长足的发展。

《魏志·王肃传》注引《魏略》即曰:

> 从初平 (汉献帝) 之元至建安之末, 天下分崩, 人怀苟且, 纲纪既衰, 儒道尤甚。……至太和、青龙 (魏明帝) 中, 中外多事, 人怀避就, 虽性非解学, 多求请入太学, 太学诸生有千数, 而博士率皆粗疏, 无以教子弟, 子弟本亦避役, 竟无能习学, 冬来春去, 岁岁如是。……是以志学之士, 遂复陵迟, 末求浮虚者各竟逐也。

《晋书·怀愍二帝纪》论赞有谓:

---

① 吕思勉:《吕著中国通史》, 华东师范大学出版社 1992 年版, 第 275 页。

　　学者，以老、庄为宗，而黜六经；谈者，以虚荡为辨，而贱名检；行身者，以放浊为通，而狭节信；进仕者，以苟得为贵，而鄙居正；当官者，以望空为高，而笑勤恪。是以刘颂屡言治道，傅咸每纠邪正，皆谓之俗吏。其倚杖虚旷，依阿无心者，皆名重海内。

　　第三，佛、道二教的信条、教义，凸显出儒学思辨力的不足，有唐一代，"三教并行"之策，又在一定程度上压缩了儒学社会影响力的空间。经由五代之变，儒学价值观及其理论原则，受到宗教信仰力量的进一步挑战和冲击。孙复论及宋开国立政之初的文化学术状况时，即言：

　　佛老之徒，横于中国，彼以死生祸福、虚无报应为事，千万其端，绐我生民，弃礼乐以涂塞天下之耳目。天下之人，愚众贤寡，俱其生生祸福报应。人亡若彼也，莫不争奉而竞趋之。（《宋元学案·泰山学案》）

思想家张载亦言：

　　自其说（佛教）炽传中国，儒者未容窥圣学门墙，已为引取，沦胥其间，指为大道。（《正蒙·乾称》）

　　不难看出，宋学思潮的兴起，根源于思想的动因。当然，亦脱离不开时代、现实的要求。如所周知，北宋政权厕立于多个部族政权并立纷争的政治格局中。是时的中国社会，经历了长期的藩镇割据，政治不统一，君权旁落，纲纪废弛。这样一种现实，极大地唤醒了政治家、思想家的危机忧患意识和强烈的文化使命感。如赵匡胤"天下一家，卧榻之侧，岂容他人酣睡"（《续资治通鉴长编》卷一六，开宝八年十一月"己巳"条）的一统论，张载"为天地立心，为生民立命，为往圣继绝学，为万世开太平"（《宋元学案·横渠学案》）的使命论等。超越危机、振兴儒学，已成为历史和现实留给宋代政治家、思想家的时代课题讨论。于是，在学术一途，扬弃以章句训诂为主要内容的汉唐经学，吸取佛、道合理内核，建构形上、思辨形态的儒学义理之学，成为范型嬗变中宋学演进路向的内在要求和本质规定。

二　提倡义理，开启宋学方向

　　胡瑗，字翼之，北宋泰州如皋（今江苏如皋）人，一说为泰州海陵（今江苏泰州）人。生于宋太宗淳化四年（993 年），卒于宋仁宗嘉祐四年（1059 年）。世居陕西路之安定堡，学者称"安定先生"。青年时，胡瑗虽家境窘困，却不坠青云之志。他负笈京东泰山与孙复、石介共同读书研学，"一坐十年不归，得家书，见上有'平安'二字，即投之涧中，不复展，恐扰心也"（《宋元学案·安定学案》）。居泰山十年，学问大成。出山后，先后得遇范仲淹、滕宗谅，延聘主教苏、湖两地州学二十余年，从学者众。后进入京师太学担任主讲，程颐即出其门下。

　　胡瑗在宋代历史中的踩台、出场，首先是以学问家、教育家名世的。这样一种身份、角色，决定、影响着胡瑗学术的方向。胡瑗其学以"沉潜""笃实"，尽显其学术风范，与同被称为"宋初三先生"之一的孙复"高明""刚健"之学正相比照、对应。面对儒学理论的危机，胡瑗所抱持的原则态度是：批判中融入建设，坚持破旧与立新的辩证统一。或许正是看到了胡瑗学说的建设性，一些学者，如日本著名汉学家本田成之即认为：宋学创始是胡瑗（安定）。[1]

　　胡瑗对宋学的意义和关系，反映在他的学术主张和学问思想中。兹就陋见所及胪列、分析一二。

　　首先，以义理说《易》，启示宋学方向。胡瑗以经学研究见长，故对汉唐以来经学之弊洞见颇深。因此，要超越经学面临的理论危机，就需要研究视野和方法上的广大与创新。对此，胡瑗在易学研究中，"以义理说《易》"，倡导义理之学，启示宋学方向。胡瑗认为：

　　　　《易》之作，专取变易之义，盖变易之道，天人之理也。以天道言之，则阴阳变易而成万物，寒暑变易而成四时，日月变易而成

---

① ［日］本田成之：《中国经学史》，上海书店出版社 2001 年版，第 219 页。

昼夜；以人事言之，则得失变易成吉凶，情伪变易而成利害，君子小人变易而成治乱。故天之变易归乎生成而自为常道，若人事变易则固在上位者裁制之如何耳。（《周易口义·发题》）

在"发题"中，胡瑗批评了汉唐易学的传统易学观，跳出旧有的章句注疏窠臼，以义理解经，开创了易学研究新风。需要指出的是，胡瑗不是为怀疑而怀疑，而是通过怀疑提出问题，借怀疑为学术思想创新开辟理性之路。史载，胡瑗"升堂讲《易》，音韵高朗，指意明白，众方大服。然在列者皆不喜，谤议蜂起。先生偭然不顾，强力不倦，以卒有立"（《吕氏杂记》卷上）。从中可以看到，胡瑗在扬弃早已植入人心的僵化旧说，代之以自己创造性的经注新说，尝试建立新的学术研究规范过程中，表现出一位开风气之先的学者所应有的定力、坚忍与执着。正是这样一种信念和执着，带动、影响着其门弟子，濡染师说，阐扬光大经学新义。晁公武《郡斋读书志》即谓："程正叔解，颇与翼之（胡瑗）相类。"近世章太炎先生亦谓："程叔子（程颐）《经说》，盖本安定。安定笃诚，故叔子亦无专己可怪之论。"[1] 程颐自己亦云："《易》有百余家，难为遍观。如素未读，不晓文义，且须看王弼、胡先生、荆公三家。"[2] 不惟如此，在《伊川易传》序文中，程颐开篇即言："《易》，变易也，随时变易以从道也。"[3] 其论《易》之风格，与乃师同出一辙。胡瑗《易》学对程颐的影响，由此可见一斑。

其次，研究性与命的关系，开启宋儒性命之学新高度。胡瑗在性与命的关系上，亦开宋儒性命之学的先声。胡瑗认为："命者禀之于天，性者命之在我，在我者修之，禀于天者顺之。"（《宋元学案·安定学案》）"性者，天所禀之性也。人禀天地之善性，至明而不昏，至正而不邪，至公而不私。"（《周易口义》卷十一，《系辞上》）对性与命关系的探讨，是儒学精神修养命题一以贯之的体现。所不同者，传统经学讲性与命是分别界定，以示区别，至宋儒，则在本体论的高度上性与命达于一体。胡瑗的性命学说，无疑是这一转变的开端。

① 章太炎：《通程》，《章太炎学术史论集》，中国社会科学出版社 1997 年版，第 308 页。
② 《二程集》，中华书局 1981 年版，第 248 页。
③ 同上。

再次，扬弃谶纬化经学，倡导平实之学。宋初儒学重建的一个基本方面，就是清算经学谶纬理论中充斥的灾异感应、谶语符命等思想异质元素。胡瑗以《洪范》研究为切入点和突破口，以平实之学，从证据和道理上立论，力纠汉儒五行灾异之辞和谶纬神学之论。胡瑗的这一努力，得到清代学者的赞誉和肯定。《四库全书总目提要》评点胡瑗《洪范口义》称："辞虽平近而深得圣人立训之要，非谶纬术者流所可同日而语也。"本田成之亦评赞说："胡安定的《洪范口义》，以赐洪范于禹的不是天乃是帝尧，黜一切神秘怪谈，以五福六极之应是通四海的，不是指一身而言，极其公明正大，合理地解释，启示了宋学的方向。"①信哉斯言。

三　树立"师道"境界，践行
明体达用，转移一代学风

关于"师道"境界。胡瑗在宋学的开山地位及其"先儒胡子"声誉的奠立，离不开其在苏湖教书育人的长期教育实践。胡瑗孜孜矻矻于树立"师道"的精神境界，率先提出探讨"颜子所好何学"（"孔颜乐处"）的问题。前已述及，如何应对佛道精神信仰对经学的挑战，是世俗化儒学的一大困局。宗教是彼岸的，包含理性、超理性、非理性的精神理论元素，相较之，元典儒学并不具备宗教所具有的理论与逻辑资源。因此，要消解、消化佛道思想，只能从具体路径入手。值得注意的是，胡瑗思考这个问题的旨趣，并不是止步于形而上层面的宇宙本体论建构，而是致力于在经学基础上，寻求一个寄"身心性命"于物外，使儒学知识分子有所遵循和依归的"师道"教育境界——"孔颜乐处"。

《宋元学案·安定学案》载："先生（胡瑗）在太学，尝以颜子所好何学，论试诸生。"本田成之先生述及此曾谓："此一问，至掀起宋学界重大波纹。比较从来在经文里所表现的训诂解释，是欲体验经文里的心的，即所谓颜回'在陋巷，一箪食，一瓢饮，不改其乐'，乐什

---

①　［日］本田成之：《中国经学史》，上海书店出版社 2001 年版，第 225 页。

么？《论语》不曾记载，自然注释也没有。这就成了研究的问题。以后宋的学者就常提出此问题来研究，宋学成为内省的也是此一问。"①"孔颜乐处"是"师道"的最高境界。考察宋明思想史，不难发现，寻求这一境界成了宋明儒学人物哲学研究的一个主要指向，所谓"名教中自有乐地"。正因如此，尽管教学、治学繁忙而辛劳，但从"先生（胡瑗）得伊川（程颐）作（按：答'颜子所好何学'之作），大奇之，即请相见"（《宋元学案·安定学案》）一段史料观之，其间透露出浓郁的师生切磋问学，如沐春风般的学术景象。应当说，这是宋代版的"孔颜乐处"。对此，《宋史·道学传》记载颇详，兹具引如下：

> 程颐，字正叔，年十八，上书阙下，欲天子黜世俗之论，以王道为心。游太学，见胡瑗问诸生以"颜子所好何学"。颐因答曰："学以至圣人之道也。""圣人可学而至欤？"曰："然。""学之道如何？"曰："……不求诸己，而求诸外，以博闻强记，巧文丽词为工，荣华其言，鲜有至于道者；则今之学，与颜子所好异矣。"瑗得其文，大惊异之，即延见。

为师，为生，教学相长达此境界，个中感受，非亲历者不能道。学术史记载，胡、程师生二人"知契独深，伊川之敬礼先生亦至，于濂溪虽尝从学，往往字之曰茂叔，于先生，非安定先生不称也。又尝语人曰：'凡从安定先生学者，其敦厚和易之气一望可知。'"（《宋元学案·安定学案》）由此，胡瑗以其人、其学、其行，从"师道"的角度回应了佛学的挑战，启发宋儒后学，自我体会、探究"孔颜乐处"的精神境界，锻造、提升儒学不是宗教却有宗教感召力的道德理想主义的精神品质。

关于"明体达用"。"明体达用"说，详见胡瑗弟子刘彝对宋神宗陈述乃师思想、主张时的一通议论：

> 神宗问曰：胡瑗与王安石孰优？对曰：臣师胡瑗以道德仁义教东南诸生时，王安石方在场屋中修进士业。臣闻圣人之道，有体、

---

① ［日］本田成之：《中国经学史》，上海书店出版社 2001 年版，第 219 页。

有用、有文，君臣父子，仁义礼乐，历世不变者，其体也；诗、书、史、传、子、集，垂法后世者，其文也；举而措之天下，能润泽其民，归于皇极者，其用也。国家累朝取士，不以体用为本，而尚声律浮华之词，是以风俗偷薄。臣师瑗当宝元、明道之间，尤病其失，遂以"明体达用"之学授诸生，凤夜勤瘁，二十余年，专切学校，始于苏、湖，终于太学，出其门者无虑数千余人。故今学者明夫圣人体用，以为政教之本，皆臣师之功也。（《宋元学案·安定学案》）

"体""用"之名盖出佛典，晋、唐间即已使用，且"佛理而外，词章、经济亦均可言'体用'"，① 胡瑗援借"体用"以倡明其主张。此后，张载、王安石、朱熹等人于"体用"均有借表，成为宋明儒学对于理想人格及其修养进路的一种哲学表达，流风余韵影响迄今。

"明体达用"，既是一个理论命题，也是一个实践命题，它实际上包含了人们在具体的历史和社会生存场域，如何持守儒学传统道德，通过对信仰、理念的明晰—坚定—持守的修养过程，把生命修为的内在可能性通过外化的方式表达实现出来，建构起内圣外王式的新的社会生活形式或新的理想实现状态等人生价值诉求。与后起的理学家不同，胡瑗没有将其对人生、社会、国家问题的深切思考更多地上升于形而上的精神内化层面，而是试图在形而上与形而下之间作一打通，开创一种精神与物质互动，道德文章双璧，做人与做事、知与行相统一的理论实践模式，以此重振、彰显儒学经世致用的社会价值，进而影响并转移深陷佛道的士风、学风。

实际上，有宋一代经世情怀犹如一股清风鼓荡于朝野上下，士大夫大都怀抱着治平天下的理想，都想在风云际会的时代一展治国的抱负。不独范仲淹、王安石等一干改革治世人物有得君行道的宏愿，即便是程颐亦有"有用于世"（《伊洛渊源录》卷十一《尹侍讲》遗事条）、"救世之志"（《二程遗书》卷一〇《洛阳议论》）的旨趣表达，司马光也曾发出"学者贵于行之，而不贵于知之；贵于有用，而

---

① 按，"体用"之名，钱锺书先生有详考。参见钱锺书《管锥编》（第一册），《周易正义》二则《乾体用之名》，中华书局 1986 年版，第 8—10 页。

不贵于无用"（《答孔司户文仲书》，《司马文正公传家集》卷60，《四部丛刊》本）的议论。颇堪玩味的是，尽管在具体人生价值实现的路径选择上，宋儒间或泾渭有别抑或径庭异辞。但重建道统却是那个时代士大夫们近乎一致的目标。围绕宋代学风之转移，这里有两点值得讨论：一是尊孟思潮与秩序重建的关系；二是教育改革与推明治道二者的关联度。窃以为，此两点于宋世学风之转移均有着由近及远的关联和影响。

如所周知，孟子地位抬升的议论早已有之，非自宋代始，但将孔孟并称，确立孟子在宋及至宋以后中国思想文化中的重要地位，确乎始于宋，始于宋儒的"集体性记忆"之功。宋代的尊孟思潮，从所据材料而言，宋初柳开即有：

> 吾之道，孔子、孟轲、杨雄、韩愈之道；吾之文，孔子、孟轲、杨雄、韩愈之文也。（《河东集》卷一，《应责》，《四部丛刊》本）

胡瑗《周易口义》亦谓：

> 不以一己之私，忘天下之公。故孔子皇皇（惶惶）于衰周，孟轲汲汲于战国，皆谓有圣人之德，身未显而其道不自穷也。

孙复《兖州邹县建孟庙记》誉称：

> 孟子既没，千古之下，攘邪怪之说，夷奇险之行，夹辅我圣人之道多矣，而孟子为之首。

王安石《送孙正之序》有谓：

> 如孟（轲）、韩（愈）者，可谓术素修而志素定也，不以时胜道也。惜不得志与君，使真儒之效不白于当世，然其于众人也，卓矣！（《临川文集》卷八四）

程颐亦有：

> 孟子之时，世既无人，安可不以道自任？（《二程遗书》卷二
> 上《元丰己未吕与叔东见二先生语》）

过去，读《孟子》，有感于其"此一时也，彼一时也"的论调，内心实是把孟子视为孔学精神的"叛徒"看待的，总觉得孟子身上少了些孔子"虽千万人，吾往矣"的执着劲儿。待观宋史，孟子在宋代的际遇，着实又促笔者静观反思。读及南宋时人倪思评论王安石语，指陈"王安石援孟子大有为之说，欲神宗师尊之"（《四库全书总目提要》卷一二二，《湛渊静语》提要），方茅塞顿开。当宋代之时，随着科举制度推助下进士阶层的出现，实际使文人士大夫某种程度上获得了一种在体制内表达自身文化政治意愿的空间和可能。故陈寅恪先生方有谓："天水一朝之文化，竟为我民族遗留之瑰宝。孰谓空文于治道学术无裨益耶？"[1] 孟子思想中的大丈夫人格论，在宋代右文政策的环境下，获致萌蘖的转机。尤其是孟子思想中貌似"民本"实则"君本"的思想主张，为宋代君臣各取所需提供了双向的思想资源的支撑。[2] 由此，也就不难理解孟子思潮在宋代的出场，既是秩序重建的需要，也是宋代思想文化需要孟子式的思辨、张力，以为思想空间延展的进阶。

范仲淹、王安石一辈改革家从实际政治经济的改革入手，希图在秩序重建中进一步扩展知识阶层的政治话语权；张载、二程等则"在政治上与王安石分裂后，转而更沉潜于'内圣外王之道'，为秩序重建作更长远的准备（按，思想准备）"，[3] 这一队伍中还应包括其后的朱熹、陆九渊等人；范仲淹则不仅在政治上身体力行"先天下之忧而忧，后天下之乐而乐"，其在教育上与胡瑗等一起致力于办学育才，乃着眼于更为长远的秩序重建的人才储备和政治世情的风化芳臭。

雷海宗先生有谓："一种文化潮流必有它借以表现的机关或工具。

---

① 陈寅恪：《赠蒋秉南序》，《寒柳堂集》，上海古籍出版社 1980 年版。
② 按，对孟子思想中"民本"与"君本"的辨析，参见笔者合著之《三代社会形态》"诸家思想评说"孟子部分。陕西师范大学出版社 2000 年版。
③ 余英时：《朱熹的历史世界》，三联书店 2004 年版，第 305 页。

书院就是理学的机关。于唐朝后期，书院与新儒学同时产生，宋初两者也同时盛行。"① 办学兴教转移学风，引领士风，是宋初以范仲淹、胡瑗等为代表的知识精英的目标。美国学者包弼德对此述论道："从 11 世纪 30 年代开始，范仲淹的集团积极创办地方学校，他们希望以此作为转变精英之学，并由此使士自身发生转变的手段。""范仲淹和他的追随者在 1035—1045 年之间，至少参与 16 所学校的建设，它们大多数是新建的，一半以上在南方。"② 这其中应当就包含了胡瑗先后主持执教的苏州州学和湖州州学。

对于胡瑗身体力行践履其思想的教育教学实践活动，朱熹曾评说道：

> 二程未出时，便有胡安定、孙泰山、石徂徕，他们说经虽是甚有疏略处，观其推明治道，真是凛凛然可畏！（《朱子语类》卷八三，《春秋·经》）

在余英时看来，推明治道乃"是'三先生'儒学的最精到的所在"。③ 不妨再进一步而言，"明体达用"则是胡瑗实现推明治道理想的学理门径。史载，胡瑗改革教育制度，大胆进行教育革新。于湖州州学创设"经义"、"治事"两斋，分斋授课。"经义，则选其心性疏通、有器局、可任大事者，使之讲明六经；治事，则一人各治一事，又兼摄一事，如治民以安其生，讲武以御其寇，堰水以利田，算历以明数是也。"（《宋元学案·安定学案》） 余英时于此明确指出："胡瑗教学，分立'经义'与'治事'两斋，即后来'内圣'之学与'外王'之学的先驱。"并认为，"明体达用之学"是"王安石变法的一个重要精神泉源"。④ 从王安石对胡瑗学问思想的首肯、仰慕⑤，以及王安石"新学"亦重经义实践来看，王、胡之学术精神、学术理论，当有更多相通、契合处。只是碍于后来道学人物与王安石的

---

① 雷海宗：《中国通史选读》，北京大学出版社 2006 年版，第 586 页。

② ［美］包弼德：《斯文：唐宋思想的转型》，江苏人民出版社 2001 年版，第 180 页。

③ 余英时：《朱熹的历史世界》，三联书店 2004 年版，第 117 页。

④ 同上书，第 305 页。

⑤ 《临川文集》卷 13 有王安石《寄赠胡先生》序并诗，对胡瑗赞誉有加。序文谓："孔孟去世远矣，信其圣且贤者，质诸书焉耳。翼之先生与予并世，非若孔孟之远也，闻荐绅先生所称述，

政治分野，胡瑗弟子刘彝才在宋神宗面前，就安石之学与胡瑗之学孰优的比较答对中刻意对二人作所区隔。实际上，不惟王安石与胡瑗声气相通，即以范仲淹而论，胡瑗学问受敬于范，文正公"爱而敬之"，二人相敬为友，胡瑗思想亦多受范氏思想的启发，并在范仲淹的提携历练下①，使胡瑗之学更为沉潜、务实，也正是由于范仲淹的慧眼识才、鼎立支持和范氏庆历新政的激发，才成就了胡瑗的学术影响和教育改革的成功。

胡瑗在苏、湖地区二十余年的教育、学术实践活动，实际是其"师道"境界观以及"明体达用"之学的一次成功的教育改革实验。影响所及，宋廷以其教授方法为"太学法"。胡瑗其人其学由此声名远播。胡瑗至京师太学主讲时，"常有外来请听者，多或至千数人"，②"学者不远千里而至，愿识其面，一闻其言，以为楷模"③。胡瑗提出的"怀道德、持仁义，以革天下弊"，"不以一己之私，忘天下之公"，期望"用天下之贤，共成天下之业"（《周易口义》卷一）的思想大音，迄今回响犹在。由胡瑗出发，不难看出，胡瑗一辈学人对于匡补学术之弊，开启宋学新路，转移一代学风，确乎贡献卓著。一定意义上，甚或可以说，胡瑗所为乃是以其"沉潜笃实"之"师道"境界，践行"明体达用"，潜移默化苏湖、太学学子，为秩序重建扎实地做着思想准备和人才储备工作。

饶有意味的是，胡瑗祖籍西北，生于南方，问学北方，又讲学于南方。独特的人生阅历，使胡瑗的学术思想受到南北文化共同的濡染、造就。对此，宋史专家程民生先生分析认为，胡瑗是"学术文化地域演变的重要人物。……其历史意义在于，这是宋代学术北学南渐的第一次波

（接上页）又详于书不待见，而后知其人也，叹慕之不足，故作是诗。"诗云："先生天下豪杰魁，胸臆广博天所开；文章事业望孔孟，不复睥睨蔡与崔；十年留滞东南州，饱足藜藿安蒿莱；独鸣道德惊此民，民之闻者源源来；高冠大带满门下，奋如百蛰乘春雷；恶人沮服善者起，昔时蹐跼今骞回；先生不试乃能尔，诚令得志如何哉；吾愿圣帝营太平，补葺廊庙枝倾颓；披旒发纩广耳目，照彻山谷多遗材；先收先生作梁柱，以次构架桷与榱；群臣面向帝深拱，仰戴堂陛方崔嵬。"

① 按，胡瑗受范仲淹举荐，在范氏主持对西夏战事期间，以推官之职历仕丹州等地。
② 《二程集》，中华书局1981年版，第568页。
③ 同上书，第564页。

动，表明东南地区学术开始崛起"①。史乘亦表明，以胡瑗为代表的宋初学人，在公元 11 世纪初叶为宋学的发生所做的一系列体验、追求，所凝结出的思想实践果实，使"东南之人知以经行为先，道德为本"（《宋名臣言行录》前集卷十，《胡瑗》）。以此出发，思考胡瑗其人其学对宋初学术建构的意义，当不是无的放矢的呓语，而正是今天宋学乃至浙学研究的题中之义。

---

① 程民生：《宋代地域文化》，河南大学出版社 1997 年版，第 301—302 页。

胡瑗历史地位再评价

胡瑗（993—1059 年），号安定先生，宋学开创者"宋初三先生"之一，宋代杰出的学者和教育家。但目前关于其历史地位的评价存在较大的偏颇失实，主要表现为：一，认为其主要教育创新在于分斋教学，甚至视之为世界教育史上实施分科教学与主副科制度的伟大创举；二，过于重视所谓分斋中的实学教育，认为实学因此获得与经学同等地位，甚至将胡瑗视为中国实学之先驱；① 三，对胡瑗教学最具光彩的篇章"太学法"认识模糊且探讨缺位；② 四，将胡瑗学术概括为理学化的表述"明体达用"。相较而言，胡瑗学术方面因有《周易口义》《洪范口义》二书传世，相关研究成果较为笃实，教育方面认识误区更大。欲客观评价其历史地位，需在综合教育、学术等局部研究成果的基础上，置其于传统士大夫政治文化视野下，从师道运动演进史视角考察，可以得出更有解释力的结论。

---

① 当代教育史代表性成果普遍持前两项观点，参见毛礼锐、沈灌群主编《中国教育通史》（山东教育出版社 1987 年版，第三册，第 105 页），王炳照、郭齐家主编《中国教育史研究（宋元分卷）》（华东师范大学出版社 2009 年版，第 27 页），孙培青、李国钧主编《中国教育思想史（第二卷）》（华东师范大学出版社 1995 年版，第 6 页），袁征《宋代教育》（广东高等教育出版社 1991 年版，第 254 页），苗春德主编《宋代教育》（河南大学出版社 1992 年版，第 249 页）等，其中毛著、苗著持世界创举之说。实学先驱说，则首见于葛荣晋主编《中国实学思想史（上卷）》（首都师范大学出版社 1994 年版，第 2 页）。

② 仅见香港黄富荣《略论胡瑗的分斋教学法及其历史命运》（载姜锡东、李华瑞主编《宋史研究论丛》第六辑，河北大学出版社 2005 年版）认为学界夸大了对胡瑗分斋教法的影响和作用，并根据宋人吕荣义《上庠录》点出了太学法和五等斋规的关系。但仍因误认胡瑗之斋为学斋而视其为分科教学，对于太学法则惜点到即止。

一 胡瑗分斋考

备受瞩目的胡瑗分斋，其实并不见称于安定同时代人。无论是范仲淹、欧阳修、赵抃对胡瑗的荐文，还是欧阳修、蔡襄为安定所作墓表墓志，只字不提分斋。今人论分斋常引用晚出的《宋元学案》，追溯史源，其事出自理学巨擘程颐、朱熹笔下：

> 胡安定在湖州置治道斋，学者有欲明治道者，讲之于中，如治兵、治民、水利、算数之类。尝言刘彝善治水利，后累为政，皆兴水利有功。①

> 时方尚词赋，独湖学以经义及时务，学中故有经义斋、治事斋。经义斋者，择疏通有器局者居之；治事斋者，人各治一事，又兼一事，如边防、水利之类。故天下谓湖学多秀异，其出而筮仕，往往取高第；及为政多适于世用，若老于吏事者，由讲习有素也。②

程、朱之所以重视胡瑗实学，是有鉴于理学相对缺失事功一维之弊。由于程、朱的巨大影响力，安定分斋始为世人所重，并被不假思索地接受为一种分科教学的创举。

欲知何为分斋，先需知何为斋。康定元年（1040）六月，湖州知州滕宗谅主持新建州学落成，张方平受邀作记，对湖学空间布局有如下描述：

> 重门沉沉，广殿耽耽。论堂邃如也，书阁屹如也，皆相次。东西序分十八斋，治业者群居焉。入门而右为学官之署，入门而左有斋宿之馆。③

---

① 《二程集》之《河南程氏遗书》卷第二上，中华书局1981年版，第18页。

② 《朱子全书》第十二册《五朝名臣言行录》卷10《安定胡先生瑗》引《吕氏家塾记》，上海古籍出版社、安徽教育出版社2002年版，第318页。

③ （宋）张方平：《乐全先生文集》卷33《湖州新建州学记》，线装书局《宋集珍本丛刊》2004年影印版，第6册，第131页。

视分斋为分科者，都预设斋为学斋即教室。但在师资只有胡瑗一人的湖学①，拥有 18 间教室，且不说分科教学，即使分室上课，也难以想象。根据台湾学者周愚文对宋代州县学布局的研究，论堂是学生肄业之教室，书阁是藏书阁。至于"斋"，周先生判断为"学生寝居之处"②，但未提供依据。不过张方平业已明确交代，十八斋是学生"群居"之处。宗祧胡瑗的胡申甫，在潮州仿湖学创京山书舍，基本格局也是在"师友往来讲切问辨之所"的论堂外，"四斋隅置，则弦诵者居焉"。③还有程颐关于北宋太学斋的寝居描述，可以作为旁证：

> 每斋五间，容三十人，极甚迫窄，至两人共一卧榻，暑月难处，遂更互请假出外。④

庆历四年（1044 年），范仲淹主持庆历新政，始建太学于京师，下湖州取胡瑗教法以为太学法，胡瑗由是名重天下。⑤ 程颐描述的太学之斋，应即源自湖学。皇祐四年（1052 年）胡瑗移掌太学，迎来他教育生涯的巅峰，弟子吕希哲说他掌教太学之法是：

> （胡）各因其所好，类聚而别居之。故好尚经术者，好谈兵战者，好文艺者，好尚节义者，皆以所类群居，相与讲习。胡亦时召之，使论其所学，为定其理。⑥

可知胡瑗太学教法同于湖学，即类聚别居讲习。以上论据足以证明，宋代各级学校之斋，非教室而是学生宿舍。⑦

---

① 宋代州学师资一般为教授 1—2 人，参见周愚文《宋代的州县学》，台湾编译馆 1996 年版，第 127—149 页。

② 周愚文：《宋代的州县学》，第 11 页。

③ （宋）林希逸：《竹溪鬳斋十一稿续集》卷 10《潮州海阳县京山书舍记》，《宋集珍本丛刊》影印版，第 83 册第 470 页。

④ 《二程集》之《河南程氏文集》卷 7《论改学制事目》，第 563 页。

⑤ 《宋史》卷 432《胡瑗传》，中华书局 1985 年版，第 12837 页。

⑥ （宋）李廌：《师友谈记》，中华书局 2002 年版，第 36 页。

⑦ 至于湖学"斋馆"，谈钥《嘉泰吴兴志》卷 11《学校·州治》（《吴兴丛书》影印本）释为"郡守释奠斋宿之所"，与学生无涉。

　　那么，类聚别居讲习算不算分科教学呢？胡瑗所分经义、治事二斋，可以有两种理解：一是湖学十八斋分成经义、治事二类，学生像一般所认为的分科别居讲习。但由于胡瑗教学以"为文章皆傅经义"① 为首要特征，经义乃安定弟子所必学，所以此项理解必误。二是湖学共十八学斋中，经义、治事只占其中二斋。居治事斋者讨论治兵、治民、水利、算数等实学，经义斋则"择疏通有器局者居之"，专待深造经学之材。乾道九年（1173 年）湖州知州薛季宣对胡瑗遗迹的实地调查②，可以支持这个看法：

　　　　庆历所取则今（笔者按：疑为"令"字）学规与夫作院制器之法，故府焚于延火，求之略无可证，询之耆旧，亦无存者。惟闻学之斋馆与伸道、义胜、澡德、诚明四斋为安定旧名，余不可见。时虽分艺以教，盖初不以名斋。③

　　薛氏调查得到四个胡瑗旧定斋名，由于看不出有分科之意，他的结论是胡瑗虽分科教学，却并未体现于斋名。但如此则无法解释程朱的言之凿凿，其实只需将这四斋与经义、治事并视为十八斋中的六斋，即可迎刃而解。学斋命名创于胡瑗，所谓"庠序斋舍之有名，往往自此始"④，主要应是倡导激励之效，伸道、义胜、澡德、诚明四斋可以印证，经义、治事斋亦应首先在此层面上理解。不过后两斋的确已具分类功能，以今比之类似特色班，受到胡瑗特殊对待，不时召之论学定理，但两斋研习经义、治事以群居自学为主甚明。胡瑗在论堂讲学时，十八斋学子应是同堂共学，课堂内容除讲经外，必然还有论、策。这样才能理解湖学弟子"为文章皆傅经义"，也才好理解胡瑗判国子监"所补监

① 《蔡襄集》卷 37《太常博士致仕胡君墓志》，上海古籍出版社 1996 年版，第 576 页。
② 杨世文：《薛季宣年谱》，载四川大学古籍整理研究所编《宋代文化研究》第 3 辑，四川大学出版社 1993 年版，第 360 页。
③ （宋）薛季宣：《艮斋先生薛常州浪语集》卷 23《又与朱编修书》，《宋集珍本丛刊》影印清钞本，第 61 册第 7 页。
④ （宋）王子俊：《求斋名书》，载祝穆《古今事文类聚》续集卷 8，台湾商务印书馆《文渊阁四库全书》1983 年影印本，第 927 册第 166 页。

生只试论一首"①。毕竟胡瑗虽敢于不趋时而轻诗赋，但各级官学都是面向科举培养人才，他的创新主要是在科举中论策地位逐渐提升的背景下②，通过解经以提升学生论策写作水平，从而培养出大批"明体适用"的科举成功之士。而经义本身以及治事，当时并非科考内容，且不说尚无分科教学的必要，湖学中专门从事者也是稀少的。湖学弟子"常数百辈"③，当不会超过胡瑗掌太学"常至三四百人"④ 的规模，则18斋平均只有10余人，这应该就是经义、治事二斋的基本规模。

所以所谓胡瑗分斋教学，只是将学生分类寝居，志同道合者以自学讲习为主，教师则发挥启发点拨的作用。其中经义、治事二斋呈现出低度分科的苗头，这是庆历时期经世士风演进结果，但绝不可过分乐观估计。换言之，其时经邦济世之人杰如范、韩、富、阳等，并未受过分科教育；而湖学明体适用之人才，主要也并非受益于二斋之分。所以，胡瑗分斋称不上是分科教学，更谈不上开中国乃至世界分科教学先河。

从历史纵向视野考察，中国古代教育史也并不存在分科教育的趋势。反倒是在先秦阶段，官学有礼乐射御书数六艺之分，私学有孔门德行、政事、言语、文学四科之教。汉代以下，儒学在教育中居独尊地位。尽管隋唐出现了律、算、医、书、画等专科学校，成为自隋至清专科教育的奠基期⑤，但这些专科既不是一所学校中的分科，地位上也无法望儒学之项背，根本谈不上所谓主副科选修制度，遑论平等划分专业。

欲论分科教学，还得从分科取士谈起。所谓经义、治事，其实就是士大夫政治文化视野中的儒、吏二事。西周以礼治统合儒吏，故以六艺教士及取士。东周礼制崩溃，至秦而儒士文吏分化臻于极致。西汉鉴秦弊而霸王道杂之，以德行、经术、法律、政事四科取人。东汉继承儒生

① （宋）丁度等：《韵略条式》，台北新文丰出版公司《丛书集成续编》1988 年影印本，第 74 册第 246 页。

② 参见林岩《北宋科举考试与文学》，上海古籍出版社 2006 年版，第 58—61 页。

③ （宋）刘一止撰，龚景兴、蔡一平点校：《刘一止集》卷 22《吴兴郡学重绘三礼图记》，浙江古籍出版社 2012 年版，第 238 页。

④ （宋）欧阳修撰，李之亮笺注：《欧阳修集编年笺注》卷 111《举留胡瑗管勾太学状》，巴蜀书社 2008 年版，第 6 册第 374 页。

⑤ 毛礼锐等：《中国教育通史》第 2 册，第 484—485 页。

文吏分途进用的格局，并于阳嘉元年（132 年）具体落实到"诸生试家法，文吏课笺奏"的孝廉科察举上。但随着士大夫阶层的壮大，至三国魏明帝太和二年（228 年）下诏"贡士以经学为先"，标志着周秦之变以来儒士文吏漫长冲突的终结，独尊儒术的士大夫政治至此定型。① 此后技术性的史事逐渐为士人鄙薄，至唐代官、吏之间形成行政等级、社会身份等级、道德品质三项差别，并在唐后期禁止胥吏参加进士科考试以强化这种差别，奠定了此后儒吏分途的基本格局。② 五代十国武人政治的环境下，吏能受到重视，但至 11 世纪中期，因宋廷"事业付诸读书人"而使士大夫群体再造重生。③ 经义在科考中逐渐取得主导地位，正是士大夫政治文化形成的体现。熙宁改革在罢诸科以经义为主取进士之外，设立新科明法以重吏能，但明法科入仕者大多默默无闻，明法科因受时论普遍歧视而至南宋初废止。④ 从此，进士科成为南宋以下科考唯一科目。左玉河先生揭示，中国传统的经史子集四部之学"具有博通之特性"，学科区分"不是以研究客体（对象）为标准"，因此传统中国"没有近代意义上以学科为类分标准之学术分科"。⑤ 从士大夫政治视野观照，这一判断完全成立，也使我们能够恰当理解经义、治事在胡瑗教法中的比重。

二　太学取法果何事

　　胡瑗登上历史舞台绽放异彩并非因为分斋教学，而是因庆历四年（1044）新政建太学，下湖州取胡瑗教法为太学法。以地方教员为最高学府作则，亘古仅此一例。而且现存最早学规是北宋至和元年（1054）所刻京兆府小学学规⑥，太学所取湖学学规显然早于它，胡瑗撰有《学

---

　　① 阎步克：《士大夫政治演生史稿》，北京大学出版社 1996 年版，第 439—452 页。

　　② 叶炜：《南北朝隋唐官吏分途研究》，北京大学出版社 2009 年版，第 1、12、237 页。

　　③ 邓小南：《祖宗之法：北宋前期政治述略》，北京大学出版社 2006 年版，第 123—148 页。

　　④ 赵晶：《宋代明法科登科人员综考》，《华东政法大学学报》2001 年第 3 期。

　　⑤ 左玉河：《从四部之学到七科之学》，上海书店出版社 2004 年版，第 3—4 页。

　　⑥ 李弘祺：《传统中国的学规：试论其社会性及角色》，载高明士《东亚传统教育与学礼学规》，华东师范大学出版社 2008 年版，第 214 页。

政条约》一卷（已佚）①，应即湖学学规。虽然尚无证据表明它是最早的学规，但无疑是第一份产生重要影响的学规。②

乾道八年（1172 年）薛季宣赴任湖州知州，朱熹去信问薛："闻庆历间取湖学规制行之太学，不知当时所取果何事也？"③ 薛答以因州府档案失火无可寻证，湖学仅存四个安定旧定斋名，已见前述。学规失传，使胡瑗此项重要贡献未能受到足够重视。但香港黄富荣先生注意到，南宋胡仔《苕溪渔隐丛话》转引北宋吕荣义《上庠录》，对取法湖学的太学法有"传者谓今五等斋规是也"的记载，并认为"五等斋规"即周密《癸辛杂识》所载"学规五等"这一太学罚规，由此认定胡瑗教学影响当时或后世的，"只是些'学规'和'作院制器之法'，而并不是分斋教学"，可谓独具只眼。④ 可惜仅限于点及，尚可展开讨论。

周密所载"学规五等"如下：

> 学规五等。轻者关暇几月，不许出入，此前廊所判也。重则前廊关暇，监中所行也。又重则迁斋。或其人果不肖，则所迁之斋亦不受，又迁别斋，必须委曲人情方可，直须本斋同舍力告公堂，方许放还本斋，此则比之徒罪。又重则下自讼斋，则比之黥罪，自宿自处，同舍亦不敢过而问焉。又重则夏楚屏斥，则比之死罪。凡行罚之际，学官穿秉序立堂上，鸣鼓九通，二十斋长谕并襕幞，各随东西廊序立，再拜谢恩，罪人亦谢恩。用一新参集正宣读弹文，又一集正权司罚，以黑竹篦量决数下，大门甲头以手对众，将有罪者执下堂，毁裂襕衫押去，自此不与士齿矣。⑤

显然，五等罚规渊源自传统刑律之五刑，犯规重者至以罪人相称，学规可谓严厉。胡瑗崇礼，较为人知。但其《原礼篇》将"民之于礼"

---

① （清）许正绶：《安定言行录》卷下，清光绪六年苕溪丁氏《月河精舍丛钞》刻本，第 18—19 页。

② 吴小玮：《中国古代学规研究》（硕士论文，华东师范大学，2010 年）认为真正意义上的学规诞生在北宋初期，并视胡瑗学规为代表。

③ 《朱子全书》之《晦庵先生朱文公文集》卷 38《答薛士龙》，第 1697 页。

④ 黄富荣：《略论胡瑗的分斋教学法及其历史命运》，第 423 页。

⑤ （宋）周密：《癸辛杂识》后集《学规》，中华书局 1988 年版，第 64 页。

喻为"兽之于囿"，认为"岂其所乐哉，勉强而制尔"，至遭到李觏
"先生之视天下不啻如蛇豕如虫蛆，何不恭之甚也"① 的严厉批评。胡
瑗并非荀子式的性恶论者，其性情论主要源自汉唐诸儒的性善恶混说，
认为性善而情可善可恶，但论情基本偏于恶，并将人根据禀天性之全偏
分为圣、贤、愚三等。② 故他释蒙卦卦辞，主张"蒙昧之人谕之而不
思，告之而不虑，则有鞭朴夏楚之刑以戒之"。③ 释乾卦"元亨利贞"，
以乐、礼、刑、政配乾四德，给予刑政相当高的地位。当然作为德治为
先的儒者，他同时也声明礼乐与刑政有着主次顺序：

> 夫礼乐既行，然其间不无不率教者。圣人虽有爱民之心，亦不
> 得已，乃为刑以治之。于是大则有征伐之具，小则有鞭朴之法，使
> 民皆畏罪而迁善，故以利为刑也。④

除强调不得已用刑，胡瑗在兵刑方面还有决正、慎用、刚柔相济等观
念，体现出他区别于法家的儒者本色。⑤

取法湖学的太学法作为整体教法，不可能像吕荣义所说只是斋规，
应包含周密所说五等学规。胡瑗高足吴孜有一佳话，他曾舍宅为越州州
学，"学成，太守章伯玉至，以便服坐堂上，孜鸣鼓行学规，伯玉欣然
受其罚"⑥，此可作旁证。至于吕所言"五等斋规"今虽内容不明，但
从规分五等看，也应是罚规。掌管罚规者，太学均设有专人：

> 学正五人，掌举行学规，凡诸生之戾规矩者，待以五等之罚。
> 学录五人，掌佐学正纠不如规者。职事（按：原作"士"，据《宋
> 史》卷一六五《职官志五》改）学录五人，掌与正、录通掌学规。
> 学谕二十人，掌以所授经传谕诸生，及专讲《论语》、《孟子》。直

---

① （宋）李觏：《李觏集》卷28《与胡先生书》，中华书局1981年版，第317页。
② 黄富荣：《胡瑗思想研究》，博士学位论文，香港大学，1996年。
③ （宋）胡瑗：《周易口义》卷2，《文渊阁四库全书》第8册，第208页。
④ （宋）胡瑗：《周易口义》卷1，《文渊阁四库全书》第8册，第174页。
⑤ 黄富荣：《胡瑗思想研究》，第150—154页。
⑥ （宋）张淏：《宝庆会稽续志》卷5《人物》，中华书局1990年《宋元方志丛刊》影
印本，第7147页。

学四人，掌诸生之籍及幾察出入。每斋置长一人，掌表率斋生。凡戾规矩者，纠以斋规五等之罚。①

北宋高承考察太学正、录的沿革，认为始于胡瑗掌太学，并言其"第补诸生"②，即选学生充任，熙宁改制后定型为职事学官。既然五等学规、斋规源于湖学，则这些掌罚规之学官自然渊源亦同，由于湖学仅有胡瑗一名师资，显然他们也是遴选学生充任。

当然仅视胡瑗学法为罚规，未免低估安定。遴选学生充任学官，除弥补师资不足外，还具示范功能。所谓"择其过人远甚人畏服者奖之激之"③，这本就是胡瑗教法的一大特色。安定初掌太学时，其初人未甚信服，他就让"徒之已仕及早有世誉者"盛侨、顾临、吴孜等分治职事，又让孙觉讲《孟子》，使"中都士人稍稍从之"。④ 程颐弱冠游太学，以《颜子所好何学论》一文受知于胡瑗，亦被处以学职。⑤ 胡瑗湖学高第刘彝，有"凡纲纪于学者，彝之力为多"⑥ 之誉。元祐元年（1086 年）负责审订国子监、太学条例的三位官员程颐、孙觉、顾临皆胡瑗高足，⑦ 他们提出将当时的斋谕改名学谕，应该就是源自师法。但礼部看详后认为改名不正，于是程颐反驳说：

> 自庆历学制，逐斋置学谕。盖学正者太学之正也，学谕者教谕为学者也，义各不同，非是名称不正。斋谕之名，不成意义。今来改作学谕，本为正名。⑧

可知太学取湖学法时，每斋所置不叫斋谕而叫学谕，旨在以优等生引导

---

① （清）徐松：《宋会要辑稿》职官二八之六，中华书局 1987 年影印本，第 2974 页。

② （宋）高承：《事物纪原》卷 5《五监总率部》，中华书局 1989 年版，第 274 页。

③ （宋）李廌：《师友谈记》，中华书局 2002 年版，第 36 页。

④ （宋）吕希哲：《吕氏杂记》卷上，《全宋笔记》本，大象出版社 2003 年版，第一编第 10 册第 266 页。

⑤ （宋）朱熹：《伊川先生年谱》，载《二程集》，第 338 页。

⑥ （宋）赵善璙：《自警编》卷 4《教育》，《文渊阁四库全书》第 875 册，第 272 页。

⑦ （宋）李焘：《续资治通鉴长编》卷 390 "元祐元年十月癸丑"条，中华书局 2004 年版，第 9494 页。

⑧ 《二程集》之《河南程氏文集》卷 7《论礼部看详状》，第 575 页。

斋舍学风。那么礼部为何又认为改名不正呢？可先看当时诸学官掌罚规
外之职责：

> 斋长、谕月书其行艺于籍，行谓率教不戾规矩，艺谓治经程
> 文。季终考于学谕，十日考于学录，二十日考于学正，三十日考于
> 博士，又三十日考于长贰。①

则在礼部看来，斋内外有斋长、谕和学谕以上各级学官，分别对斋生行
艺进行记录和考核，已属完善。但从程颐所论看，庆历时太学取湖学
法，本无斋谕而学谕原在斋内，则学谕此时应兼具监督、教导权乃至考
核权，斋内高度自治。如此学谕自然能使人"畏"，而由于其皆为优生
又能令人"服"，方能"教谕为学"。而斋谕易"学"为"斋"，显然
重心已从学业转为斋规，故被程颐认为"不成意义"。可惜程颐们为扭
转这种手段目的化所作努力，后来并未成功，这是制度定型后背离初衷
的结果。

　　事实上胡瑗的成功，在他身后的官学难以复制。奥秘在于他既有
"科条纤悉具备"的外在约束，又注重内心感化，所谓"政教并举之善
君子"②。罚规以外他还有系列礼法以尊师重道，"虽大暑必公服终日以
见诸生，设师弟子之礼"③。高足徐积初入湖学见安定，退时头少偏，
安定忽厉声云"头容直"，徐"因自思不独头容直，心亦要直也，自此
不敢有邪心"。④ 前述"作院制器之法"，亦应从礼法角度理解。宋承唐
制将释奠等礼著令数度颁降，但由于唐中叶以后学校久废，仪注器数施
行相当混乱，较权威的聂崇义《三礼图》也存在很大争议。⑤ 胡瑗在聂
的基础上，"黜其于古无考而益其未见者，图之讲堂"⑥。并设斋馆作为

① 《宋会要辑稿》职官二八之六，第2974页。
② （宋）林駉：《古今源流至论》前集卷8《学政》，《文渊阁四库全书》第942册，第122页。
③ 《蔡襄集》卷37《太常博士致仕胡君墓志》，第576页。
④ （宋）吕本中：《童蒙训》卷上，《丛书集成续编》本第78册，上海书店1994年版，第631页。
⑤ 周愚文：《宋代的学礼》，载高明士《东亚传统教育与学礼学规》，华东师范大学出版社2008年版，第33—34页。
⑥ 《刘一止集》卷22《吴兴郡学重绘三礼图记》，第238页。

"郡守释奠斋宿之所"，又于湖学落成时行释菜礼①。凡此种种，在宋初儒林草昧之际皆属创举，为太学取法后势必对宋代学礼产生重要影响。胡瑗倡率礼法除了施行罚规、高足示范外，更重要的是以身作则感化学生。蔡襄为胡瑗所作墓志，言其"严条约以身先之"②。欧阳修所作墓表，言其"为人师言行而身化之。使诚明者达，昏愚者励，而顽傲者革。故其为法严而信，为道久而尊"③。正因为安定身正为范，尽管其学规以严备著称，太学弟子吕希哲却说他"治学校虽规矩备设而不尽用焉，以德教为主"④，感言其"身率多士"而显得"太学之法宽简"，"称弟子者中心悦而诚服之"⑤。所以弟子们自然而然形成独特风范，"皆循循雅饬，其言谈举止，遇之不问可知为先生弟子"⑥，可谓道学气象先声。

成型于北宋的中国学规，既有来自禅宗系统精密的丛林清规之影响，更主要是中唐以来新儒学运动蓬勃发展之结果。两宋学规出现两种倾向，官学由于科举导向和思想控制日益偏向消极约束而法家化，书院则旨在涵养道德而偏重积极劝谕。后者在明清随着官学化又发展出两个分支，一支是阐明教育理想的劝谕性学规，一支是规范管理的约束性章程。⑦作为我国首份重要学规的缔造者，胡瑗既为后世学规的各支途径铺下了路基，同时又将外在约束与内心感化平衡优化而树立了师表。难能可贵的是，胡瑗一生正好经历私学、地方官学、中央官学三种教师角色，其影响力由下而上发扬光大，可谓我国教育史上罕见，因而成为千载而下各级各类学校的师道典范。

三　师道之立未有过瑗者

师道是我国文化史上的独特范畴，诞生于先秦。东周之前政教合

---

① 《乐全先生文集》卷33《湖州新建州学记》，《宋集珍本丛刊》第6册第131页。

② 《蔡襄集》卷37《太常博士致仕胡君墓志》，第576页。

③ 《欧阳修集编年笺注》卷25《胡先生墓表》，第341页。

④ （宋）吕希哲：《吕氏杂记》卷上，《全宋笔记》第一编第10册，第266页。

⑤ （宋）李鹰：《师友谈记》，第36页。

⑥ 《欧阳修集编年笺注》卷25《胡先生墓表》，第341页。

⑦ 李弘祺：《传统中国的学规：试论其社会性及角色》，载高明士《东亚传统教育与学礼学规》，华东师范大学出版社2008年版，第210—240页。

一，并无师道之说。至春秋孔子创私学典范开万世师表，师道方始确立。之后孟、荀开启了师道的两种历史取向，尤以前者影响深远。孟子重主体自得的道统，强调道尊于势；荀子重授受传承的师法，具权威主义倾向。汉唐经学疏不破注，是荀学师法之路。隋唐王通、韩愈直承孔孟以道自任，师道概念正式出现，师道复兴运动至此开展。至宋先承古文运动余绪，其后程朱出而理学兴，力图以师友之道化解君臣之伦，师道运动方始波澜壮阔。①唐宋师道复兴运动大体有内外两个路向：一是构建儒家道统而使人师成为道的传承者，这是学术路向；二是全面制定以学规学礼为中心的官私学制度而树立师尊，这是制度路向。胡瑗在两条路向上，都是关键人物。

胡瑗的制度路向贡献已见上述，至于学术路向，学界研究安定之学的成果已不少，尚可再作些探讨。"师道"一词最早见于《汉书·匡衡传》②，其语源还可上溯至《礼记·学记》"师严而后道尊"③。胡瑗固已通过学规树立"师严"，但要臻于"道尊"，还需学术建树。道之范畴，韩愈在《原道》中以《大学》八纲目概括之，其弟子李翱则本于《中庸》而阐扬之，同时柳宗元等人则标举提炼自《春秋》《中庸》的"大中之道"。胡瑗传世作品中"大中之道"出现48次，使用频率远高于他人，可谓重倡此道最力者。他率先将源自《洪范》《周易》《中庸》《春秋》等经典及注疏的"中"类概念融会贯通，建立起当时最为恢弘的内圣外王之学术格局。台湾金中枢先生鉴于胡瑗对于宋学尤其是理学的奠基之功，判定胡瑗是"宋代学术发展之转关"④。在重振儒家之道的同时，胡瑗也为儒道之"尊"奠定了基调。宋初学者在攘夷的时代语境下普遍尊王，但胡瑗对道统与政统关系有着更为超越的认识。他在《洪范口义》中释"八政"之"师"云：

　　　　师者，师保之师也。夫能探天下之术，论圣人之道，王者北面而尊师，则有不召之师。师之犹言法也，礼义所从出也，道德以为

---

① 邓志峰：《王学与晚明的师道复兴运动》，社会科学文献出版社2004年版，第19—48页。

② 萧承慎：《师道征故》，文通书局1944年版，第1页。

③ 王文锦：《礼记译解》卷18《学记》，中华书局2001年版，第520页。

④ 金中枢：《宋代学术思想研究》，台北幼狮文化事业公司1989年版，第255—343页。

法也……自古圣帝明王，未有不由师而后兴也。故《传》曰："国将兴，尊师而重道。"又曰："三王四代惟其师。"故师者，天下之根本也。①

末句应源于荀子"礼有三本"说之"君师者，治之本也"，但显然胡瑗给予师更为根本的地位，历史上似也找不到第二位尊师至此者。中国尊奉"天地君亲师"的传统发轫于荀子"礼有三本"说，正式形成于宋而流行于明清。② 胡瑗对于这一传统显然有重要贡献，而且他对师的排序明显独特。正是基于此种认识，胡瑗在任经筵官为仁宗讲《易》"乾，元亨利贞"时，曾公然冒犯帝讳并从容以"临文不讳"自解。③ 安定高足程颐任经筵官时对哲宗严示师尊，程颐后学朱熹课君以正心诚意，这些帝制时代师道的最强音，实自胡瑗导夫先路。

胡瑗在师道复兴运动中的地位，还可从横纵两个路向比较。横向而言，胡瑗与孙复、石介并称"三先生"，向被视为宋初师表。所谓"自景祐、明道以来，学者有师，惟先生暨泰山孙明复、石守道三人，而先生之徒最盛"④，则三先生中胡瑗至少教学最为杰出。纵向来看，后人一再将胡瑗与隋唐的王通、阳城并称揄扬，亦可略作探讨。

王通与胡瑗，在增祀孔庙的运动中是同进退的。先是程敏政于弘治元年（1488）提出王、胡增祀，却被倪岳所阻。⑤ 稍后又有王蕡上疏增祀二儒⑥，亦未果。直至嘉靖九年（1530）大规模更动祀典，张璁重申程敏政奏文，王、胡终获同祀文庙。⑦ 程敏政论王通云："河汾师道之立，出于魏晋佛老之余，迨今人以为盛。"论胡瑗则极度推崇："自秦汉以来师道之立，未有过瑗者。"⑧ 王通的师道地位，一方面是因其

①　胡瑗：《洪范口义》卷上，《文渊阁四库全书》第 54 册，第 465 页。

②　徐梓：《"天地君亲师"源流考》，《北京师范大学学报》2006 年第 2 期。

③　《朱子全书》第十二册《五朝名臣言行录》卷 10《安定胡先生瑗》，第 316 页。

④　《欧阳修集编年笺注》卷 25《胡先生墓表》，第 341 页。

⑤　倪岳：《青溪漫稿》卷 11《奏议·祀典一》，《文渊阁四库全书》，第 1251 册第 114 页。

⑥　谢旻等：《江西通志》卷 82《王蕡传》，《文渊阁四库全书》，第 515 册第 789 页。

⑦　张璁：《谕对录》卷 22，《四库全书存目丛书》本，齐鲁书社 1996 年版，史部第 57 册，第 297 页。

⑧　程敏政：《篁墩文集》卷 10《奏考正祀典》，明正德二年何歆刻本，第 5 页。

在魏晋以来佞于佛道的风习下，能率先批判天人感应和援佛入儒，为随后的新儒学作了开拓性贡献；另一方面还得益于其门人中有多位唐代开国名臣。① 但他的门人名单由于囊括魏征、李靖、李勣、房玄龄、杜如晦等众多初唐将相，历代至今史家质疑不休。② 对于新儒学，王通虽有发端之功，毕竟粗率。新儒学的义理之学、性理之学两条路向，都要到胡瑗这一转关之后才始确立。

阳城也多次被与胡瑗相提并论，如明人邵宝并视二人为师表楷模："汉唐以来，学由人兴……阳城胡瑗，时则以师。"③ 杨荣则将二人分别视作地方和中央官学之师范："教授郡庠则胡安定之苏湖也；司业成均则阳城之于唐也。"④ 阳城于唐贞元年间任国子司业，主张"凡学者所以学，为忠与孝也"，遣诸生归省者 20 余人。⑤ 故明人王世贞有言："自古师之道得胡瑗、孙明复而尊，得阳司业城而亲。"⑥ 但阳城亦有类似安定的严师气象，"简孝秀德行升堂上，沉酗不率教者皆罢。躬讲经籍，生徒斤斤皆有法度"⑦。柳宗元称扬他"当职施政，示人准程。良士勇善，伪夫去饰。堕者益勤，诞者益恭……冠屦裳衣，由公而严。进退揖让，由公而仪"⑧。阳城在太学育有何蕃、季偿、王鲁卿等高徒，当门人薛约因言获罪流亡时，阳城毅然将其收留，因此被德宗谪为道州刺史，何蕃等 270 人诣阙留师。此次学潮正发生在所谓"师道之不传也

---

① 尹协理、魏明：《王通论》，中国社会科学出版社 1984 年版，第 42、265 页。

② 见尹协理、魏明《王通论》（第 35—48 页）、李小成《文中子考论》（上海古籍出版社 2008 年版，第 68—101 页）。前者只承认温彦博、杜淹、薛收等七人是王通门人，而后者则倾向于承认上述名单，只是对之作了亲疏程度区分。

③ （清）邵宝：《容春堂集》之《前集》卷 11《长兴县儒学重修记》，《文渊阁四库全书》第 1258 册，第 107 页。

④ （明）杨荣：《文敏集》卷 16《宁川周先生传》，《文渊阁四库全书》第 1240 册，第 263 页。

⑤ 《旧唐书》卷 192《阳城传》，中华书局 1975 年版，第 5133 页。

⑥ （明）王世贞：《弇州续稿》卷 65《太仓州学正常先生去思碑记》，明崇祯刻本，第 10 页。

⑦ 《新唐书》卷 194《阳城传》，中华书局 1975 年版，第 5571 页。

⑧ （唐）柳宗元：《柳宗元集》卷 9《国子司业阳城遗爱碣》，中华书局 1979 年版，第 206 页。

久矣"① 之时，柳宗元为此连撰《与太学诸生喜诣阙留阳城司业书》②、《国子司业阳城遗爱碣》二文，将之视作中唐师道振兴的一项标志。韩愈曾在阳城谏官任内作《谏臣论》以激励之③，并分别为阳城④、何蕃⑤立传，前者成为《旧唐书·阳城传》的史源。与柳宗元不同，韩愈笔下阳城立身教人主要是忠孝之道，始终未以师道相许，主要应是阳城身上缺乏师道的超越性气质。至于儒学造诣方面，阳城生前身后都没有太大的影响力。

另外尚有一人可与胡瑗相较，那就是师道复兴运动的首倡者韩愈。韩愈主要以文学家和思想家的形象传世，反而掩盖了其在教育领域的光彩。韩愈一生曾在中央官学四任教职，后学皆称"韩门弟子"，陈寅恪认为韩愈学说相较元、白之所以流传深远，关键在于韩门之建立。⑥ 但由于中晚唐的文教不振，韩愈对于师道的倡导和践履，主要是一种边缘性的理想和勇气，远未产生显著社会影响。⑦

综上所述，胡瑗显然是帝制时代首位真正意义上的师道典范。他于宋初儒林草昧之际，以教育者身份成功引领学术转向，并率先以制度化方式树立师道尊严，为之后波澜壮阔的师道运动奠定了坚实基础。胡瑗树立的师道典范之后呈现官学、私学两条发展路向，其高足程颐任经筵讲官与讲学伊洛时，先后将两条路向予以发扬，至南宋朱熹为代表的理学家又分别将之光大。两条路向相较，官学方面由于科举影响的逐渐强化，师生关系受到利益侵蚀而与道渐行渐远，这是宋以下儒者长期批判最力之处。而私学虽亦不免受到科举笼罩，但在两宋尤其是南宋书院有大批学者坚持追求具独立价值之道，这是由胡瑗奠基而由其继承者奏出的中国师道最高妙的旋律。

---

① （唐）韩愈撰，刘真伦、岳珍校注：《韩愈文集汇校笺注》卷12《师说》，中华书局2010年版，第139页。

② 《柳宗元集》卷34《与太学诸生喜诣阙留阳城司业书》，第867页。

③ 《韩愈文集汇校笺注》卷4《谏臣论》，第467页。

④ （唐）韩愈撰，冯其旭校注：《韩昌黎文集校注》外集下卷《顺宗实录四》，上海古籍出版社1998年版，第716页。

⑤ 《韩愈集》卷4《何蕃传》，第545页。

⑥ 陈寅恪：《论韩愈》，《金明馆丛稿初编》，三联书店2001年版，第332页。

⑦ 陆敏珍：《论韩愈〈师说〉与中唐师道运动》，《社会科学战线》2009年第1期。

《刘一止集》整理弁言

　　刘一止（1078—1161），字行简，湖州归安人（今湖州吴兴）。徽宗宣和三年进士，监秀州都酒务，秩满，迁为越州州学教授。建炎四年，为详定一司敕令所删定官。绍兴元年，召试馆职，同年冬，迁监察御使。绍兴二年七月，迁起居郎。八月即被罢，为主管台州崇道观。绍兴四年月复召为尚书祠部员外郎，奉祠温州神主。同年十一月，除浙东路提刑狱公事兼本路劝农提举河渠公事兼提举本路常平等事。再次年加直显谟阁。秩满，除权发遣常州。绍兴八年九月，除秘书少监。十一月复起居郎。绍兴九年二月，除中书舍人兼侍讲。同年九月除给事中兼侍讲。仅过三月，因被诬荐士失实而被贬至提举江州太平观。绍兴十年二月复为秘阁修撰。绍兴十五年十二月落职。绍兴二十二年七月，再除秘阁修撰，不久以疾笃告老。同年十月，又除敷文阁待制致仕。二十五年十二月复落致仕。二十六年四月，除敷文阁直学士。绍兴三十年十二月初四，病逝于家中，获赠左朝散大夫。

　　刘一止中年得进士并始为官，于官场生涯可谓是跌宕起伏，几起几落，命运多舛，这一切都与他耿直敢言的秉性密切相关。其为官正直，为文、为诗、为词却是纤巧而自成一家，曾在其生时备受关注，并为同时代文人雅士赞赏。

　　刘一止为官，均以尽心尽职为己任，无论身居何位，都不敢有丝毫的懈怠。绍兴元年，刘一止刚入试官职，就向上极陈当世之务对策，提出："天下之事，所以不克济者，患在于不为，而无患其甚难，故圣人畏无难而不畏多难，以其困难而能图也。"（《苕溪集卷九·试馆职策》）以"圣人"之所图，向执政者提出了处事之道，得到了皇上的赞许，但终因不讨当权者的喜欢而被冷落。同年在监察御史任上，刘一止更是勤于"讨论时政，指陈阙失"。其《上殿论用君子小人之说》详论君子与小人对国家政事的影响和作用，认为："君子虽众，其道则孤；小人虽寡，其势则蔓"，作为当政者应该"近君子而远小人也"，更应该明察何为君子，何为小人。其《论人主不惮改为》，援引前朝事例，分析当今形势，认为现在正是"处非常之时，建非常之业"，要达到"谋无遗案，事靡不济"，就必然"机变敏速，不惮改为"，只有不断地调整治国之策，方能实现富国安邦的目的。如此等等。刘一止在仕途，敢于直接向最高统治者大胆直言，直显无畏无惧之本色。时大宋王朝初隔江南，国不宁定，政事繁乱，加之金人时时犯南，朝中主战与议和之争剧烈，刘一止正是在这种形势下，展现他的个性和才干，也表达了他为君分忧的拳拳之心。

刘一止之敢言，尤在于其出之诚心、忠心，全然不顾个人的利益得失。刘一止为越州州学教授之时，其文才深为时任知州的翟汝文所赏识，可谓是有怜才之交。刘任监察御史，乃为右相兼知枢密院事秦桧的手下，故《宋史·秦桧传》有"监察御史刘一止，桧党也"之言，当今有多种资料也直言刘一止是秦桧的亲信。考其时之制，刘、秦乃上下级关系，因此而定论为"亲信"，实有牵强之意。而实际上，绍兴二年（1132）秦桧奏请设罢修政局，与参加政事翟汝文同时领职，实乃秦欲专权之举，二人政见不合，矛盾颇深，一次争执后，秦桧向高宗弹劾翟汝文，翟愤而去职，刘一止便向秦桧进言："宣王内修，修其所谓外攘之政而已。今簿书狱讼，官吏差除、土木营谱，俱非所当急者。"对秦桧内外分治设置修政局等政事提出了不同看法，遭到了秦的反对，（《刘一止传》则称"后多采用其言"），在更多人提出异议之后，修政局三月后即废。未料，其时被秦桧支出朝廷而在镇江置都督府的左相吕颐浩回朝后，刘一止等一干人均被贬出朝廷，刘一止出至主管台州崇道观。关于这段经历，《建炎以来系年要录》卷五七"高宗绍兴二年八月壬子"条称："……起居郎刘一止，起居舍人张焘……并落职与宫观，皆坐秦桧党，为吕颐浩所斥也。"此记与《宋史·刘一止传》有异，在起居郎任上，刘一止"因极陈堂吏宦官之蠹，执政植私党、无忧国心"而遭罢免。韩元吉状也为此说。免职后的刘一止寓居德清，"杜门却扫，自放于山水",潜心于吟诗作词,诗文收获甚丰。

两年以后的刘一止被复召,在浙东路提点刑狱加直显漠阁任上,他尽心庶狱,潜心理政,积极清理一些陈年旧案,为民主持公道,着力打击强权,为弱者撑腰,深得一方百姓的拥戴,以致后来有人"画像以祠公"。任满后,刘一止连接易职升迁,可谓深得皇上的赏识。而从九月十四日除给事中至十二月二十九日被罢,只有短短的一百天时间,刘一止连连上奏,积极讨论朝政,极显雷厉风行之势,其奏罢池州知事徐伟达、罢免后戚孟忠厚、减除宣州知事汪伯彦俸实禄等等,都为高宗采纳,改正了许多已在动议中的诏敕。由于刘一止的勤勉上奏,也使其他一些谏官无事可做,其时为中丞的廖刚就对其属下说:"台当有言,皆为刘公先矣,我等独无愧乎?"刘一止在审读文书过程中,不断地驳正政令,进奏谏言,不可避免地受到了"用事者"的嫉妒,同时更为被奏者痛恨。因此,很快就被人诬告,被降职提举江州太平观,任便居住而置闲。此次刘一止被免,主要原因有二:一是被奏为举荐吕广问时所据失实,二是被奏为依附李光、怠慢皇上。

刘一止从任监察御史到提点刑狱、起居郎、秘书少监等,都与司法密切相关,他始终主张法制要严明、执法要公正。他认为,纲纪不振、民困财竭,必然会导致失去人心,而当朝失人心更具体的原因就是"刑政之苛,赋役之多,如恶之不公,赏罚之不明"。大宋南移之初,百事草创,条法混乱,政府司法竟然用吏人的记忆为法度,从而导致执法者营私舞弊现象频生,因此,他向高宗极陈恢复制度法令的迫切性:"法令具在,吏犹舞文,矧一切听其省记,所欲与则陈与例,欲奇则陈夺例,与夺在其牙颊,患可胜言哉!请以省记之文刊定颁行,庶几绝奸吏弄法爱之弊。"这个建议得以采纳,一年之后编就相关的法律文书,为有序司法提供了保证。

刘一止自幼就展露了不凡的文学天赋,他七岁就能写文章,"命赋诗,操牍立就,语奇出",入太学考试,屡屡优于他人,未成年时即文才、忠孝声名在外,深得时人的赞赏。刘一止却淡泊于功名,力行个人的修为,有人欲举荐他入八行科,他则认为:"行者,士之常也。"辞谢不就。宣和三年,登进士第,"廷中少年朋游多已贵且显至公名,莫不举笏相庆,公视之泊如也"。表现出了镇静自若、不以物喜之神态。

刘一止在官场上几起几落，得意不骄、失意不馁，每次遭贬之时，则以吟诗作文抒写胸臆，而非怨天尤人。如绍兴二年八月被罢起居郎，为台州崇道观时，遂寓居德清僧舍，"杜门却扫，自放牧于山水，而诗文益清健"。把贬官当作修行，也可谓是心胸坦然。

刘一止诗自成一家，深得同时代诗界的好评，吕本中、陈与义读了他的诗后认为，刘一止诗"语不自人间来也"。其同乡、时任枢密院事的文学家沈与求与他交往甚厚，沈与求对刘一止清新自然的诗风赞誉有加："刘郎天韵真不凡，飞腾宜在蓬莱岛。"（《刘行简见借诗稿以长句归之》）。刘一止《访石林》诗云："山竹不用瘦藤扶，度石穿云意自徐。夜过西岩投宿处，满身风露竹林疏。"就是反映其诗风的代表之作。通过描摹诗人拜访好友叶梦得石林精舍途中所见之景，借景抒发轻松自然的心情。"意自徐"竟来自山行时的"度石穿云"，在冒着清风霜露的夜色中，那种林影晃动、漏月满地的情境无不是醉人的美景。叶梦得与一止交游较多，对刘一止的为人处世也十分欣赏，在议论当朝杰出人物时，他以一止为"第一流"，论其诗亦亟为叹服，至称："世间久无此作矣。"

刘一止还善作趣诗，其偶作一首拆字诗为《志士心未已》，用语机警，蕴意妙趣横生，实为诗中雅趣小品。诗云：

> 日月明朝昏，山风岚自起。石皮破仍坚，古木枯不死。可人何当来，意若重千里。永言泳黄鹤，志士心未已。

诗人极善借用汉字特殊建构，巧妙构思，既为文字游戏，又借诗寓意，充分展现其擅长描绘自然景色，抒发内心情怀的才气。此诗读来通达顺畅，意蕴呵成一气，予人以清新通透之感，尤其是末句"志士心未已"又以诗言志，表达永远不息的效国之心，实是妙笔。

刘一止的长短句在词坛上影响更为深远。韩元吉状云，刘一止"乐府亦尽在其妙，京师市人者，纸为之贵"。能够做到"京都纸贵"，想必古今文坛上也没有几人。刘一止词意境高远、情景交融，非常善于借景抒情，一首《喜迁莺·晓行》就足以让他声名远扬：

晓光催角，听宿鸟未惊，邻鸡先觉。迤逦烟村，马嘶人起，残月尚穿林薄。泪痕带霜微凝，酒力冲寒犹弱。叹倦客，悄不禁重染，风尘京洛。

追念人别后，心事万重，难觅孤鸿托。翠幄娇深，曲屏香暖，争念岁华飘泊。怨月恨花烦恼，不是不曾经著。者情味、望一成消减，新来还恶。

词人以冬日的一个凌晨为特定时间点，远行人凝泪惜别亲人，那种难以割舍的情怀聚上心头，又寄托到了眼前的一景一物，晓光、号角、宿鸟、鸣鸡、烟村、嘶马、残月、泪痕、浓酒等，件件寒心、事事伤神，无不令人断肠。比起温庭筠的"鸡声茅店月，人迹板桥霜"更显孤寂和清冷。下阕写人别后之万重心事，又无从传达，深闺佳人的无尽遥想与词人飘泊流离的寒酸生活并题，更是表达了厌烦了行旅生活的远行倦客的内心世界。该词前绘拂晓时行途景色，后写怀人心境，前因后果，情景水乳交融，结合得精彩传神。刘一止写景善于抓住字眼，以"烟"点晨雾，以"霜"点晓行，动静有致，许昂霄《词综偶评》评曰："'宿鸟'以下七句，字字真切，觉晓行情景，宛在目前，宜当时以此得名。"《词诂》也云："前半晓行景色在目，虽不复竹山之上，正是雅词。"此词其时盛为流传，"刘晓行"雅号因此而生。

刘一止年轻时作词则更显一般豪迈之气，《踏莎行·游凤凰台》一开头"二水中分，三山半落"，借李白《登金陵凤凰台》"三山半落青天外，二水中分白鹭洲"之句，干脆利落，言简意赅，引出"风云气象"之意境，抒发少年通透辽阔之胸怀。"六代豪华，一时燕乐。从教雨打风吹却。"即感叹历史的无情，岁月的流逝，伤感之情只是一闪而过，"与君携酒近阑干，月明满地天无幕"，在那个月明星稀的晚上以酒壮情，举杯畅饮，凭栏阅景，无比畅快的心情一览无余。

刘一止曾因被诬祖护李光而遭贬，而事实上，李光与刘一止确实同怀报国之志，对秦桧等当权者的误国之恶深怀不满。在李光遭遇贬职路过严子陵之时，刘一止前往送行，李光作《水调歌头·兵气暗吴楚》致意，刘一止旋作《水调歌头·和李泰发尚书泊舟严陵》回赠，"北望旄头无际，杀气遥昏楚甸，云树失青巷"，那种为国家命运处于危难而焦急的情绪袒露无遗。同时，面对失意的好友，他又是故作轻松地予以劝慰，"醉入无何境界，却笑昔人底事，远幕白云乡"，上下片强烈之反差，更显词人意味深长之愤懑之情。

刘一止为文更为人所称叹，其文思维缜密，用词遣句均经过深思熟虑，"为文章推本经术，出入韩柳，不效世俗，纤巧刻琢，虽演迤宏博，而关键严备"（《阁学刘公行状》）。刘一止一生作了大量的制诰、策论、墓铭等等，无不精心制作，繁简有致、传情达意。故一时之间，"乡人士大夫葬其父祖，得公志墓乃以为荣"，乡人有求，刘一止都是畅快应承。

在起居郎任上，刘一止勤勉从政，仅在任百日，即已制作大量的制诰，出手之快，令人刮目。"其为制诰，明白有体，丽而不俳。虽书诏填委，一日数十，倚马辄办"，官差不用下马，立等诏书，实亦为奇也。刘一止作制不为辞藻华丽、虚情溢美、怒邻骂坐，只求文辞达意，因此不仅普通百姓争相传诵，就连当朝皇上都曾经"叹赞不已，至手书之"。可见其文才之高。

刘一止不仅善诗文，还工写墨竹，王洋（1087—1154）的《刘行简以自题所画墨竹诗见示依韵和之》对刘一止的墨竹画赞赏有加，云"如翁须著第一流，艺能饱胜三千秋"。其《又题琳师房刘行简给事墨竹》更加直接地给予赞美，以"独嫌纳腹未可尽，更为挥毫写清峻"、"何以先生日照盘，更看婵娟势飞动"表示感叹。岳珂（1183—1240后）得刘一止一幅十行行书作品，欣喜至极，也曾作《刘行简前日帖赞》记之："情叶事之宜，笔力亦称之。虽得于歙水之湄，然望而识其为苕溪也。"

刘一止的书画爱好，也与他乐观无忧的天性密切相关。他曾以自己的切身感受教诲子女："吾平生通塞，听于自然，惟机械不生，故方寸自有乐地。"无欲无求，乃为人生最高境界，正是他的这种冲淡寡欲的情怀，方使他游戏于翰墨而自乐。

韩元吉《阁学刘公行状》云，刘一止"有类稿五十卷，藏于家"。《宋史·刘一止传》也称"有类稿五十卷"，《宋史·艺文志》则记"刘一止《苕溪集》五十五卷"。而韩元吉之子韩《涧泉日记》云："先公出入其门，为作行状，号《苕溪先生集》，刊行于世。"以上各记，书名、卷数均不一致。

《文献通考·经籍考》卷 66 则引陈振孙《直斋书录题解》作注，云："《非有斋类稿》五十卷"，并注："陈氏曰：给事中吴兴刘一止行简撰。宣和三年进士，居琐仅百余日，忤秦桧罢去。闲居十余年，以次对致仕。桧死，被召，力辞，进杂学士而终，年八十二，实绍兴庚辰。"

从以上可见，名《非有斋类稿》者为 50 卷本，见于《宋史》卷 378 本传，及韩元吉《行状》；名《苕溪集》者为 55 卷本，首见于《宋史》卷 208《艺文志》。后者多出五卷，内容分别是"墓铭""杂著""乐章""刘公行状""告词"，其中卷五二"杂著"末有其子刘峦题记：

> 右二文乃先公八十三岁时作，尝语子孙："此文入石，吾不及见矣。"是年季冬捐馆，如前云，故表于此卷。孤峦泣血谨书。

以此推断，后五卷应均为刘峦辑补，而从刘一止与语可知，《非有斋类稿》当为其生前编就，因有遗文未收，故有"此文入石，吾不及见矣"之说，先有《类稿》，后为《苕溪集》，乃这区别卷数而改。因《苕溪集》裒集更全，刊行也更晚，故更容易流传，以至今见均为《苕溪集》，而未见《类稿》原貌。

从《宋史》可见，《苕溪集》刊本宋代已经行世，而从后代各种书目来看，元明两代均无新刊本，见于书目者应仍为宋本。有以下书目著录：

《文渊阁书目》卷九："刘行简《苕溪集》一部十二册，全。"

《内阁书目》卷三："《苕溪集》十册，全。……凡五十五卷。又十一册，全。"

《竹堂书目》卷三："十二册"。

《江阴李氏得月楼书目摘录》。

《绛云楼书目》卷三：五十五卷。

至清代，已经却不见刊本流传，书目所记均为影宋钞本，据《宋人别集叙录》考记："今大陆各图书馆著录清钞本凡十七部，台北'中央图书馆'旧抄本二部，皆为《苕溪集》五十五卷。"《四库》采用的为鲍士恭家藏本，提要云："前有曝书亭印记，盖朱彝尊家旧钞。"丁丙《善本书室藏书志》卷二十九亦云："世之传钞，皆本于朱氏曝书亭，各旧钞本于卷七均脱诗二十一题三十三首，行格均为每半叶十行二十字"，可见各本均同出一源，一误皆误。

宣统三年（1911），朱祖谋得丁丙之传钞本，请由沈耀勋（杏野）付梓刻印刊行，为今存唯一之刊印本。该本每半叶十二行二十二字，黑口，左右双边。因脱漏讹误极多，傅增湘于1926年用璜川吴氏旧藏钞本对校补遗，改补佚语言讹字达689字，并作《苕溪集校本跋》记述。

今选用底本为线装书局出版之四川大学古籍研究所《宋集珍本丛刊》影印本。两者比勘，《四库》本钞写精良，该清钞本较为潦草，然《四库》本卷四十八《宋故敦武郎知麟州建宁寨累赠太师秦国公物公墓碑》自"星驰斛之"至"每从魏公"共计400余字与下文《刘夫人墓碑》错简，而清钞本不误。其他与四库本差异也较多，以上下文及旁引资料相校，此本正确率较高。

天一阁的藏书制度及借阅史实考

天一阁于明代嘉靖四十年（1561）由范钦所造，至今已屹立四百余年，为中国保存了大量珍贵古籍，历来褒扬有加。然而流传下来的关于其管理制度方面的文字表述，如"书不借人，书不出阁"等，在学界中有颇多否定，以至将其当成了中国古代私人藏书楼乃至全部藏书楼吝惜藏书不外借的典型，倘遇批判中国藏书楼之封闭落后愚昧时，则必提之，以为事有确证。

然细看那些批判性文字之引文多有节略，或断章，或截文。是故欲全面而精确地理解文字表述之意义，须追溯原文。关于天一阁制度的描述文字，现掌握的最早文献为清代阮元《宁波范氏天一阁书目序》一文："余闻明范司马所藏书，本之于丰氏熙、坊。此阁构于月湖之西，宅之东。墙圃周回，林木荫翳，阁前略有池石，与阛阓相远，宽闲静谧。不使持烟火者入其中，其能久一也。又司马没后，封闭甚严。继乃子孙各房相约为例，凡阁橱锁钥，分房掌之。禁以书下阁梯，非各房子孙齐至，不开锁。子孙无故开门入阁者，罚不与祭三次；私领亲友入阁及擅开橱者，罚不与祭一年；擅将书借出者，罚不与祭三年；因而典鬻者，永摈逐，不与祭。其例严密如此，所以能久二也。夫祖父非积德则不能大其族，族大矣而不能守礼读书，则不肖者多出其间。今范氏以书为教，自明至今，子孙繁衍，其读书在科目学校者，彬彬然以不与祭为辱，以天一阁后人为荣，每学使者按部必求其后人优待之。自奉诏旨之褒，而阁乃永垂不朽矣。其所以能久者三也。"① 为便于较为全面地理

---

① （清）阮元：《宁波范氏天一阁书目序》，《揅经室集》二集卷7，《四部丛刊》清道光本。

解文意，此处所引原文较长。

　　阅读此段文字，不难理解，阮元认为天一阁藏书楼能够长久保存下来的原因有三：一是建筑结构，二是严格的入阁制度，三是族人自律。然而出人意料的是，后人竟择出零星文字，当作鞭挞以天一阁为代表的中国古代私人藏书楼乃至于全部藏书楼的一个显例。殊不知古人的言论，全不是为批评，而是衷心地赞誉范钦及天一阁保存了大量珍贵文献古籍的不朽功绩。

　　关于天一阁制度的记载，尚未得见范氏之有正式文字留存，除阮元文字外，亦仅见数人之零星描述。

　　清沈叔埏（1736—1803）："范氏之守世书也，余尝求其故而不可得。或曰其家奉司马公遗训，代不分书，书不出阁。有借钞者，主人延入，日资给之，如邺侯父承休，聚书三万余卷，戒子孙，世间有求读者，别院供馔是也。或曰，阁扃鐍惟谨，司马后人分八九宅，各司其管，一管不至，阁不能开，借书者以为难，书得不散。"①

　　清石韫玉（1756—1837）："而宁波范氏天一阁藏书，自明至今，岿然独存，其守之必有道焉。子弟虽多，产可析，而书不可析，键其户，必子孙群集，然后启，虽有显者不借。此范氏藏书之法也。"②

　　清张鉴（1768—1850）："其阁之久远而已。阁一直七架，左一稍杀，置桃以登，即所谓天一生水也。阁非至戚密友不易至。至者，先告于其家主阁者，至期，启阁，则有人焉；登桃，则有人焉；启柜，则有人焉……"③

　　清陆以湉（1802—1865）："宁波范氏天一阁，藏书凡五万三千余卷。阁在月湖之西，宅之东，墙圃周回，林木葱翳，与阛阓相远。明嘉靖中尧卿少司马钦归田后构以藏书。其异本得之丰氏熙坊者为多。书藏阁之上，通六间为一，而以书橱间之。其下仍分六间，取天一生水地六成之义。司马殁后，子孙各房，相约为例，凡阁厨锁钥分房掌之，禁以书下阁梯，非各房子孙齐至不开锁。子孙无故开门入阁者，罚不与祭

　　① （清）沈叔埏：《书天一阁书目后》，《颐彩堂文集》卷9，清嘉庆二十三沈维鐈武昌刻本。
　　② （清）石韫玉：《凌波阁藏书目录序》，《独学庐稿》四稿卷2，清写刻独学庐全稿本。
　　③ （清）张鉴：《冬青馆集》，甲集卷四文一，民国吴兴丛书本。

三次；私领亲友入阁及擅开厨者，罚不与祭一年；擅以书借出者，罚不与祭三年；典鬻者永摈逐不与祭。乾隆间诏建七阁，参用其式，且多写其书入四库，赐以《图书集成》。嘉庆间阮文达公巡抚浙江，命范氏后人编成目录，并金石目录刻之。自明嘉靖迄今三百余年，遗籍常存，固由于遭遇之盛，抑亦其立法严密，克保世泽于勿替，宜名垂不朽，为海内藏书第一家也。"① 此处当与阮元文同源。

以上关于天一阁制度的文字，其核心内容未出阮元所述。这些制度是范钦在总结藏书楼历史教训的基础上所制定，正是制度谨严与执行严格保证了天一阁书籍及楼体的长久存在。其保存时间之久，为中国藏书史及藏书楼史上所仅见。

正因天一阁藏书之法带来的效果之佳，令后人印象深刻，故在建设藏书楼时纷纷仿效，或参考其建筑设计，或学习其藏书制度，乾隆帝建设四库七阁参照天一阁的做法已广为人知，其他亦为数众多：

清阮元建焦山藏书，条例仿范氏："一，书既入藏，不许复出，从有翻阅之人，照天一阁之例，但在楼中，毋出楼门，烟灯毋许近楼，寺僧有鬻借霉乱者，外人有携窃涂损者，皆究之。"②

瞿鸿礼谓陆心源守先阁仿范氏规："陆心源……光绪八年，曾于县属之仁寿铺地方建阁五楹，储书一万余卷归公，仿范氏天一阁例，许好古者就阁借钞。已由该府县通详在案。"③

芜湖尊经阁"会两江总督南皮张公批牒准行，先效金陵苏州局刻书以为之倡。于是俾教谕王君呈祥司其局鐍，院中诸生得以序挐览节钞，经持其性灵，该洽其闻见。用天一阁例，但不准携本出院门一步，以防散佚。而山长汪先生董其成焉"④。

不仅以上诸种文字在描述天一阁制度时所持态度是正面积极的，检索明清时期学人对于天一阁的评价，基本为同一基调，赞誉之情溢于言表，如：

钱大昕《题范氏天一阁》："天一前朝阁，藏书二百年。丹黄经次

---

① （清）陆以湉：《天一阁》，《冷庐杂识》卷7，清咸丰六年刻本。
② （清）阮元：《焦山书藏记》，《揅经室集》三集卷2，《四部丛刊》景清道光本。
③ （清）朱寿朋：《东华续录》（光绪朝），光绪八十九年，清宣统元年上海集成图书公司本。
④ （清）袁昶：《尊经阁记》，（民国）《芜湖县志》卷18，民国八年石印本。

道，花木陌平泉。聪听先人训，遗留后代贤。谁知旋马地，宝气应奎躔。"①

　　钱泰吉《跋甬上范氏集古印谱》："若天一阁之碑、之书，藏弆三百余年，为海内巨观。今览其目录，亦恐如子宣书帖之亡也忽焉。呜呼！岂独范氏一家之厄也哉？近闻天一阁书完守无恙，亦幸事也。冬日附识。"②

　　阮元《宁波范氏天一阁书目序》："海内藏书之家最久者，今惟宁波范氏天一阁岿然独存。"③

　　细察之下，可见诸多评价多集中于其书与阁能长久保存这一点，为中国文化留下诸多珍贵遗产。

　　由上述文字可知，前人即使评论范氏藏书"不借人"，后文也随之赞誉其以此方法保全了书籍，使书楼与书籍存世数百年而不毁。且此"不借人"之法，从文意看应是指书籍不可携带出书阁，即今人所言"不能外借"之意，并非如部分学者所言的"不能借阅"之意。可见上下文语境对于文辞的理解至为重要，不可离开前言后语断章取义。且"借"字的古今语义衍变也导致学界理解之分歧。古人之言"不借人"核心意义为"不外借"，实为读者可在阁内阅览而不可将书籍携带出阁；今人之言"借阅"包括"借"与"阅"两个相关的连续性行为。古之"借阅"则为"假借别人书籍得以阅览"，并不包括"携走"之义。

　　其实，深挖文献，可以知晓范家对于求书者的态度颇好，往往以盛情待之，如：

　　胡文学记述："适余选里中耆旧诗，公曾孙光燮为余扫阁，尽开四部书，使纵观。因得郑荥阳、黄南山、谢廷兰、魏松云诸先生集诗。"④范光燮"扫阁"待客，可见范家盛情；"尽开""使纵观"，可见范家之热心与大度。

---

　　①　（清）钱大昕：《题范氏天一阁》，《潜研堂集》诗续集，卷4，清嘉庆十一年刻本。

　　②　（清）钱泰吉：《跋甬上范氏集古印谱》，《甘泉乡人稿》卷4，清同治十一年刻光绪十一年增修本。

　　③　（清）阮元：《宁波范氏天一阁书目序》二集卷7，《四部丛刊》景清道光本。

　　④　（清）胡文学：《甬上耆旧诗》卷17，清文渊阁四库全书本。

　　"四明范侍郎天一阁藏书，名重海内久矣。其藏弆碑刻尤富，顾世无知之者。癸卯夏，予游天台道出鄞，老友李汇川始为予言之。亟叩主人，启香厨而出之，浩如烟海，未遑竟读。今年，予复至鄞，适海盐张芑堂以摹石鼓文寓范氏。而侍郎之六世孙苇舟，亦耽嗜法书，三人者晨夕过从，嗜好略相似。"① "亟叩主人，启香厨而出之。" 可见对于钱大昕来请，范家并未怠慢，而是很快开橱让其观阅。

　　"范菊翁、李渭川、卢月船、范莪亭、卢东溟，招饮天一阁，观藏书。"② 此为钱维乔所作一诗之引言，可知范家引友朋观览藏书，甚至宴饮待之。

　　再者，许多人所抄写书籍，或为当世珍本，或数量庞大，并未有人记录范氏或有吝惜之色。如：

　　清丁丙记："《新编姓氏遥华韵》九十八卷，扬州阮氏钞天一阁本。"③

　　清潘祖荫记："《后村集》，文胜于诗，然诗亦有新隽不可到处，在读者分别求之耳。世所传本多六十卷，张月霄从天一阁钞得一百九十六卷，为《后村大全集》。"④

　　清陈寿祺记："其后邺词，则取于余所录天一阁大全集，多至百三十余首，盖诸家所未及见，亦足征网罗之富矣。"⑤

　　清顾广圻记："柯溪居士得《夏竦集古文韵》钞本，首有绍兴乙丑齐安郡守晋陵许端夫序，以其与乾隆间歙人汪启淑刻本迥乎不同，属余审定。余案英公此书，从前甚秘，近因汪刻，遂得颇行，汪所据者景写北宋本也，而此乃南宋本，未经重刊，故见者绝少，唯全谢山从天一阁借钞。"⑥

　　事实上，若不惮烦，搜检文献，可发现历史上受益于天一阁藏书的学者之多令人讶异，仅目前得见于清代文献记载的登阁者或假他人抄得

　　①　（清）钱大昕：《天一阁碑目序》，《潜研堂集》文集卷25，清嘉庆十一年刻本。

　　②　（清）钱维乔：《竹初诗文钞》，《诗钞》卷13，清嘉庆刻本。

　　③　（清）丁丙：《善本书室藏书志》卷20，清光绪刻本。

　　④　（清）潘祖荫：《滂喜斋藏书记》卷3集部，清末刻民国增修本。

　　⑤　（清）陈寿祺：《左海文集》卷6，清刻本。

　　⑥　（清）顾广圻：《题钞本集古文韵癸未》，《思适斋集》卷14题跋，清道光二十九年徐渭仁刻本。

书籍者即近60人，他们是：陈石琴、陈寿祺、丁丙、东海先生、董沛、冯古椿、冯某、何焯、何凌汉、何绍基、何松、胡文学、黄群、黄冈张学使、黄宗羲、璜川吴氏、江珧柱、姜炳章、李渭川、卢月船（名镐字配京）、范莪亭、卢东溟、钱维乔、李邺嗣、厉樊榭、凌廷堪、罗正季、缪荃孙、梅谷主君、潘衍桐、彭元瑞、钱大昕、秦瀛、全祖望、任宏远、阮元、沈家本、孙星衍、陶元藻、万祖绳、汪照、翁方纲、杨文骏、姚鼐、徐石客、姚佺（山期）、葛世振（字仞上号同果）、董次公（天鉴名守瑜）、万考叔、张鉴、张芑堂、张月霄、赵怀玉、郑耐生、张秋水、夏闰枝、戚学标等。其中不乏大家熟知的黄宗羲、阮元、全祖望、钱大昕、潘衍桐、缪荃孙、沈家本、姚鼐等名人。此名单中有大量为虞浩旭著《历代名人与天一阁》一书所未记者，若将二者合一，则今之所知受益于天一阁藏书者已近百人。尚未知者又有几多？

黄宗羲登阁被后人认为是开启了天一阁久封大门的破天荒行为，有些学人为了证明范氏作为私人藏书家的慎重心理，特别将黄宗羲登阁的行为细节又添加了一些想象。事实上，范氏对于来鄞请求观书者之宽容定能令那些批评者惊掉大牙，有的人为了抄书，甚者竟至于长期吃住于主人家，有的人多次登阁抄阅，有的数人结伴而来，而范氏并未显现出吝惜之态。

长期住下抄阅书籍，如：

"蠹斋先生《铅刀编》三十二卷抄本，宋周孚信道撰友人解百褕伯时编集……某氏手跋曰，《铅刀编》三十二卷，海内藏书家概不见，东海先生过访天一阁范氏所藏有宋椠本，登阁影抄，四旬始竟，携归，过予斋头，余即欲传抄，不克是愿。今忽三十余年，先生已归道山，抚卷感往，不胜凄怅，聊书数语于首，以为后人珍重之意。"①东海先生竟至于花了四十天待在天一阁影抄《铅刀编》。

"适海盐张芑堂以摹石鼓文寓范氏"②。"寓"即"居住"之意，张芑堂为了摹石鼓文也是住在了范家。

有的人多次登阁观览书籍，如：

钱大昕"亟叩主人，启香厨而出之，浩如烟海，未遑竟读。今年，

---

① （清）陆心源：《皕宋楼藏书志》卷86集部，清光绪万卷楼藏本。
② （清）钱大昕：《潜研堂集》文集卷25，清嘉庆十一年刻本。

予复至鄞，适海盐张芑堂以摹石鼓文寓范氏"①。

钱维乔多次登阁，留诗《偕同人再登天一阁观藏书并披阅金石文，仍用集禊帖诗原韵》②。

阮元至少两次登临天一阁，"范氏天一阁自明至今数百年，海内藏书之家，惟此岿然独存。余两登此阁，阁不甚大，地颇卑湿，而书籍干燥，无虫蚀，是可异也"③。

赵怀玉"又至范氏天一阁，抄其阙者补之。"④

张鉴"又尝因海上之役，两登天一阁。其一仅阅宋拓石鼓文，恩恩即返。翌日，歙凌仲子至，邀重登，检阅唐宋人集十余种，胡身之注《通鉴》，即近江西本所自出。"⑤

"姜炳章，字石贞，号白岩，馆于郡城，尽读范氏天一阁藏书，所学极博。"⑥ 姜炳章竟能将天一阁书籍读完，或有夸张，但是由此可知其登临天一阁之频繁。

而全祖望前后数十年屡次登阁观书、抄书不辍。

全祖望《宋忠臣袁公祠堂碑铭》记载："少时，从天一阁范氏得见袁尚宝公所刻《先进士忠义录》。其中有蒋教授景高所作传，较详于旧志。及自京师归，求是书于范氏，则无有矣。近忽从董氏得之，惊喜。……"⑦

"雍正元年癸卯先生十九岁。先生尝再登天一阁借书，当始于是时。"⑧

"乾隆三年戊午，先生三十四岁，侍两尊人家居，冬丁太公艰。先生既归，侍庭闱有间，益广修枌社掌故，并桑海遗闻，著作日富。重登天一阁，搜括金石旧拓，编为天一阁碑目，又为之记。又钞黄南山仪礼、戴记附注四卷，王端毅公石渠意见，皆阁中秘本，世所仅见者。又

① （清）钱大昕：《潜研堂集》文集卷 25，清嘉庆十一年刻本。
② （清）钱维乔：《竹初诗文钞》，《诗钞》卷 14，清嘉庆刻本。
③ （清）阮元：《定香亭笔谈》卷 2，清嘉庆五年扬州阮氏琅嬛僊馆刻本。
④ （清）赵怀玉：《亦有生斋集》文卷 2 序，清道光元年刻本。
⑤ （清）张鉴：《冬青馆集》甲集卷 4 文一，民国吴兴丛书本。
⑥ （清）周春：《耄余诗话》卷 8，清钞本。
⑦ （清）全祖望：《宋忠臣袁公祠堂碑铭》，《鲒埼亭集》卷 23 碑铭，四部丛刊景清刻姚江借树山房本。
⑧ （清）全祖望：《全祖望年谱》，清嘉庆九年史梦蛟刻本。

编曹远思葬杨氏忠烈录。"①

更有多人搭伴登阁的，如：

《跋围令赵君碑旧拓本》："道光壬辰春仲，先文安公按试宁波，余随侍，登范氏天一阁，见此碑及刘熊碑。"② 此文所记为何绍基陪同其父亲何凌汉登阁浏览。

"十六日，先生同陈石琴、张秋水，登范氏天一阁。"③ 此文所记为凌廷堪与陈石琴、张秋水同登阁。

"内兄夏闰枝太守署宁波府，去秋到任。荃孙欲访天一阁，闰枝与范氏定约三月十八日开阁观书，遵旧例也。"④ 此文所记缪荃孙与妻舅夏闰枝相约登阁。

清钱维乔诗《范菊翁、李渭川、卢月船、范莪亭、卢东溟，招饮天一阁，观藏书，即席索和》⑤，所记为钱维乔与好友李渭川、卢月船、范莪亭、卢东溟等人同登阁观书。

清全祖望作诗《丁酉小春同姚山期、葛同果、万考叔、董次公天鉴、徐石客，集天一阁，和姚韵》⑥记全祖望与姚山期、葛同果、万考叔、董次公天鉴、徐石客等人集聚于天一阁。

《天一阁碑目序》："亟叩主人，启香厨而出之，浩如烟海，未遑竟读。今年，予复至鄞，适海盐张芑堂以摹石鼓文寓范氏。"⑦ 此文所记钱大昕与张芑堂在阁中相遇。

还有请他人代为抄书者，如：

吕留良《与万祖绳书》："天一阁中闻有袁清容桷、戴剡源表元表集，为刻本所无者，并望为弟全抄见寄。"⑧ 吕留良请万祖绳代为抄写天一阁书。

"吾友马氏嶰谷半查兄弟……而遽罢官，归途过之，则属予钞天一

① （清）全祖望：《全祖望年谱》，清嘉庆九年史梦蛟刻本。
② （清）何绍基：《跋围令赵君碑旧拓本》，《东洲草堂文钞》卷8题跋，清光绪刻本。
③ （清）张其锦：《凌次仲先生年谱》卷4，民国安徽丛书本。
④ （清）缪荃孙：《艺风老人年谱》，民国刻本。
⑤ （清）钱维乔：《竹初诗文钞》诗钞卷13，清嘉庆刻本。
⑥ （清）全祖望：《续耆旧》卷63思旧馆八子之二，清樵湖草堂钞本。
⑦ （清）钱大昕：《天一阁碑目序》，《潜研堂集》文集卷25，清嘉庆十一年刻本。
⑧ （清）吕留良：《与万祖绳书》，《吕晚村先生文集》卷2。

阁所藏遗籍，盖其嗜书之笃如此。"① 全祖望代马氏兄弟入阁借抄。

《崇文书目跋》："《崇文总目》六十六卷，予求之四十年不得，归田之后，闻四明范氏天一阁有藏本，以语黄冈张学使按部之日，传抄寄予，展卷读之，祇有其目。"② 朱彝尊请张学使代为抄写。

纵观以上文献，可以发现，天一阁的对外借阅，每一次均严格遵守了书不出阁与烟火不进楼之祖训。但是在诸多已发现的资料中，对于各房子孙数把钥匙须同时凑齐才能开门登阁的规制未见有所记录。或许，范家为了方便别人借阅，亦在遵守祖制方面有所变通。这更加说明了范家并非顽固保守的藏书之家，被后人当作封闭保守的典型，何其冤哉！

至少目前尚未能见到有文献记载范氏拒绝他人观阅誊抄的例子。可以肯定的是，更多的登阁者为文献所不载，更多记录登阁的文献为今所不得见，现在所能知晓的仅仅是其中一部分。作为私家藏书，能做出这样的开放行为，已经相当难能可贵了，其并无公共图书馆之职责，何至于诸多学人未加细究，或断章取义，或人云亦云，谴责其封闭呢！即便现今世界级大型公共图书馆，面对所藏的珍本孤本，也尽显敝帚自珍之心态，不轻易示人吗？

晚清学者志刚游历西方参观私立学校图书馆时说："同治七年……闰四月……初七日，观书院。本地富人古博尔者，老而无子，乃竭产独力建造大书院，凡西国所应学者，区以别之，各有教师，又各有学习之所。藏书之室，镕铁为架，倚壁成城，择人专司，许观不许借，略同宁波天一阁之制。可谓善用其富者矣。"③ 同治七年是公元 1868 年，此时西方图书馆的开放性为中国学者所敬仰，视为中国藏书楼封闭性的对照。而志刚却认为此时西方的学校图书馆借阅制度略同已建成达 300 余年的天一阁之制度，此评价在一片否定中国藏书楼开放性的论调中，可谓不凡。

为天一阁正名，亦为中国藏书楼正名！

---

① （清）全祖望：《蘘书楼记》，《鲒埼亭集外编》卷 17 记，清嘉庆十六年刻本。
② （清）朱彝尊：《崇文书目跋》，《曝书亭集》卷第四十四记，四部丛刊景清康熙本。
③ （清）宜垕编：《初使泰西记》，清光绪小方壶斋舆地丛钞本。

湖州发现西洋人物铜饰牌小考

湖州发现的西洋人物铜饰牌描绘的是希腊罗马神话中爱神与美惠三女神的形象，人物的服饰打扮亦属经典罗马风格，通过对铜牌工艺细节和风格特点的分析判断，该铜牌为文艺复兴之后制作的可能性不高，而其所带字母铭刻虽不能判断含义亦与古罗马时代好于钱币徽章之类器物上题留字母缩写的习惯一致，尽管目前尚不能确定其性质，但亦是湖州作为海上丝绸之路重要节点之物证。

一　铜饰牌的发现与初步考证

2017 年 9 月，笔者于湖州某古玩店发现西洋人物铜饰牌一块，据店主介绍得于湖州骆驼桥附近，因考虑到该标本在湖州对外交流史上的特殊意义，故搜集图像数据，特撰小考一篇以介绍之。

铜饰牌高约 8 厘米，宽约 15 厘米，厚约 5 毫米，青铜质，外表有锈蚀，正面（图 1）以浮雕工艺塑造了四位牵手并行的西洋仕女，背面（图 2）平夷无纹，左起第二、第四位人物背面中央钻有小孔，故其功能可推测为镶嵌饰物，另左起第二位人物背面钻孔旁有极细小的圆形戳印一枚，直径约 4 毫米，戳记内纹饰已因锈蚀缘故难以辨认，又有浅刻字母列于孔旁，经仔细辨认为大写"LIS"三字母，因无相关意义可循，故推测为某种概念之缩写。

由于国内介绍此类器物的资料较少，因此相关的考证工作开展难度较大，但尚有国外博物馆已开放的资料可供参考，使笔者大致可以确定该标本的内涵性质与风格归属。首先，从人物形象上看，该标本左起前

图 1

图 2

三位人物均梳前额有卷髻，脑后盘有圆髻，颈部没有发束或发辫垂落的发式，服装也面目统一，均着一种扭结成绳状缠绕于身的特殊衣物，彼此联系似乎较为密切，而右起第一位人物的发式与她们有明显区别，脑后垂有较为明显的发束或发辫，服装的搭配方式与左起三人亦不相同，由此可知，该人物虽与左起三人有密切关系，但等级或地位似有差别。了解了这一点后，笔者通过查找相关资料后得知，铜饰牌描绘的应为希腊罗马神话中爱神与美惠三女神的形象。

　　爱神阿芙洛狄忒为希腊神话重要神祇之一，古罗马人称维纳斯，因其本身是爱与美的化身，故历来就是艺术家热衷刻画的主要题材之一，而美惠三女神为天神宙斯与海洋女仙欧律诺墨之女，亦有称其为酒神狄俄尼索斯与阿芙洛狄忒，或日神赫利俄斯与花园女仙艾格尔之女者，在希腊罗马神话中地位低于爱神，常以其随从的身份出现，但由于其本身亦是人间美丽与欢乐的象征，因此艺术家们亦乐于将她们与爱神一同描绘于作品之中，如文艺复兴早期巨匠波提切利就以善于表现爱神与美惠三女神闻名，留下了《春》《维纳斯和美惠三女神向少女馈赠》等名作。在铜饰牌中，右起第一位地位特殊者左手高抬，手指深扣并端执着一件扁圆形盔状物体。在希腊罗马神话中，爱神诞生自贝壳之中，故此扁圆形物当为贝壳无疑，由此可见，笔者以铜饰牌中四人为爱神与美惠三女神的判断应该是没有问题的了。

二　从铜饰牌人物服饰特点出发的考察

了解了铜饰牌的文化内涵后，对其风格和年代进行考证就成为接下来的任务，而这一任务必须依赖对人物服饰的考察方能完成。在这件标本中，美惠三女神均梳一种前额有卷鬓，余发在脑后扎拢成圆髻的发式，这种发式据说为奥古斯都之妻利维亚首倡，并迅速成为贵族妇女间流行的一种时尚，在大英博物馆馆藏的奥古斯都之子提比略铸造的钱币中，利维亚就以这种发式出现（图3①），而爱神的发式，则与罗马帝国后期流行的一种额前保留卷鬓，垂发梳成卷辫的形式极为接近，总而言之，铜饰牌所体现的头发式样，应该是符合古罗马女性贵族时尚需求的。

图3

对于服装的考察也大致可以得出类似的结果。在古罗马时代，女性多内穿被称为丘尼卡的内衣，外穿名为斯托拉的长袍，如有需要，则在

---

① http://www.britishmuseum.org/research/collection_online/collection_object_details/collection_image_gallery.aspx? assetId=648759001&objectId=1301677&partId=1.

斯托拉之外加罩一种称为帕拉的衣物，这种特殊外衣"是一块大约 9 英尺长 5 英尺宽的长方形麻织物或毛织物。在不同时期，穿着帕拉的方式也各种各样"①，绕身后或搭与肩上，或罩于头顶，或垂于手臂，没有固定的穿着模式（图 4②）。在标本中，缠绕于美惠三女神身躯，以及覆盖与爱神胸前的应该就是这种衣物。值得注意的是四位人物所穿的帕拉都以相近的方式扭结成辫状穿过前胸间，而这种特殊的着装方式恐怕在普遍流行罩衣的西方亦不常见。2009 年，著名的庞贝城文物曾在中国国家博物馆展出，其中一件伊西斯女神雕像就采用了这种结扎衣物的方式（图 5），可见这一特殊的时尚亦是古罗马服饰文化的组成部分之一，因此大致可以判断，湖州出土铜饰牌所反映的服饰，应属古罗马时代款式。

图 4

图 5

---

① 吕建萍：《古罗马服饰的社会文化研究》，硕士毕业论文，上海师范大学 2008 级，第 15 页。

② http；//www.bible-researcher.com/headcoverings3.html.

三 对铜饰牌制作年代的深入分析

尽管铜饰牌所透露的文化内涵和时尚信息均反映了其与罗马帝国存在密切关系，但由于古罗马文化影响深远，在拜占庭帝国时期、文艺复兴时期乃至当代艺术品中均有模仿者存在，故前文的研究对铜饰牌的年代判断仍难有决定性的帮助，鉴于文物鉴定工作的严谨和客观知识面的局限，笔者也仅能提供大致的思路以供参考。

首先，铜饰牌中间两位人物背面头顶残留有椭圆形青铜垫片痕迹（图6）。在利用硬质模范铸造青铜器时，工匠往往在模范型腔安置垫片调整器物厚薄，而这些垫片本身也为铜质，型腔内灌注铜液后即与器物相连，而铜饰牌背面残留的垫片痕迹说明，该标本采用了经典的古代范铸工艺制作，而非近代产品。

图6

另外，铜饰牌所表现的人物五官刻画简约，衣纹褶皱粗犷繁复，这与罗马帝国晚期家庭用小型青铜神像的制作工艺亦大致类似，如大英博物馆藏伊西斯女神小像（图7），不仅工艺酷似铜饰牌，人物衣着风格也与该标本极为接近。当然，前文已介绍，在文艺复兴时期，艺术家出于对古罗马文化的景仰，也有以罗马神话人物入作的，但这种借鉴常常带有艺术家的自由创意，如在波提切利所绘《维纳斯和美惠三女神向少女馈赠》一作中（图8），爱神与美惠三女神中的一位身着斯托拉及帕拉，而另两位女神则穿着不符合罗马风格的中世纪服饰，而受赠的少女更是以文艺复兴时期装束示人，充分体现了这一时期艺术作品仿古而不泥古的特点，故该铜饰牌为文艺复兴时期所作的可能性也不大。

图 7　　　　　　　　　　　　　　　　图 8

　　最后需要强调的是，对于铜饰牌年代的确定来说，标本背面的铭文所起到的作用应该是决定性的，但由于所识有限，笔者对这一缩写的具体含义尚未了然，但可以肯定的是，在罗马帝国时期，此类缩写经常被用于铸币的钱文表示之中，其涵盖的内容亦十分丰富，如 "SC" 为 "Senatus Consultus" 的缩写，意为 "经元老院批准"[①]，又如 "IMP"，为 "Imperator" 的缩写，意为 "最高统帅"[②]，因此在铜饰牌上出现此类缩写，与标本本身反映的时代风格亦是相切合的。

余论

　　通过以上分析可以发现，铜饰牌为现代或近古制品的可能性较低，但仅根据现有证据判断它为罗马时代文物恐怕还是有失偏颇的。由于罗马文化的辉煌和强势，中世纪欧洲艺术家亦有追怀其风格者，另外在西罗马帝国灭亡后，拜占庭帝国的存在也使部分罗马时代的文化信息长久保留，因此铜饰牌年代的最终确定恐怕还要期待可供参考的新资料的发现，但无论如何，它都是古代中国与西方文化交流的见证，也是湖州作为海上丝绸之路重要节点的实物证据。

---

① 李铁生：《古罗马币》，北京出版社 2013 年版，第 12 页。
② 同上书，第 11 页。

近代编

海岛教案："第三域"视阈下的文化排异与和合①

教案冲突是近代中国一大突出的社会问题。是传统向近代转进的过程中外部因子植入古老的中华肌体之后，注定要出现的文化排异反应，也是传统文化价值观在近代岁月中经历的与西学、洋教一次次碰撞、交汇、斗争与和合的开始。清末发生的教案多以冲突始，以中方失败而告终。光绪年间在浙江湖州发生的海岛教案，则堪称以理性、和平手段解决教案冲突的一个典型案例。在整个事件的过程中，地方社会力量——市镇绅商居间发挥了举足轻重的作用。

110 年前的 1907 年春季，和着江南春雨带来的暖意，来自美国南监理会的代表蓝华德、柏乐文与浙江保路风潮中的领袖人物刘锦藻等，经过历时两个昼夜的谈判，在晚清著名藏书家"皕宋楼"主陆心源的私家花园——湖州潜园签订了《浙江湖州海岛案议结合同》。一如美国时任驻华公使柔克义所说，这是一份"和平议结"②。虽然它的签署显得有些姗姗来迟，从案起之 1902 年，到签约之 1907 年，几年光景，反反复复，屡次生变，但终究峰回路转。历史把这段曾备受关注的教案，借助于"他者"的叙事——媒体文本的阐释与传播，将近代地方精英人物活动的地方性及全国性影响存录迄今。通过对这些文本的蠡酌分析，

---

① 按，该文刊于 2017 年，与海岛案时隔 110 年。

② 《美使议结湖州海岛案判词》，《申报》1907 年 5 月 10 日，第四版。

笔者试图从"第三域"①的视阈出发，在介于社会领域和国家范围之间的维度中，建构一种史学的解释。②

一　"海岛教案"相关资料与研究

海岛教案，一称"海岛案""湖州教案"。发生于清光绪二十八年（1902），美国南监理会教士韩明德以低价圈占湖州府城内"海岛"③ 47亩土地，并擅自将圈地范围扩大，结果引发当地绅民抗议浪潮。此案波及范围由湖州、杭州，继而上海、北京，声震一时，牵动清廷朝野上下，至1907年签订《浙江湖州海岛案议结合同》，凸显中央政府、地方官吏与地方社会精英——市镇绅商在第三领域的交集与合作。

在对"海岛案"的爬梳董理中，目今可以看到《海岛案议结合同》文本的资料，当以光绪二十七年（1902）创刊的《外交报》为最早。《外交报》系张元济所办，该刊于光绪三十三年五月初五日（1907.6.15）第一百七十八期（丁未第十一号）刊登了《湖州海岛案议结合同》④。随后，光绪三十三年七月二十五日（1907.9.2），《东方杂志》第四年第七期刊发《浙江湖州海岛案议结合同》文本予以介绍⑤。"海岛案"发生后，沪上颇有影响的《申报》《北华捷报》《字林

---

①　第三域，亦称第三领域（thirdrealm），系黄宗智为避免学界在使用哈贝马斯公共领域概念时出现误用与混淆而提出的一种理论分析概念。所谓"第三域"，系指"在国家和社会之间存在一个两方都参与其间的区域"。黄宗智认为，哈贝马斯关于公共领域的概念不是太特定就是太宽泛，难于真正适合中国。基此，黄氏提出了国家与社会之间"第三域"（第三领域）的概念，并从司法体系、县级以下的行政和士绅的公共功能三个方面探究第三领域的范围及其运作。参见黄宗智《中国的"公共领域"与"市民社会"？——国家与社会间的第三领域》，邓正来、J.C.亚历山大编《国家与市民社会——一种社会理论的研究路径》，中央编译出版社2002年版，第428—436页。

②　按，拙文最早提交于2012年11月召开的第四届"中外关系史"国际学术研讨会，后为资料之求全责备而几易其稿，终在"海岛案"协议签订后之110周年正式刊发于《湖州师范学院学报》，书此以纪。

③　按，"海岛"系位于湖州府城北门内、飞英塔南的一块四面环水的绿地，在今湖州市区原人民广场，现全民健身活动中心一带。参见李学功《海岛教案》，李学功、徐育雄主编《辛亥风云　民国岁月——湖州与近代中国》，中国社会科学出版社2011年版，第6页。

④　上海图书馆：《中国近代期刊篇目汇录》（2）第二卷（上册），上海人民出版社1979年版。

⑤　《浙江湖州海岛案议结合同》，《东方杂志》第四年第七期（1907）。

西报》均有相应的跟进和持续报道①。"海岛案"相关史料并见于《光绪朝硃批奏摺》②、台湾"中研院"近史所档案馆藏清廷外务部档案、《清实录·德宗景皇帝实录》③、《政治官报》④、《清末教案》⑤、《辛亥革命浙江史料选辑》⑥、《辛亥革命浙江史料续辑》⑦、《中华民国史纪要》⑧、《沈家本年谱长编》⑨、《南浔镇志稿》⑩ 等，目前尚未及见当事人的日记或回忆，亦缺乏美方教会资料⑪。对"海岛案"勾勒、介绍、评述性的文字，见诸相关报章、论著的概有：《湖州海岛案始末记》⑫、《海岛案始末略记》⑬、《海岛公地交涉案始末》⑭、《辛亥革命与湖州资产阶级》⑮《浙江省图书馆志》⑯、《湖州海岛案》⑰、《晚清浙江湖州中美地产交涉案记略》⑱、《浙江通史》⑲、《判案的智慧》⑳、《清末反教思想的变迁》㉑、《海

① 据笔者爬梳统计，《申报》报道"海岛案"概始自 1906 年 3 月 16 日，至 1909 年 2 月 23 日，总计有 19 件之多。《申报》引《字林西报》涉案消息 2 件，引"天津西报"涉案消息 1 件。

② 参见中国第一历史档案馆《光绪朝硃批奏摺》第二四辑，中华书局 1995 年版；《光绪朝硃批奏摺》第一一二辑，中华书局 1996 年版。

③ 参见《德宗景皇帝实录》卷五三〇，卷五三二。

④ 《浙江巡抚增韫奏请将王丰镐试署浙江交涉使摺》，《政治官报·摺奏类》，文海出版社 1965 年版。

⑤ 中国第一历史档案馆、福建师大历史系：《清末教案》（第 3 册），中华书局 1998 年版。

⑥ 《辛亥革命浙江史料选辑》，浙江人民出版社 1981 年版。

⑦ 《辛亥革命浙江史料续辑》，浙江人民出版社 1987 年版。

⑧ 《中华民国史纪要》（初稿），中华民国史料研究中心 1981 年版。

⑨ 李贵连：《沈家本年谱长编》，山东人民出版社 2010 年版。

⑩ 周子美：《南浔镇志稿》卷二《人物》。

⑪ 按，据研究近代基督教问题的湖南师范大学历史文化学院李传斌教授见告，其查阅美监理会资料并未有涉湖州"海岛案"者。

⑫ 《湖州海岛案始末记》，《申报》1907 年 5 月 7 日，第十版。

⑬ 《海岛案始末略记》，《东方杂志》第四年第七期（1907）。

⑭ 沈伯棠：《海岛公地交涉案始末》，《湖州文史》（第 6 辑），1987 年版。按，沈伯棠，系沈谱琴长子。

⑮ 陈友益：《辛亥革命与湖州资产阶级》，《湖州师专学报》，1991 年第 3 期。

⑯ 《浙江省图书馆志·海岛图书馆》，中国书籍出版社 1994 年版。

⑰ 《浙江省外事志·涉外房地产案》，中华书局 1996 年版。

⑱ 姚粟周：《晚清浙江湖州中美地产交涉案记略》，《文史资料存稿选编〔晚清·北洋（上）〕》，中国文史出版社 2002 年版；姚氏相类文章并有《晚清中美地产交涉案》，参见文安主编《奇案写真》，《清末民初系列丛书》，中国文史出版社 2004 年版。

⑲ 《浙江通史·清代卷》（下），浙江人民出版社 2005 年版。

⑳ 曹曷：《判案的智慧》，中国法制出版社 2006 年版。

㉑ 段颖惠：《清末反教思想的变迁——以〈东方杂志〉为中心》，《宁夏大学学报》2009 年第 6 期。

岛教案》^① 等，需要说明的是，上述论著所涉文字一般多着眼于介绍"海岛案"事件的来龙去脉，且由于时过境迁，后来之文论偶或涉及亦多语焉不详，学界专论性的研究文字亦不多见。

二 "海岛教案"之始末

从现有史料看，以《申报》之《湖州海岛案始末记》和《东方杂志》之《海岛案始末略记》对事件的介绍较为全面。但二者对事件的具体过程述记仍过于简略。从光绪朝硃批奏折和宣统时奏章，以及《申报》记载来看，"海岛教案"余波在1908年仍未消歇，直至是年11月始告结案，前后历时近七年。基此，兹据所掌握的相关资料对"海岛教案"的发生、过程及其结果作一分析厘辨。

以笔者目力所及的资料范围，"海岛教案"发生的过程中，时任浙江巡抚相继有任道镕（1901—1903年履任）、聂缉椝（1903—1905年履任）、张曾敫（1905—1907年履任）、冯汝骙（1907—1908年履任）、增韫（1908—1911年履任）等。翻检上述时任浙抚的几位官员上报清廷的奏摺和外务部档案，以及《申报》当时的相关报道，概可捋出"海岛教案"的大体阶段和脉络。

第一阶段，"海岛教案"初起发酵阶段。事件起因于美国南监理会^②传教士勾结官府侵夺湖州府城公地及民宅地，时在清光绪二十八年四月（1902.5）^③南监理会教士韩明德勾联归安县知县朱懋清，以"建教堂、学校、医院，此皆条约规定，有利中国之事业"的名目，胁迫当

---

① 李学功：《海岛教案》，李学功、徐育雄主编《辛亥风云　民国岁月——湖州与近代中国》，第6—8页，中国社会科学出版社2011年版。

② 按，监理会（Methodist Episcopal Church, South, 1844—1939年），系1844年从美国卫理公会分立而出。北方教会称为美以美会，南方教会便是监理会。1939年，南北教会再度联合，称为卫理公会（The United Methodist Church）。引自维基百科。

③ 按，关于"海岛案"发生的时间，概有6种说法：有1862年说，参见张力、刘鉴唐《中国教案史》，第780页，四川省社会科学院出版社1987；光绪二十一年（1895）说，参见顾志兴《关于丽宋楼藏书之出售原因及评价》，《江南藏书史话》，上海古籍出版社2009年版，第29页；有光绪二十七年（1901）说，参见《浙江通史·清代卷》（下），浙江人民出版社2005年版，第70页；有光绪二十八年（1902）说，参见曹晶《判案的智慧》，中国法制出版

地居民“召卖给价”①出卖房地，低价圈占湖州府城内飞英铺，即“海岛”47 亩土地，并擅自将圈地范围扩大，使占地延扩到包括府学尊经阁、颜鲁公祠、曹孝子祠等古迹在内的 100 余亩土地。时任归安县知县朱懋清则以“收作地方公用”名义，“曲徇教士之请”，“逼卖民地公产”，将地价仅“估值四百圆”②，却失察“教会调换买地执据”，便“率行盖印”，“绅教遂起争端”③。

　　第二阶段，湖州绅民抵制圈占及向当地官府状诉无果阶段。美国教会如此掠占府学公地和民宅地，自然遭到当地绅民的抵制与反对，并公推沈谱琴（毓麟）④、俞恒农（宗濂）⑤ 等为代表向归安县衙状告美国传教士侵占海岛土地的行径，知县朱懋清却唯恐获罪于教会，以“力弱”为由拒绝受理，湖州知府“亦以不敌教会势力而不予审理”⑥。归安知县朱懋清的恐洋、惧洋行径，里人曾有追记，谓朱“外出，乘坐四轿，鸣锣喝道，行经（府城）骆驼桥上，遇见美国教士前来，辄即出

（接上页）社 2006 年版，第 31 页；有光绪二十九年（1903）说前后，参见陈友益《辛亥革命与湖州资产阶级》，《湖州师专学报》1991 年第 3 期；有 1904 年说，参见段颖惠《清末反教思想的变迁——以〈东方杂志〉为中心》，《宁夏大学学报》2009 年第 6 期，等等。经笔者覆核史料，《开缺浙江巡抚聂缉槼奏报湖州公地与教堂纠葛已结复翻历陈办理情形摺》（中国第一历史档案馆、福建师大历史系：《清末教案》（第 3 册），中华书局 1998 年版，第 788 页）和浙江巡抚增韫《为湖州海岛交涉等案先后议结特参酿案各员弁请旨分别惩处以肃官方恭摺》（中国第一历史档案馆《光绪朝硃批奏摺》第一一二辑，中华书局 1996 年版，第 138 页）均明确记载：海岛案发生于光绪二十八年（1902），谨此说明。

　　① 《开缺浙江巡抚聂缉槼奏报湖州公地与教堂纠葛已结复翻历陈办理情形摺》，参见中国第一历史档案馆、福建师大历史系：《清末教案》（第 3 册），中华书局 1998 年版，第 788 页。

　　② 参见《大清德宗景皇帝实录》卷五三〇；《开缺浙江巡抚聂缉槼奏报湖州公地与教堂纠葛已结复翻历陈办理情形摺》，参见中国第一历史档案馆、福建师大历史系《清末教案》（第 3 册），中华书局 1998 年版，第 788 页。

　　③ （清）增韫：《为湖州海岛交涉等案先后议结特参酿案各员弁请旨分别惩处以肃官方恭摺》，中国第一历史档案馆《光绪朝硃批奏摺》第一一二辑，中华书局 1996 年版，第 138 页；《浙抚奏惩酿成海岛案之县令》，《申报》1909 年 2 月 23 日，第十版。

　　④ 沈谱琴（1873—1939），名毓麟，湖州吴兴人。清末留学日本，参加同盟会。海岛教案中，作为地方代表出面交涉。曾任湖州府中学堂（今湖州中学）监督（校长），1911 年辛亥革命中率学生武装占领湖州城，建立湖州军政分府。茅盾《可爱的故乡》称：“浙江出过许多人才。……还有一些现在也许不为人知的志士，在我的记忆中却保留着深刻的印象。这就是湖州中学校长沈谱琴。”

　　⑤ 俞恒农，名宗濂，湖州归安人。海岛教案中，作为地方代表出面交涉，海岛案后，发起捐资倡议设立海岛图书馆。曾任湖州府中学堂（今湖州中学）监督（校长）、首届浙江谘议局议员、湖州医学会首任会长。

　　⑥ 沈伯棠：《海岛公地交涉案始末》，《湖州文史》（第 6 辑），1987 年，第 63 页。

轿拱立，候其过才走，有失国家体统"①。如此一来，使"海岛教案"
的解决不得不一拖再拖。至光绪二十九年十月（1903.11），美传教士
柏高德等再造事端，在湖州府城东门内证通铺、通济铺再行购地，时任
归安知县丁燨未予勘验即行承认，对"海岛案"后"被迁被毁学基各
地，复不亲行履勘，听任圈筑霸占"②，从而引发当地民众更大抗议
声浪③。

  第三阶段，"海岛案"越出湖州界影响于外，中央政府开始介入，
市镇绅商与清廷、地方官吏及美方相关机构争锋互动的阶段。湖州绅商
为求得问题之解决，在示威抗议一途之外，亦开始以理性态度、合法途
径表达诉求。沈谱琴、俞恒农等代表湖州绅民，特请湖商名士刘锦藻和
曾游历美国、熟谙教会情况的张增熙（弁群）出面领衔，代表湖属七
县（乌程、归安、安吉、武康、长兴、孝丰、德清）人士一同联署，
开展了一场有理、有据、有节的诉讼案。"海岛案"由此牵动地方政
务，官司由浙江而一路打到沪上乃至京师，凸显"正式司法体制与非正
式司法体制的交互作用"④。在刘锦藻、张增熙等的谋划、领导下，湖
州绅民发动京、沪、苏、浙本籍官员和商人发起保地斗争，吁请在京的
湖籍官员施以援手，并委"俞恒农专程北上，驻京三年，办理此案"⑤。
时任刑部侍郎沈家本亦上奏朝廷，指出"官吏不谙交涉，贻害地方"⑥，
请求朝廷彻查"海岛案"。此前，1904年6月24日清廷即降旨称："有
人奏浙江归安县知县朱懋清等曲徇教士之请，逼卖民地公产，恐酿巨
案，请旨饬查等。聂缉椝（按，曾国藩婿）查酌情形，妥为筹办，以

---

  ① 姚粟周：《晚清浙江湖州中美地产交涉案记略》，《文史资料存稿选编〔晚清·北洋
（上）〕》，中国文史出版社 2002 年版，第 71 页。

  ② （清）增韫：《为湖州海岛交涉等案先后议结特参酿案各员吁请旨分别惩处以肃官方恭
折》，中国第一历史档案馆《光绪朝硃批奏摺》第一一二辑，中华书局 1996 年版，第 139 页；
《浙抚奏惩酿成海岛案之县令》，《申报》1909 年 2 月 23 日，第十版。

  ③ 《补录湖绅为海岛案上浙抚禀》，《申报》1907 年 5 月 8 日，第四版。

  ④ 〔美〕黄宗智：《中国的"公共领域"与"市民社会"？——国家与社会间的第三领
域》，邓正来、J. C. 亚历山大编《国家与市民社会——一种社会理论的研究路径》，中央编译
出版社 2002 年版，第 431 页。

  ⑤ 姚粟周：《晚清浙江湖州中美地产交涉案记略》，《文史资料存稿选编〔晚清·北洋
（上）〕》，中国文史出版社 2002 年版，第 71 页。

  ⑥ 《大清德宗景皇帝实录》卷 532。

安人心。"① 1904 年 8 月 4 日清廷为"海岛案"再下旨给时任浙抚的聂缉椝：兹据该侍郎（按，沈家本）所称各节，"赶紧确查，妥筹议结，以顺舆情而免流弊"②。肩负奉旨查办职任的聂缉椝随即委派湖州知府宗舜年与绅民代表沈谱琴和美方教士就柏高德购地案"往复磋商"，在光绪三十年（1904）四月始"划清详报办结"③。而"湖州公地纠葛"案，即"海岛案"，虽经浙抚聂缉椝委派知府宗舜年与湖州绅商、美方教会，往返数月，会同磋商，迄无定议④。至 1904 年 12 月，湖州绅商再诉美驻杭领事。"由驻杭安领事，邀同洋务局总理候补道许鼎霖暨湖绅在领事署会议"，然而结果却是美方倒打一耙，"以原控为子虚，并令湖绅认缴讼费"⑤。为阻止美国传教士的强霸行径，迄光绪三十一年二月（1905.3）⑥，"经美国上海署领事白保罗、教会长潘慎文，会同洋务局许道鼎霖及韩明德所延之律师佑尼干商订还地之约"。此次谈判，中方"争回公地二十余亩"⑦。这一结果，对于目睹并经历教案风潮中屡争屡败的地方大员而言，颇有一番"成就感"，本想顺势"签约议结"，"划界完案"了事。但湖州绅商"则始终坚执""海岛案"的全面公正解决，"坚请与美领事商办附约"，而美教士韩明德亦翻悔⑧。于是绅商将控状转递美驻杭领事，其间《申报》在 1906 年 3 月 16、17、18 日以《驻杭美领事审判复控占地案》《驻杭美领事审判复控占地案再志》《驻杭美领事审判复控占地案三志》为题，连续三天跟进报道，表达时论、舆情，却换来"美领事信韩一面之词，反以湖绅之直为曲"，

①《开缺浙江巡抚聂缉椝奏报湖州公地与教堂纠葛已结复翻历陈办理情形摺》，参见中国第一历史档案馆、福建师大历史系《清末教案》（第 3 册），中华书局 1998 年版，第 787 页。
② 同上。并见《德宗景皇帝实录》卷 532。
③ 参见增辑《为湖州海岛交涉等案先后议结特参酿案各员弁请旨分别惩处以肃官方恭摺》，中国第一历史档案馆《光绪朝硃批奏摺》第一一二辑，中华书局 1996 年版，第 138 页；《开缺浙江巡抚聂缉椝奏报湖州公地与教堂纠葛已结复翻历陈办理情形摺》，参见中国第一历史档案馆、福建师大历史系《清末教案》（第 3 册），中华书局 1998 年版，第 788 页。
④《开缺浙江巡抚聂缉椝奏报湖州公地与教堂纠葛已结复翻历陈办理情形摺》，参见中国第一历史档案馆、福建师大历史系《清末教案》（第 3 册），中华书局 1998 年版，第 787—788 页。
⑤ 同上书，第 788 页。
⑥《东方杂志》第四年第七期（1907）。
⑦《开缺浙江巡抚聂缉椝奏报湖州公地与教堂纠葛已结复翻历陈办理情形摺》，参见中国第一历史档案馆、福建师大历史系《清末教案》（第 3 册），中华书局 1998 年版，第 788 页。
⑧ 同上书，第 789 页。

会谈以无果而终。① 消息传出，湖州绅商一面通过在沪新闻媒体继续关注事态进展，进一步揭露海岛教案真相②；一面在湖州举行抗议集会、抵制美货。与此同时，海外湖籍人士亦会商声援。据《钱玄同日记》载，1906 年 4 月 1 日，湖州旅日同乡会开会，"提议海岛事件由留东浙生致函浙抚，由留东湖人致函谱琴（按，沈谱琴），言决意京控"③。在京湖籍官绅沈家本等亦持续发声、申诉，直至影响清廷总理各国事务衙门及美驻华使馆。台湾"中研院"近史所档案馆藏之《总理各国事务衙门清档》中保存有 6 份《美教士在浙江湖州买地》档，档案显示：1906 年 4 月 3 日，5 月 2、3、7、16、18 这段时间美驻华公使柔克义与清廷外务部尚书协办大学士那桐④曾多次就"海岛案"进行会商，期间时任浙抚的张曾敭亦时有电文报呈事件进展。磋商过程中双方均表达了"和平了结""和平办结"的意愿⑤。始终跟踪事件进展的《申报》也以《美使允湖州海岛纠葛案重行核办》为题，报道了美国公使柔克义表示"将湖州海岛地皮纠葛案重行核办"⑥ 的消息。当其时，沈家本并通过修律馆美方专家上诉至美国国务院⑦。而在湖州方面，时任浙抚张曾敭 5 月 16 日电称："兹据湖绅禀称，该教士……现仍逐日兴工。"⑧ 5 月 18 日清廷外务部"即与美使（按，柔克义）商量"，美使"允即电领事力劝暂行停工"⑨。经过上上下下一番"行行复行行"的博弈、斗争，形势的发展最终迫使美方教士不得不作出更为实际的让步。

---

① 《海岛案始末略记》，《东方杂志》第四年第七期（1907）。

② 《申报》1906 年 3 月 22 日第三版，以《西报述湖州教士购地轇轕案》为题，称"《字林报》云：浙江湖州绅民不服驻杭美领事所定教士购地案之判词，特开大会聚议抵抗。"

③ 杨天石主编：《钱玄同日记（上）》（整理本），北京大学出版社 2014 年版，第 33 页。

④ 按，据《那桐日记》记载，美国驻华公使柔克义到任履新是在 1903 年农历 5 月；那桐任外务部尚书协办大学士是在 1903 年农历 6 月 17 日接奉清廷上谕。《日记》显示，那桐与柔克义二人过从较多。参见《那桐日记（上册）》，新华出版社 2006 年版，第 538、542 页。

⑤ 台湾"中研院"近史所档案馆藏《总理各国事务衙门清档》，《美教士在湖州买地》档 02/05/003/02/001-002-003-004-005-006。

⑥ 《美使允湖州海岛纠葛案重行核办》，《申报》译自《字林西报》引"天津西报"新闻，参见《申报》1906 年 5 月 23 日，第二版。

⑦ 沈伯棠：《海岛公地交涉案始末》，《湖州文史》（第 6 辑），1987 年，第 63 页。

⑧ 台湾"中研院"近史所档案馆藏《总理各国事务衙门清档》，《美教士在湖州买地》档 02/05/003/02/005。

⑨ 台湾"中研院"近史所档案馆藏《总理各国事务衙门清档》，《美教士在湖州买地》档 02/05/003/02/006。

第四阶段，“海岛教案”议结合同订定、历经反复及善后结案阶段。1907 年 4 月美国南监理会派遣蓝华德、柏乐文为“海岛教案”谈判全权代表专程抵湖，与湖州绅民代表刘锦藻、张增熙（弁群），会同沈谱琴、俞恒农、张宴南、蒋汝藻等亲至现场履勘，“是日适大雨，沈君谱琴等跋涉于泥淖之中，衣履尽湿，不辞劳瘁。蓝、柏至此始知韩实占地”①，双方经过两昼夜磋商，4 月 30 日在湖州潜园正式签署《浙江湖州海岛案议结合同》。为免读者检校之劳，兹据《东方杂志》② 将协议全文引录如下：

浙江湖州海岛案议结合同

大清国湖府代表特请公正绅士　　刘锦藻　张增熙

大美国南监理会监督特派员　　　蓝华德　柏乐文

一、蓝华德、柏乐文系奉南监理会惠监督特派来湖，有议决海岛事件之全权。刘锦藻、张增熙系经湖绅代表沈毓麟、俞宗濂特请为议决此事之公正绅士，亦有全权。

二、议决：飞英铺内由教会划还府学公地，西边依前面天宁寺之东墙脚作一直线，由围墙起，自南至北，共二百九十英尺，又自此线北头起，自西至东边围墙止，再依墙势由北曲折至南，转而西至原起处止，所有界内均交府学收管。

三、靠天宁寺东首墙脚，由湖绅情让二十英尺阔之走路，直通至南首官路为止，为教会及湖人公共之用。此公路由湖绅出资铺砌。

四、教会既将府学公地划还，应将现设大门迁至划还界线外。惟湖绅因教会出路不便，愿于围墙内界线之极西，情让二十英尺阔之地一条，以便教会将现设大门移至直对第三条所载湖绅情让之路。

五、除教会已契买四十七亩零之外，应由教会补缴地价。惟教会系为地方设立慈善事业，现经湖绅公认作为教会慈善事业之用，毋庸缴价。

六、围墙以外学宫东西两旁地，本系湖州府学公地，应统归湖

① 《湖州海岛案始末记》，《申报》1907 年 5 月 7 日，第十版。
② 《浙江湖州海岛案议结合同》，《东方杂志》第四年第七期（1907）。

绅接管。其教会已税西面之一亩零，由湖绅偿以原契价收回。如此外尚有未经官盖印之契，湖绅概不承认，并须收回。

七、划还湖州府学之地上，教会建有医院一所，现由教会自行拆卸迁移，当由湖绅送给迁卸及以前一切用费，共鹰洋五百元，业已交付清楚。该地即归湖绅收管。

八、教会现在划还府学公地上所有围墙，及墙外新迁曹孝子祠之建筑费，由教会情让交与湖绅收管，不另给费。

九、教会划还府学公地南面墙外之路，应由湖绅圈入府学。

十、前由教会缴送归安县地价洋四百元，今议定交还蓝华德、柏乐文手收。

十一、前由浙江洋务局送交教会之规银一千两，今议定交还。

十二、此事现既凭蓝华德、柏乐文、刘锦藻、张增熙秉公议决，所有从前一切纠葛，一概解释。一面由湖绅刘锦藻、张增熙电致中国官府销案，一面由蓝华德、柏乐文电致监督暨驻京美使销案。

十三、此合同订立后，即由蓝华德、柏乐文、刘锦藻、张增熙亲笔签字，彼此永远遵守，不得违背。

十四、此合同用汉文、英文缮写各两份，一存南监理会，一存湖州府学。

十五、所订合同应以汉文为准。

大清国光绪三十三年三月十八日
大美国西历一千九百零七年四月三十日

至此，杯葛数年之久的"海岛教案"终以和局收官，美方归还侵占的湖州府学尊经阁等处土地，约合 50 余亩；中方亦以"情让"方式在公共道路的使用方面做出让步。当然，这仅是就合同的订立而言，实际的执行过程当更复杂些。据史料记载，在合同订立的一年之后，美方教士仍迟迟不予履行协议，"教会图翻前议，湖绅公愤难平，前赴上海美按察处控理"[①]，湖州旅沪学会杨谱笙等积极行动起来予以声援。《申报》相继刊出《湖州海岛案又起交涉》《湖州海岛案归美按察司审判》

---

① （清）冯汝骙：《为遵旨查明知县被参各款恭摺》，中国第一历史档案馆《光绪朝硃批奏摺》第二四辑，中华书局 1995 年版，第 700 页。

《议争海岛续志》《浙省洋务局王道致刘京卿电（为湖州海岛案）》《湖州海岛案之余波》① 等专题新闻，一时舆论哗然。时任浙江洋务局总办的王丰镐积极会同湖绅刘锦藻"延定佑尼干律师向美国法堂具控"。迄1908年11月，双方最终议定："由前约划界内东面围墙让给教会地一块，其余悉照合同。报告该国法司允肯，即由两造律师签字，随发洋文判词二分，一交该绅收执，一送洋务局备案。"② 至此牵动各方神经，社会反响经年的"海岛教案"最终尘埃落定，一干涉案之地方官员均受到革职处分。其中前归安县知县朱懋清"奏准革职……永不叙用"；前归安县"知县丁燮、归安县典史史悠斌、千总柳寿春……一并革职。史悠斌一员情节较重，并请永不叙用，以儆官邪而除民蠹"③。对于"海岛教案"中"热心公益，劳怨罔辞"的刘锦藻、沈谱琴、张增熙、俞恒农等，由时任浙抚增韫上折予以奏奖。④ 为纪念海岛教案斗争，俞恒农发动湖州旅美同乡捐资，旋有沈杏墅捐助巨款，在尊经阁遗址建造了湖州第一家公立图书馆——海岛图书馆。⑤

三 "海岛教案"之启示

湖州"海岛教案"，是近代史上国人以理性方式，成功解决教案冲突的一桩颇具范式意义的典型案例。在初它的发生，似乎仅是一个普通的地产交易纠纷案件。但由于美方监理会教士所购占土地，乃是湖州府

① 分见《申报》1907年11月8日第五版、1907年12月2日第十一版、1907年12月5日第十一版、1908年1月1日第五版、1908年1月18日第十一版。另，《新朔望报》1908年第3期，亦刊《湖州绅士控告美国教士占地案》。
② （清）增韫：《为湖州海岛交涉等案先后议结特参酿案各员弁请旨分别惩处以肃官方恭摺》，中国第一历史档案馆《光绪朝硃批奏摺》第一一二辑，中华书局1996年版，第139页；《浙江巡抚增韫奏请将王丰镐试署浙江交涉使摺》，《政治官报·摺奏类》，文海出版社1965年版。
③ （清）增韫：《为湖州海岛交涉等案先后议结特参酿案各员弁请旨分别惩处以肃官方恭摺》，中国第一历史档案馆《光绪朝硃批奏摺》第一一二辑，中华书局1996年版，第139页；《议处湖州办教人员》，《申报》1908年11月26日第十版；《议结海岛案之抚批》，《申报》1909年1月2日第十一版；《浙抚奏惩酿成海岛案之县令》，《申报》1909年2月23日第十版。
④ 《奏奖绅士办理海岛教案》，《申报》1909年1月5日第十一版。
⑤ 参见《浙江省图书馆志》，中国书籍出版社1994年版，第183页；姚粟周《晚清浙江湖州中美地产交涉案记略》，《文史资料存稿选编〔晚清·北洋（上）〕》，中国文史出版社2002年版，第71页。

城传统的儒学圣址,于是地产背后的文化隐喻旋被放大、凸显。也因此,分寸的拿捏、把握,成为一场智慧的较量和考试。可以看出,在整个事件中,地方绅商的公共功能得到了极大的扩展,在这一过程中社会"分享"了国家手中的一部分权力,处于时代浪潮冲击中的清廷让渡了国家权力影响地方社会的空间限度与范围。"海岛教案"的最终解决,可以说是清廷官方与地方社会精英力量在第三领域博弈、合作,共同推进的结果。

透过"海岛教案",一方面可以观察地方官吏对教案、教务的应对与认识的变化;一方面可以看到湖州绅商所具有的世界视野,以及掌控事件进程和从传统意义的国家手中"分享"一部分权力的现代意识。

先观地方官吏由"海岛教案"所引发的对教案的认识。

如时任浙抚的聂缉椝有谓:"洋人最重立约,既已由官议结,势难由官议改。"①增韫则称:"中外缔约以来,各国虽得于内地宣传教派、建设堂屋,然亦不能抑勒侵占。各地方官既未熟读约章,复鲜深明西例。每遇交涉重案,玩误良多。""地方官嗣后于各国购地传教、建筑房屋等案,务当查照成约,妥慎办理。勿因循以误事机,勿操切以滋弊窦。"② 由此可见,自义和团运动之后,清末地方官员对待教案的态度和认识,显然已超越了单纯意义的狭隘的反洋教层面,而上升到依规而办、通过谈判以求得问题解决的高度。同样,这种改变也发生在西方各国传教方式在义和团运动冲击之后的因应与调整。③

次论湖州绅商所具有的世界视野,以及在第三领域掌控事件进程和从传统意义的国家手中"分享"一部分权力的现代意识。

湖州绅商在"海岛教案"中所表现的理性务实态度,概缘于其所具有的世界视野。如所周知,湖商是上海开埠后工商界中的翘楚,近代开

① 《开缺浙江巡抚聂缉椝奏报湖州公地与教堂纠葛已结复翻历陈办理情形摺》,参见中国第一历史档案馆、福建师大历史系《清末教案》(第 3 册),中华书局 1998 年版,第 789 页。

② (清)增韫:《为湖州海岛交涉等案先后议结特参酿案各员弁请旨分别惩处以肃官方恭摺》,中国第一历史档案馆《光绪朝硃批奏摺》第一一二辑,中华书局 1996 年版,第 139 页。

③ 按,相关例证,如 1904 年沈阳发生法国传教士被杀事件,法方提出惩凶、树碑、索赔、惩办地方官等要求,但在中方官员的力争和劝说下,法方不再坚持索赔和惩官。应当说,这是义和团运动所释放影响之正向反映,当事双方均互有让步,达成解决。参见台湾"中研院"近史所《教务教案档》第 7 辑,第 1125—1129 页。

上海缫丝工业先河的湖商黄佐卿，1882 年创办了上海第一家民族资本企业——公和永丝厂。据不完全统计，清末湖商在上海创办的企业就有 28 家。① 湖商不仅办厂，而且办学兴教。如"海岛教案"中绅商代表刘锦藻、张增熙（按，刘、张均出自著名的南浔"四象"家族）二人都有办学兴教的经历，刘锦藻本人系进士出身，撰著"十通"之一的《皇朝续文献通考》（《清续文献通考》），有"进士商人"之誉，1905 年与汤寿潜一同发起浙江保路运动，担任浙路公司副理。张增熙系"民国奇人"张静江之长兄，曾创办湖州地区最早的女子学校——浔溪女校，聘请徐自华出任校长（按，辛亥志士秋瑾曾短期到校任教），张增熙之子张乃燕并为民国首任中央大学校长。湖州绅商的这样一种背景、视野，决定了他们在教案处理过程中不可避免地带有既传统又现代的两面性特征。所谓"既传统"，即是指在传统政治伦理的框架内寻求上层政治资源以图解决的路径。如教案发生后依例向县衙、府衙直至浙抚、京师总理衙门诉控；所谓"又现代"，则是指湖州绅商群体栉沐欧风美雨的世界视野和政经商学的文化背景，使得这一群体处理涉外纠纷，理性而务实，能够运用合法手段表达合理诉求。凡此，折射出在新陈代谢的大时代面前，得风气之先的湖州绅商所具有的现代意识。从而影响其"海岛教案"的舆论和行为，始终定格在"愤怒中的理性声音，诉求中的合理表达"。尽管"海岛教案"初起时民众示威声势夺人，但抗议活动始终未溢出、转化为大规模的民众暴动，以刘锦藻、张增熙、沈谱琴、俞恒农为代表的湖州绅商集团在整个事件的天平中始终坚守以理性、和平方式处理教案交涉，始终坚持就事论事。可以说在整个"海岛教案"中，湖州绅商集团居间发挥了实际的组织、领导作用，在地方权力关系的运行图式中处于无可争辩的突出地位。当然，即便如此，地方社会精英力量在与地方政府的博弈中，正像魏斐德所认为的那样："并没有出现如通常所断言的那种民权与国家相对立的局面。"② 但是湖州绅商的坚守与执着本身，确乎迫使官府在实际的过程中不得不让渡其自

① 李学功、徐育雄主编：《辛亥风云　民国岁月——湖州与近代中国》，中国社会科学出版社 2011 年版，第 32 页。

② ［美］魏斐德：《清末与近代中国的公民社会》，魏斐德：《讲述中国历史》（下卷），东方出版社 2008 年版，第 742—743 页。

身的部分权力，并在这种无形的不自觉的让渡中，其自身的角色亦由决策者、仲裁者而让渡为协调者。这种身份的移形换步，既有近代以降，中国由传统的朝贡体制，转而进入条约体系时代而带来的身份定位困惑，亦有因应时代变化，绅商经济地位的改变所带来的潜在政治诉求压力。也因此"海岛教案"令几任浙抚颇感头痛和焦虑。时任浙抚的聂缉椝即曾有感而谓："浙省绅士大都自爱者多，然亦间有不知自爱假公搅扰者。即如另摺奏报之湖州祠学各基与教堂纠葛一案，事隔经年，始行控告，始终坚执，强以所难。……既欲责难于官，又须听命于绅，办理之难，亦可概见。"① 湖州地方社会精英力量在"海岛教案"中的影响、作用，由此可见一斑。

海岛堂（湖州市图书馆提供）

海岛教案的处理方式与结局，时在轰轰烈烈的义和团运动之后，无疑应视作义和团运动余绪影响的一种正向反应。即诉诸暴力解决的高额社会成本付出，对于当事的任何一方无疑都会带来巨大风险。因此"海岛教案"比诸近代许多剧烈激进的教案风波，这种以理性、和平的手段化解中西民教冲突的方式，确乎提供了一种颇具价值的理性思考进路与解决方案。不惟如此，"海岛教案"的解决对于重构近代民教（民间与教会）、地教（地方与教会）关系与秩序，应当说给出了一个可参照的

① 《开缺浙江巡抚聂缉椝奏密陈浙省枭会滋蔓及民教不和最为后患摺》，参见中国第一历史档案馆、福建师大历史系《清末教案》（第3册），中华书局1998年版，第791页。

样本与模式。

　　受海岛教案“和平议结”① 之影响，笔者注意到，1909 年海岛堂始告落成（见图）②。迄 1937 年，美国南监理会在华共设有六个教区，其中湖州地区即设有两个教区：湖州教区、南浔教区③。另据《申报》载，1909 年 2 月，湖州府乌程、归安县令奉令将湖州地区教会所开办之教堂、学校、医院造册登记，其中不乏地方政府借“海岛教案”处理的结果，有将教会纳入政府视野的意图与考量。经过一番造册登记，湖州一地概有教堂 14 处、教徒 755 名④。

---

　　① 《美使议结湖州海岛案判词》，《申报》1907 年 5 月 10 日，第四版。

　　② 按，湖州市图书馆在 2009 年的古籍普查中，发现有美国南监理会海岛堂遗物。在图书馆地方文献部李莛女史、范国荣先生的帮助下，笔者有幸亲睹。这是一件刻绘精致的白铜质地纪念方盒，其中纪念盒正面是用阴刻手法所绘新落成的海岛堂，上方刻有“湖州海岛基督教监理会礼拜堂图”字样，左上端刻有“教主降生乙（一）千九百另（零）九年建立，大清宣统元年，全家信主徒赵湘泉敬助”字样。

　　③ 参见李天纲《上海基督教中心地位的形成及其原因》，《基督教研究》（第四辑），宗教文化出版社 2001 年版，第 265 页。

　　④ 据《造送教堂学校医院册》统计，湖州教堂、教徒概分布于：湖州东门耶稣堂教士赖德懋（美国人）、牧师倪鸿文（鄞县人）共收教徒 107 名；北门耶稣堂美国传教士韩明德（按，海岛案之被告）、衡特立收徒 84 名；海岛耶稣堂牧司凌子□（上海人）收徒 65 名；隆兴桥真神堂教士赵湘泉（湖州人）收徒 26 名；菱湖镇耶稣堂传教士冯文炳（定海人）收徒 20 名；千金传教士潘衍庆（乌程人）收徒 33 名；袁家汇荻港传教士应会治（鄞县人）收徒 15 名；埭溪传教士凌培浩（本地人）收徒 40 人；双林含山连市三堂传教士程静山（上海人）收徒 120 名；善连（琏）传教士沈干青（本地人）徒 40 名；湖州右文馆前天主堂神甫刘怀德（法国人）收教徒 140 人；双林传教士蒋廷之（归安人）收徒三 31 名；菱湖传教士史敬德（本地人）收徒 20 名；埭溪传教士沈子铭（武康人）收徒 14 名。参见《申报》1909 年 2 月 13 日，第十一版。

太平天国运动时期人口变动
对民俗文化的影响
——以浙江湖州为视角

  太平天国运动造成的人口变动,是史学界颇为关注的问题。"丝绸之府,鱼米之乡"的湖州自宋以来未遭重大兵燹人祸,但清末太平天国运动造成湖州人口变动,与此同时大量外籍移民、散兵游勇定居湖州,人口变动对湖州产生了全方位、深刻而久远的影响。本文阐述太平天国时期湖州人口的变动,并分析人口变动对湖州民俗文化的影响,特别是对生活习惯、方言、表演艺术等方面的重新塑造和融会发展。

一 战后湖州人口锐减

  湖州位处长江中下游平原,东临太湖,南接杭州,西濒安徽,北连江苏,是南通百越、北接勾吴的要冲,具有重要的战略地理意义。兵燹人祸少见于史书,虽然乾嘉以后人地矛盾日益突出,封建社会衰变期来临,社会矛盾紧张尖锐,农民反抗斗争此起彼伏,却未对湖州地区造成本质性的破坏。然咸丰年间的太平天国运动使"江、浙、皖三省被贼蹂躏之地,几于百里无人烟。其中大半人民死亡,室庐焚毁,田亩无主,荒弃不耕"[①]。湖州位于天京外围,是太平军和清军进出浙江的要道,不可避免地成为主战场之一。1860 年 2 月,太平军为实施"攻杭救京"方案,首次进入湖州,此后几度用兵攻打湖州。清军与太平军的战争反

---

① （清）王韬:《弢园文录外编》卷七《平贼议》,香港印务总局 1882 年版,第 83 页。

反复复，伤亡十分惨重，"浙省自在发逆肆扰以来，通计各府，惟杭州、湖州两府各属受灾最重"①。湖州府属七县中，又以孝丰、安吉、长兴、武康"受祸尤烈"②，可谓是狂飙所及，庐舍为墟，遍地瓦砾。兹分县胪列如下：

在安吉县，人口变动十分明显，"自庚申（1860 年）至壬戌（1861 年），贼往来不记其数。民始时死于兵戈，其饿毙者尚少。至壬戌五六月，颗粒难得，民皆食木皮青草，由是八九饿毙。往时户口十三万有奇，至甲子秋贼退，编排止六千遗人而已"③。据同治《安吉县志》记载，"咸丰编排保甲男妇大小丁口共一十三万有奇，自咸丰十年以后，迭遭兵燹，至同治三年清厘户口，土著户仅存三千五百户，男妇大小丁口六千八百三十八（男丁五千一百四十九，女丁一千六百八十九）棚民烟户七十八，男妇大小丁口一百四十四（男丁一百十五，女丁二十九）"④。况且丁口数只是当时政府摊派力役和征收赋税的基本单位，并非该县所在全部人口数，可以推测该县在战争中死亡的实际人数远远大于县志记载。同治年间土著男女性别比严重失常，残存的土著人口最多只有 1 万左右，人口损失率超过 92%。⑤光绪《张氏宗谱》载："吉县全盛时户口不下二十万，人口损失率远不止 92%"，这真可谓是"凡郡县之罹兵燹者，类皆志乘佚，遗事就湮，人民户口之流亡，荡然无稽，山泽土田之蹂躏，所在皆是"⑥。我们可以深切体会到刘兰敏在刚上任安吉知县时所抒发的感慨："余来是邦，见夫人民摧残，庐宇倾垣，不毛之田，漫山弥谷，不可强理，邑之居民，皆来自江淮徽歙台宁诸郡，其土著者，仅有孑遗，俯仰今昔，迥然殊尚。"⑦

---

① 《原杭湖属客民滋事之由》，《申报》，光绪七年四月十九日。

② （清）戴槃：《浙西减漕纪略》，《近代中国史料丛刊续编》第 76 辑《两浙宦游纪略》，台北文海出版社 1974 年版，第 755 页。

③ 同治《安吉县志》卷 18《杂记》。

④ 同治《安吉县志》卷 4《户口》。

⑤ 曹树基：《中国移民史》第 6 卷，福建人民出版社 1997 年版，第 342 页。

⑥ 同治《安吉县志》序。

⑦ 同上。

孝丰县[①]，清军（包括民团）与太平军在此拉锯，土著居民大量丧生，破坏极巨。咸丰十年二月十六日李秀成别部由安吉攻占孝丰城，旋即离去。三月初三，太平军再占孝丰城。十月后，普王、甘王、戴王相继来孝丰。太平军来安、孝两县，先后计数十万，所到之处，屡遭两县民团阻击，尤以鄣吴村、宜茂村民团为甚。咸丰十一年八月廿日，激战一月余，鄣吴民团被击溃。是年冬，太平军集大量兵力，四面环攻，宜茂村民团被攻克。同治元年二月，太平军击毙孝丰民团团总施莘任，随后又击毙民团头目陈焕辰、诸福进。二年十月初四，金王钟英、东平王何明亮遭清军半路拦击而败。六月初四，清军攻克孝丰城，天将洪恩妨、坪天义潘和战死，感王陈荣奔至皈山场外遭擒被害。太平军在安、孝两县共战斗四年五个月。由此可见，孝丰县饱受战争摧残，在今孝丰小学旁仍遗留当时城墙遗址。据《孝丰县志》记载，自乾隆二十一年至咸丰间，户口编审卷册，毁于兵火，无从详载。（访之故老云："咸丰六年，编排保甲实在男丁十四万有奇，女丁及老幼共十五万有奇。"[②]由于缺乏文字记载，此段记载只供参校，暂且不表。）同治十年清查户口，结果如下："同治十年编查土著户二千五百五十七，男女大小丁口七千三百六十有六；客民户三千二百有一，男女大小丁口一万一千七百九十有四；棚民户二百九十有九，男女大小丁口一千五百六十有五。"[③]孝丰，秦故鄣地也，"天目峙其南，苕水绕其北，关溢距独松、铁岭之险，物产沃蚕桑、竹木之绕，士习民风犹为近古"[④]。遭此兵事，天地抛荒，满目疮痍，"粤匪所经，仅存三十之一，今著于册者是也，客户踵至，日盛遂增，安辑而滋生之"[⑤]。自战后至光绪元年，户册上所登土著之民均为七千余人，况距战事结束已达十年之久，外奔逃难者基本已还乡，由此可观，该县志所载户口即为该县孑遗之民，战争中人口失

---

① 孝丰县位于原安吉县西部偏南，下辖九个乡：孝丰乡、移风乡、灵奕乡、浮玉乡、天目乡、广苕乡、太平乡、鱼池乡、金石乡。1958 年由于人民公社运动，行政区划改革，撤销孝丰县建制，并入原安吉县。

② 光绪《孝丰县志》卷 4《食货志》户口。

③ 同上。

④ 光绪《孝丰县志》序。

⑤ 光绪《孝丰县志》卷 4《食货志》户口。

亡率高达97.5%。① 一些村镇的人口损失还不止此数,譬如著名艺术大家吴昌硕的故乡鄣吴村,地处交通孔道,罹祸最酷,兵燹前"聚族而家者众至四千余",② 兵燹后生还者仅25人,不足1%。吴昌硕在其《缶庐集》中《别芜园》写道:"在昔罹烽火,乡闾一焦土,亡者四千人,生存二十五。"

长兴县,据《长兴县志》记载,"嘉庆八年,岁报实在烟户九万五千四百九四户,实在民数三十六万六十四丁口"。此后,嘉庆九年至咸丰十年亦有勘测户口、丁口,然因遭兵燹,县署册卷荡然无存,无从查核。"同治六年,遂报实在烟户一万五百一十二户,实在男妇大小二万一千九百六十九烟口。"③ 据葛庆华研究,战后长兴土著约存7万人,战争期间长兴县损失人口40.2万,损失率达85.2%。"兵燹之余,民物凋丧,其列于册者孑遗之民仅十之三焉。"④

德清县,据1923年修《德清县新志》,"同治十一年人丁行查未报",故该县人口变动情况不详。同治三年,湘军将领高连升攻克德清"县人生还者不过十之二、三"⑤。"嘉庆十一年造报户九万四千七百八十三,大丁十二万三千三百零五,小丁九万一千八百十五,大口十万二千六百四十七,小口七万三千七百二十四,合计全县丁口三十九万千四百九十一。"⑥ 咸丰间因战争,县档册具毁,无从详查。但可据此推测战前人口应在四十万之上。《中国移民史》中估计同治四年,德清县人口大约六万余人,可得出土著者损失率大致达80%以上。《武康县志》道光七年以后未载户口,故战争期间人口损失情况不明。但由于武康特殊的地理位置,想必人口损失应当极为严重。同治三年,粮储道杨昌濬,满眼皆是"井舍烟稀,鸡犬绝声,遗民百不存一,所复各城疮痍无有过于是者"⑦ 此等景象。武康人口损失可窥一斑。

---

① 曹树基、李玉尚:《太平天国战争对浙江人口的影响》,《复旦大学文科学术年刊》(2001)。

② (清)亢树滋:《随安庐文集》卷2《芜园记》。

③ 同治《长兴县志》卷7《户口》。

④ 同治《长兴县志》卷首,光绪元年长兴知县恽思赞《序》。

⑤ (民国)《德清县新志》卷4《食货志》户口。

⑥ 同上。

⑦ 秦湘业、陈钟英:《平浙纪略》,浙江书局同治十二年版,第432页。

　　乌程、归安两县人口损失较他县较小，受灾百姓、流民多避难于此。同治十一年，乌程县实在人丁三十六万一千余，归安县人丁行查未报。光绪二年重新编查保甲，城乡共计六万九千二百一十有一户，二十五万四千七百三十九口。估计两县人口损失大抵在一半以上。

二　人口减少原因探析

　　战争期间湖州地区七县人口损失如上所述，数目惊人。深究其因，湖州人口减少并非完全由太平天国运动所致，这是由多方面因素共同作用的结果。然而太平天国战争是其中最根本的，也是最显而易见的。现将各方面因素分析如下：

　　首先，是由战争直接造成的死亡，包括死于战争和清军屠杀。在太平天国席卷中国的狂潮中，湖州多次成为主战场，其战争火力之盛、惨烈之巨、损失之大，远超我们想象。其中发生在 1864 年的湖州保卫战就是一个典型。在长兴城，清军派郭松林、李朝斌攻打太平军守将襄王刘官芳，刘燃烧火药桶，双方死伤惨重，据历史载"死于城下者尸积成堆"。[1] 经查各县地方志也有相应记载，《孝丰县志》灾异一卷中有如下记载，清军与感王一役中，虽溃敌军，擒斩感王"然而闾丼邱墟，残骸狼藉，昔全盛时口三十余万，而今则落落星辰，散布四隅"。"粤匪之变，血战三年，民之死于锋刃、转乎沟壑者不可胜数。"[2] 太平军在一定程度上还是同情于穷人的，但满清统治者为了扑灭太平军，搜刮百姓，大肆屠杀甚至虐杀汉族百姓，包括放下武器的投降者和俘虏。"清军入城后，滥杀未逃走的不幸的非战斗人员，无辜的居民不分男、女、儿童均遭屠洗。"[3] 根据英国外交部大臣罗塞尔至麦华陀信——关于清军虐杀太平军俘虏事，其所见这批俘虏人员有男有女，有老有少，有尚在褓裸中的婴孩，也有蹒跚而行的老翁，有身怀六甲的妇人，也有花季妙龄的少女。我们不难想象这批年龄大小不一，情况各异的俘虏，有很大一部分就来源于当地的土著居民。据统计，湖州城被屠杀的百姓约达

---

① （清）胡长龄：《俭德斋随笔》，《中华文史丛书》，华文书局 2011 年版，第 309 页。
② 光绪《归安县志》卷 27《祥异》。
③ ［英］吟唎：《太平天国革命亲历记》（下册），上海古籍出版社 1985 年版。

15000 人。

其次，是由战争间接造成的死亡，包括死于饥馑和灾疫。根据葛剑雄先生的研究，在太平天国运动中，江南地区只有 30% 的人直接死于战争，其余 70% 则是死于另一种烈性传染病——霍乱。葛先生在《人口与中国的现代化》一书中有如下分析："当时战争基本上仍然是冷兵器与原始的火器混合性的战争，很难想象双方军队运用如此落后的武器能造成几千万人的死亡。根本的原因还是在于战争破坏了正常的经济生产秩序，再兼双方军队掠夺了平民的食物，造成了大饥荒；而救灾系统已被战争彻底破坏，战争又持续不断，因此人口处于长期的一种饥饿状态，营养不良，身体抵抗力严重下降；此时由于战争死亡的人口的尸体无法得到及时的掩埋，空气、水源与食物必然遭受污染。"[1] 葛先生的结论还算允当，只不过霍乱对人口消弭的影响尚不止如此大罢了！虫害、饥荒、疾病三位一体构成的灾难系统才是导致人口锐减的重要因素。据查地方志可知，正值战事频仍之际，旱蝗之灾猖獗，"咸丰七年夏蝻复滋生，秋后悉入水自弊"[2]。"咸丰七年九月蝗，八年二月蝗"[3]，"蝗灾频发使得粮食越发不足，饥荒更为剧烈。譬如在西天目山庙中以前有四百和尚，战后仅三十名幸存，大多数人是在深山中饿死的"[4]。正如《安吉县志》所载："自庚申至壬戌贼往来不计其数，民始时死于兵戈，其饿毙者尚少。至壬戌五六月，颗粒难收，民皆食木皮青草，由是八九饿毙。"战争期间环境卫生条件恶劣，诱发了瘟疫，加之民众体质下降，清政府救济能力不足，使得瘟疫的破坏范围扩大，破坏力度加强。这次瘟疫造成了大量民众的伤亡，"同治元年六七月瘟疫，民遭兵戈者半，遭瘟疫者亦半"[5]。

三　战后外籍人口的迁入

太平天国历时十余年，破坏面甚广，其中尤以苏南、浙西、皖南等

---

① 葛剑雄等：《人口与现代化》，学林出版社 1999 年版，第 133—134 页。
② 同治《长兴县志》卷 9《灾祥》。
③ 光绪《孝丰县志》卷 8《灾异》。
④ 何炳棣：《1368—1953 中国人口研究》，上海古籍出版社 1989 年版。
⑤ 光绪《孝丰县志》卷 8《灾异》。

地破坏最为严重。战后的安吉地区，人口凋零、土地荒芜、经济残败，为了招徕客户，填补这一地区出现的"真空"或"半真空"状态，引发了长达半个世纪的移民浪潮。这是一种双向的人口迁移，既有迁出又有移入，迁出的对象主要有两类：一是地主豪绅，太平天国运动属于农民起义，在一定程度上同情穷苦农民，对地主官绅实行"籍没"政策，地主富豪心悸胆颤，携眷带口逃往异地，有民间歌谣《长毛歌》一曲为证："喜鹊叫，长毛到，财主人家活倒灶，穷苦人家有米粜，大家都说长毛好。"二是所在县的广大土著，他们惧怕受到战争波及，纷纷迁徙他乡。

在该浪潮中更引人注目的是外地人口向湖州的移入，他们通常被称为"客民"或"客户"。经过查证史料，我们发现这些客户多数来自于两湖、河南、安庆和宁、绍、温、台地区。在安吉、孝丰县，左宗棠曾招徕"宛、邓、襄、随之来民孝垦荒"；广招"江北、湖南客民开垦"①。同治九年，大批两湖移民迁入安吉，开垦荒地，正如《湖州府志》卷十八《金其相建玖磐山书院碑略》所记："自粤匪乱后，客民垦荒，豫楚最多。"两湖移民主要集中在安吉西部地区，如鄣吴、赤坞、缫舍、磻溪、杭垓、下汤、西亩等乡镇。磻溪乡桐垓陈姓、下汤乡老石坎李姓，就是自湖北迁入的。河南籍客户主要迁入湖州长兴、孝丰等地，在长兴县，以河南籍为最多，占40%以上。安吉、孝丰县的河南移民主要分布在县境北部的高禹、梅溪、荆湾、安城、溪龙等地，在这些地区居民以河南话为主。安吉县三官村为安庆移民迁入的较早居住地，也是最主要的居住地。此外，安庆籍客民还分布于鄣吴、良朋、西亩、报福和章村等地。宁绍温台地区人民集中在安吉县中部以南，且互相穿插交错。

上述迁入的客户多数都是来自于各地的农民，他们受招徕垦荒，构成了战后移民的主体。安吉县由于受灾之重，荒芜土地很多，成为垦荒农民麇集之所。而在战争期间豫南地区人口损失无几，当地又提倡早婚，遂人口得以激增，人地关系紧张，所以在有大量荒田招垦的情况下，大批农民涌入安吉县，其余诸地所差无几。除此之外，还有军人移

① （清）李应珏：《浙志便览·孝丰县序》。

民，主要是湘、淮军裁撤的散勇和被遣散的太平军，清政府担心大批散勇安置不利将会造成社会动荡，因此十分重视对裁撤的湘淮军勇的安置。据当时《申报》报道："皖浙大吏以国课攸关，招徕客民开垦，其间应募者，非漏网余匪，即遣散游勇。"长兴县是左宗棠安插裁撤兵勇的县份之一，必定有大量散勇迁入。其余如武康、安吉、孝丰、归安等处也是大同小异。

四　人口变动对湖州民俗文化的影响

太平天国运动对湖州地区产生了全方位、深刻而久远的影响。战后人口锐减，幸存土著居民寥寥无几，田地大面积抛荒，这对当地的农业生产和社会经济是一个巨大的摧残。而外籍客民持续大量迁入湖州开荒辟地，这无疑又促进了当地农业生产的恢复，使其逐渐摆脱战争带来的创伤。在这些方面，之前已有学者做了大量的研究和详细的著述，为避免累赘，兹不具述。本文撷取民俗风情方面详细研究，一窥大概。

来自各地的移民迁居湖州，必定带来原籍的生活习俗、土客文化。例如在饮食风格上两湖、河南和皖南地区的移民喜辣喜咸，这逐渐影响了原本喜甜喜淡的湖州饮食风格，在现在的安吉县西苕溪以西地区，居民普遍吃辣。两湖人喜食糍粑，迁移湖州后，也使湖州人养成入冬后吃糍粑的习惯。外来居民给湖州带来了苎麻、花生、玉米、番薯等作物，在安吉，苎麻的种植就十分常见。在风俗民情方面尤以方言和表演艺术最为显著，择其重要，叙述如下：

大量移民的涌入，使湖州方言呈现错综复杂的态势。除本地土著话外，还包括台州话、绍兴话、宁波话、温州话等属于吴语地区的方言，有属于官话地区的河南话、湖北话、安徽的安庆话、苏北话和少数民族的畲族话。相对来说，"下三府"湖州处在太湖、钱塘江之间的平原上，田多山少，土地肥沃，物产丰富，群众生活较为宽裕。因此，一遇凶年，"上八府"及其他贫困地区的群众便结队来湖州谋生。客籍方言主要分布在安吉和长兴两县境内，在全国汉语方言分区地图上，有一条横贯安吉、长兴的北方话与吴语的分界线，这是地区方言上的一大特色。

　　对于安吉县来说，大体以西苕溪为界，西苕溪以东是说本地话的土著居住区，西苕溪以西多为北方话区。[①] 其中，河南的移民数量是最多的，故在北方官话中，河南话的势力最强，河南话主要分布在高禹、南北湖、荆湾、三官等地；湖北话主要分布在杭垓、磻溪、缫舍、下汤和西亩等地；安庆话分布以郭吴、良朋、西亩、姚村、三官、报福和章村为主；苏北话分布不多，星散于荆湾、梅溪和晓墅的下街、安城镇的曹埠和马家渡、三官乡的银湾等村。此外，俗称为"上八府话"的台、绍、宁、温等方言，主要分布在县境的中南部，且犬牙交错；畲族话更是十分稀罕，仅在杭垓乡的唐舍、报福乡的中张和章村乡的朗村等畲民聚集点。[②] 虽然安吉县的移民来自各地，但因长期杂处和共同生活，在交流上已经不存在较大的障碍。现在的原籍安吉居民大都会说两种语言，在保存自己祖籍方言的基础上，还能依需要说一种当地流行语言。

　　对于长兴县来说，大体以城郊为界，包括城郊在内，以东为土著居住区，人数最多；以西为客民居住区或土著客民混合居住区，以河南话居多，夹杂着温州话、台州话、苏北话和安庆话。占绝大多数的河南话主要分布在三个区：毗邻安徽的泗安区、南部的和平区和中南部的虹溪区。[③]

　　总的说来，土著方言与客籍官话在语言学某些方面有着明显的不同。土著方言声母数多（安吉土著方言安城话和报福话均有声母 29 个），有一套浊音声母，塞音有清音与浊音的区别，分 n 和 l，没有翘舌音。而官话声母数少（安吉客籍方言横塘话和小杭坑仅有声母 22 个），没有浊音声母，分 n 和 l，有翘舌音。[④] 另外，土著方言有文白两读的现象，而客籍官话不分文白，只有一种读法。游汝杰在《汉语方言学教程》一书中对官话的声调特点作了介绍，官话声调调类较少，普遍只有四个声调，极少有入声。土著方言声调多，有入声；如"月"在安城

---

① 稽发根主编：《湖州市志》，方志出版社 2012 年版。
② 安吉县地方志编纂委员会：《安吉县志》，浙江人民出版社 1994 年版，第 557 页。
③ 稽发根主编：《湖州市志》，方志出版社 2012 年版。
④ 安吉县地方志编纂委员会：《安吉县志》，浙江人民出版社 1994 年版，第 559 页。

话中属于阳入声调，在小杭坑中属于阳平。这些也正好印证了官话与吴语间的对立和区别。此外，在相同的词语的称呼上，不同方言的叫法各异，如"失火了"，安城方言称作"火烧"，报福方言称作"火着了"，横塘话称作"失火了"，小杭坑则叫做"着火了"；又如"女孩儿"，安城称作"丫头"，报福称作"女小把戏"，横塘称作"小女子"，小杭坑则称作"小丫头"。方言在安吉民间的山歌歌词中也有相应体现，如《山茶好吃树难栽》"财主豪绅齐杀尽，叫他棺材做不赢"一句中"做不赢"即为湖南方言，意为来不及做；又如《打个哈哈唱反歌》"走我家门口过，家家还在摇窝里坐"中"家家"为湖北方言，湖北方言称"外婆"为"家家"。

　　客户的迁入为安吉带来了原籍的传统文化和表演艺术。其中安吉的梅溪旱船和长兴的泗安旱船是这时期移民文化的突出代表。旱船历史悠久，结合现有文献考镜源流，大致可追溯到唐代。据《太平广记》记载："唐玄宗在东洛，大酺于五凤楼下，命三百里内县令刺史，率其声乐来赴阙者，或谓令较其胜负而赏罚焉……山车、旱船、戏马、斗鸡……，夜阑，即遣宫女于楼前歌舞以娱之。"[1] 可见旱船早在唐代就已流行开来。从旱船的起源传说来看，有唐代蔡状元善行感应天帝说（梅溪旱船）和观音老母化身医救唐高祖说（泗安旱船），这也从侧面印证了旱船起源于唐代的说法。梅溪旱船民间俗称"花龙船""八仙船"，是集唱、舞、绘画、手工技艺、扎纸技艺于一身，有很高民间文学、民间艺术价值的岁时节令习俗舞蹈。太平天国战争后，大量人口由湖北、河南、皖南等地迁徙到安吉县梅溪镇，带来了原地的文化，梅溪旱船就是众多艺术品种中的一支。旱船来源于河南籍移民，至今仍保留河南唱腔。据梅溪旱船传承人姜纪国先生介绍[2]，表演一般需要7—8人，各有分工，有船拐子、船娘子、小丑、打锣鼓的、打云牙板的（用绳子串起三块木板，靠打击发声）。船拐子用手中的"连响"（把一节竹子掏空，用铁丝穿过铜钱，固定在竹子内，在手上旋转，靠震动发声）指挥船队，同时在多条旱船相聚时担当"对歌"。在每年正月至二

---

① （宋）李昉：《太平广记》卷 240《大酺》。
② 2015 年 7 月 23 日，王越峰于安吉县梅溪镇人民政府采访姜纪国先生所得，由姜纪国先生口述，王越峰笔录。

月初二进行活动，主要形式有"拜门子"和"打坐场"。"拜门子"主要是指挨家挨户走村，祝福主人来年顺利；"打坐场"是在较大的场地联合他村集中表演，各村邀请船队，先用长凳"摆四门"，船队则在"船拐子"的指挥下，用背纤、放纤、老龙卧沙滩、里外荷花等队形"破四门"，再"开四门"。本村船队组成八卦、天门等各种阵势，待另一村旱船前来，双方以歌对阵，以歌破阵，输方弃船走人。梅溪旱船的歌词歌调依旧沿用河南的原词原调，有唱八大神仙、五路财神、金龙宝殿、五子登科等数十种，且合辙押韵，通俗易懂，有很强的即兴性和观赏性。结束时要在水边把旱船焚毁，称为"化船"，正所谓"二月二，龙抬头"。旱船艺术传入安吉后与安吉土著文化相融合，将早期的船头扎走马灯改为结合当地风物在船身贴剪纸，画荷花等图案。在伴奏乐器上也有了较大的变化，由原本的大鼓、大小镲、大锣、手锣、唢呐转化为锣鼓、云牙板、连响等。旱船保留了许多清代沿袭下来的文化，对研究清末豫、鄂移民习俗的传承演变有很高价值。相对来说，目前湖州的旱船文化相较原始地河南保存得更原汁原味。河南的旱船文化，在近百年的发展中，在原有的传承谱系上有了很大的改变。如临颍县南街村创造了双人旱船舞，对单人旱船进行改制，将船身增长，设计为前后两个坐船女共同支撑船身的画面。兼用坐船、跪步、蹲步、碎步、搓步、慢步与传统民间舞蹈，形成独特的双人旱船舞。虽然双人旱船舞运用虚实结合的艺术效果，较传统民间舞蹈更为活泼生动，富有美感，但也缺失了传统旱船舞的纯正韵味。

　　梅溪花鼓戏是在太平天国后由河南、安徽籍移民在湖北东路花鼓调、河南灯曲基础上结合当地民歌而形成。主要有四大主腔：陶腔、北扭子、四平调、悲腔。花鼓戏传入湖州之初，不同籍演员尚可在同一舞台用各自方言演唱，后因剧目的传承逐渐规范，花鼓戏的表演也愈加严格。不仅要用规定的方言和唱腔，还有十分讲究的表演规范，当涉及需要走楼梯的戏份时，必须按照严谨的规则走13步楼，不能有丝毫差错。据花鼓戏传承人游有娣女士介绍，目前梅溪花鼓戏以皖南花鼓戏为主，演出形式有文武场，起最大作用的是九龙口，由九龙口（一位表演者）指挥着花鼓戏的演出。花鼓戏题材以唐代戏为主，生旦净丑角色齐全，演出剧目以教人为善，感化人为主。大鼓书是一种单人表演的说唱曲艺，是在太平天国战争后和花鼓戏、旱船等同时期由湖北、河南、温州移民传入，主要分布在安吉梅溪、递铺和长兴等广大地区。大鼓书的表演者身穿长袍（女性身穿旗袍、束发），头戴礼帽，左手打板，右手击鼓，说唱结合。梅溪大鼓书的演唱仍采用演员操鼓板自击自唱的"单大鼓"方式，保留了河南大鼓书的原貌。开场前以"开场诗"作为引子，既可是传统，也可即兴编曲，书目分长篇"正传"和短篇"书帽"两类。"正传"一般以历史故事为主，"书帽"多以民间传说、寓言和笑话为主。传入湖州后，不断在河南大鼓书的基础上融入了地方的元素和特色，逐渐形成了现在梅溪大鼓书的面貌。梅溪大鼓书的人物形象和情感通过打板表现出来，有快板、慢板和散板。在表现帝王将相时，用沉稳豪放的"官调"；表现反派角色时，用阴诈狡黠的"奸调"；表现贫民倍受欺压时，用如泣如诉的"悲调"。大鼓书具有一字三哼、推弓拉架、哭啼悲叹等特点。梅溪大鼓书兼具南北方唱腔特点，时而高亢有力、粗犷豪放，时而婉转缠绵、莺声燕语。在大鼓书中还有一种非常罕见的形式——"打蛮船"，曲调有三种，音韵分为昌双韵、清生韵、天仙韵、黑白韵、塞来韵、皮西韵等"十三条半韵"，过板节奏明显，带有浓重的湖北河南交界地区的特色。

太平天国运动后的移民浪潮为湖州带来了丰富多彩的异域文化，为湖州文化注入了新的基因。这些传入的移民文化，大多被原样地保留了下来，较原始地保存得更为完整和真实，是研究移民文化的活化石。同时客籍人民带来的外来文化与湖州本地文化相结合，形成了一种独具特色的风土文化，对湖州产生了深远的影响。

近代嘉兴秀州中学学生
自主能力培养探析

    学界对近代教会学校的研究主要集中于其对中国教育近代化的影响、对妇女思想解放的影响等方面，而对它的学生培养模式的研究却比较少见。本文试以嘉兴秀州中学为例对教会学校培养学生自主能力的模式与方法作一探析。秀州中学由美国南长老会派遣传教士花第生夫人于1896年9月创建于嘉兴。最初学校设在嘉兴梧桐树街，学生仅3人。后来学校迁至南门帮岸，学生稍有增加。1900年学校迁入福音医院内的爱格森堂，定名为秀州书院，由美国传教士裴来仪任校长。1910年9月，书院迁至项家漾，并更名为私立秀州中学。至1937年，秀州中学学生达575人，成为浙北地区知名的教会学校。

    秀州中学作为一所教会学校，其办学目的自然是宣扬基督教精神，"造成基督化的学生"，为殖民主义服务，但其培养模式在客观上却有利于学生自主能力的提升。本文试从以下三方面予以剖析。

一　增设选修课程，拓宽学生自主学习空间

    与传统的书院不同，秀州中学在课程设置上除了必修课外还增设了选修课程，为学生自主学习拓宽空间。秀州中学1924—1929年的课表显示，高中公共必修课程为32门，分科必修课程为30门；初中必修课程为43门。高、初中选修课程为58门。选修课程占总课程的35%以上（见下表）。

秀州中学 1924—1929 年高、初中选修课程表

性质	课程	学分	教员与年度	性质	课程	学分	教员与年度
文科	国学大纲	2	曹之竞 1928 春	社会	经济学	3 6 6 3	张镜予 1925—1926 周克明 1926—1927 陈新甫 1928 春
	小说作法	2	张文昌 1928 春				
	文学史	3	曹之竞 1925 春		三民主义	2	施煜芳 1927 春
	诗学入门	2	万心壶 1925 春		本国近代史	4	何章钦 1928—1929
	文字学	2	曹之竞 1924 秋		欧洲近代史	3	郭礼赈 1928 秋
	应用文作法	2	曹之竞 1929 秋	哲学	道德训练	2	黄式金 陈灵辉　　1929 春
	翻译	6 4 3	陈新甫　1924—1926 彭善彰　1926—1927 1927 秋		哲学概论	2	张镜予 1925 春
					伦理学	3	施煜芳 1927 春
	英文文学	4	戴佩禧 1928—1929		人生哲学	4	周克明 1926—1927
	近代英文选	2	黄式金　1928 春 1929 春	宗教	基督教与三民主义	2	施煜芳 1927 春
	日文	6	袁子云 1928—1929		圣经故事	2	施煜芳 1927 春
	英文会话	2	窦维思 1928 秋		新约	2	郭礼赈 1928 秋 窦维母 1929 春
理科	定性分析	3	童金耀 1925 春 黄亦石 1929 春		伟人生活	2	骆之骏 1928 秋
	微菌学	3	姚克方 1924 秋		基督生平	2	骆之骏　　1928 1929 春
	用器画	4	庞亦鹏 1924—1927				
	地质学	3 2	李焕彬 1925 春 黄亦石 1929 春		基督与人生	2	顾惠人　　1928 春 1929 春
	高等物理	6	顾嘉滨 范霍克 1925—1926		基督教与国际	2	窦维思 1929 春
	立体三角	3	许雪庄 1926 春		宗教概论	2	陈灵辉　　1928 春 1929 春
商业	验弊法	1	朱葆群 1924 秋	艺术	高等音乐	4 2	戴佩禧 1924—1925 骆之骏 1928 春
	薄记	6 3 3	唐贵赐 1925—1926 沈端北 19275 秋 何寿衡 1928 秋		高等图画	4 2	庞亦鹏 1926—1927 张颖达 1929 春
	会计学	3	沈端北 1927 秋	农业	农业常识	3 4	童金耀　　1928—1929 1928 春
	商业常识	4	沈端北 1927—1928 何寿衡 1928—1929		园艺学	2	童金耀 1928—1929
	银行薄记	3	沈端北 1928 春		养蜂学	2	童金耀 1929 春
	高等利息	2	何章钦 1929 春	教育	乡村教育	4 2	张镜予 1924—1925 张文昌　　1928 春 1929 春
	打字	6 4 4	唐贵赐 1924—1926 沈端北 1927—1928 何寿衡 1928—1929				
	商业英文	4	唐贵赐 1924—1925		心理测验	2	陈新甫 1924 秋
	商业算术	2	何寿衡 1929 春		教育测验	2	黄式金 1927 秋

续表

性质	课程	学分	教员与年度	性质	课程	学分	教员与年度
社会	世界地理	4	范霍克 1924—1926	教育	图书馆学	4	徐旭 1927 春 徐明 1929 秋
	政治学	3 4 4 3	张镜予 1925 春 周克明 1925—1926 1926—1927 陈新甫 1927 秋		教育心理	2	顾惠人 1928 秋
					心理学	3	顾惠人 1928 春 1929 春
	本国地理	6 3	徐旭 1926—1927 1927 秋		体育学	3	陈新甫 1927 春 陈新甫 1926 秋 顾惠人 1927 秋 张文昌 1928 秋
					体育原理	4	葛敬道 1925—1926

资料来源：据毛树坚、姚鸿瑞《嘉兴秀州中学校史文集》整理。

建构主义理论主张教学以学生为中心，强调学生学习的自主性。教师应激发学生的学习兴趣，并帮助学生形成学习动机，使学生通过意义建构获得知识。而选修课程的设置为充分发挥学生个体自主性与积极性创造了条件。所谓选修课程，是指依据不同学生的特点与发展方向，容许个人选择的课程，是为适应学生的个性差异而开发的课程。它的意义在于赋予了学生自主选择的权利。学生可以根据自己的需要，包括兴趣、爱好、个性特征等而选择所学课程。选修课程让学生自由学习，进而激发学生的学习兴趣，满足学生多方面的需求。日本教育学会会长大田强调，教育必须保障每个儿童"从选择中求得发展的权利"①秀州中学在 90 年前就赋予了学生这种权利。门类广泛的选修课程拓展了学生自主学习的空间，增强了学生学习的自主性，提高学生的学习兴趣，促进了学生的个性发展。值得注意的是，在选修课程中还开设了一组教育、心理类课程，如《乡村教育》《心理测验》《教育测验》《心理学》《教育学》等。这对培养学生健康的心理素质不无裨益。同时也完善了学生的知识结构。此外，选修课中还开设了一系列实用性强的课程，如《簿记》《会计学》《打字》《商业英文》《园艺学》《养蜂学》等，以培养学生的动手能力和拓宽学生的就业门路，体现了现代教育理念。

---

① 张华：《课程与课程论》，上海教育出版社 2000 年版，第 299 页。

二 实施工读制度，培养学生自助自立精神

秀州中学实施工读制度的初衷是帮助贫寒子弟完成学业，但其实际所起作用却不仅于此。它在帮助贫寒子弟完成学业的同时，还有效地培养了学生自助自立精神。

所谓工读制度，是指自助生承担学校分配的一定工作，换取减免一定数额的学膳费用的制度。秀州中学的工读制度规定：

1. 自助生工资，每学期每人 8 元，每小时 0.08 元。

2. 学生入自助部，必须预先填写志愿书，向事务室报名。

3. 录取之自助生，以一学期为限。愿继续者，得按手续报名，由事务部择定后正式通告。

4. 录取之自助生，必须于缴费第一日之先一日到校，向事务室领取许可证。过期即以候补者补录。放假时，必须在放假日离校，且预先须将职务结束。

5. 自助生应得工资，不得预先支用，准立证先向学校借用缴纳学膳费，至学期末此据发返作废。

6. 作工时间，由事务室在上课时间外排定。

7. 自助生在放假日期内，必须按时尽职。遇任何离校或有病不能工作时，必须报告事务室，并请人代理。

8. 自助生有犯以上规则或工作疏忽，经职员查出，第一次罚记工过，第二次即停止职务，应扣工资，凭借证追返。

自助生担任的工作有缮写油印、图书管理、清洁卫生、批图画卷、寝室电灯开关、实验室仪器维护管理等等。涉及教学、后勤行政及技能等方方面面。关于自助生工资标准，随物价增长而调整。秀州中学1919—1928 年为自助生所付费用如下表所示。

1919—1928 年秀州中学工读制所付费用一览表

1919 年	67.00 元	1924 年	447.67 元
1920 年	84.00 元	1925 年	527.65 元
1921 年	150.24 元	1926 年	776.61 元
1922 年	217.04 元	1927 年	623.10 元

续表

1919 年	67.00 元	1924 年	447.67 元
1923 年	296.33 元	1928 年	588.50 元
合计	3778.20 元		

　　资料来源：据毛树坚、姚鸿瑞《嘉兴秀州中学校史文集》整理。

　　秀州中学是中国最早实行工读制度的学校之一。它从 1919 年实施后一直延续了下来。即使在华东联中时期学校经费非常困难的情况下，工读制度也未废止。许多贫寒学生受惠于此，最多的一学期达 100 多人。

　　教会学校的工读制度，亦称学生自助制度。它是现代勤工助学制度的早期形态。所不同的是，工读制度的主体是中学生，而勤工助学制度的主体是大学生；工读制度下自助生承担的工作是由学校安排的，而勤工助学制度下学生承担的工作既有学校安排的，也有学生去校外应聘的。两者的共同点，一是学生以个人所得劳动报酬弥补和解决部分学习和生活费用；二是培养正确的劳动观念和劳动态度，养成自立自强精神。它"致力于自立成才，将所从事的活动与专业知识、学习、能力培养、自立素质的提高及个人的全面发展紧密结合起来"。[①] 工读制度（包括勤工助学）的这种功能和性质决定了它对培养学生自立自强精神和能力意义重大。事实上，在秀州中学做过自助生的学生普遍比未做过自助生的学生更具有自立自强精神和工作能力。当时秀州中学学生团体的领袖或干事大多由自助生或做过自助生的学生担任，连任 28 年校长的顾惠人及国学大师蒋礼鸿都曾经是该校的自助生。因此，秀州中学的工读制的实施不仅解决了部分贫寒学生的学习费用问题，而且使学生在工作中增长知识和锻炼能力，更重要的是培养了学生的自助自立精神。

三　成立自治组织，培养学生自治能力

　　秀州中学为了培养学生的自治能力，鼓励学生成立自治组织和社团。因此，秀州中学的学生自治组织和社团异常活跃，在浙北地区颇负

[①]《1984 年复旦大学科技咨询中心成立三周年纪念文集》，油印本，第 1 页。

盛名。学生自治组织主要有：

（1）青年会。这是一种宗教性的服务组织，建立于1915年。其组织机构有德育、智育、体育、群育、服务、营业六个部。除布道传教外，青年会还承担起组织比赛、订购书报、讲演、义务夜校授课、募款赈灾等工作。

（2）爱国会。它成立于1919年五四运动期间，以救国救民为己任。其组织机构设评议部和理事部。评议部由各年级评议员组成，讨论分析评议国家大事、重要时事和重大举措，提出主张、口号和行动建议。理事部由总务、教育、实业、调查、出版、外事六科组成。它是执行机构，负责实施经过讨论评议后作出的决定，组织开展各项重要活动和办理日常事物。

（3）学校市。它成立于1919年12月，是秀州中学特有的学生自治组织。它把学校当作一个社会，学生是社会中的公民，公民在社会中享受民主，实行自治。其组织机构模仿西方的"三权分立"，分设三部。一是立法部（市议会），由议长及各年级议员组成。其职能是通过一切利于学校及市民之法律，监督和弹劾本市重要职员之旷职或违法等情况。议员代表各年级市民在议会提议和表决。二是行政部（市政厅），由市长和各科科长组成。其职能为实行议会议决之法律。市长的职权是促进各职员为市民办事。有警察科、外交科、卫生科、教育科、储蓄科等。三是司法部（市法院），由推事3人、录事2人、律师和秘书各1人组成。其职能为审理市民诉讼案件，解决纠纷，判断起诉人及被告人之是非曲折。以上三部中的议长、市长及推事、律师皆由全体市民选举产生。议员由各年级选出。行政部各科科长和司法部的录事皆由市长及推事选择委任，但须经议会通过。各部职员的任期为半学期。

关于学校市的自治活动，曾连任两届学校市市长的袁伯樵撰文记述："余谨记某日，一年长同学取一年幼同学之英文练习本三本，事觉而询之，反遭痛骂。同学之年幼者受此损失，心绪忧伤，敢怒不敢言。事闻于余与倪清源君、徐旭君，吾三人乃尽半日之力为彼缮诉讼之法院。开庭时吾三人自动为彼出庭辩护。结果，同学之年长者被罚禁假一月，割去选举权与被选举权半月。"①

学生会。1927 年由青年会、爱国会、学校市三个学生组织合并而成。学生会的组织机构分为学生大会、各级代表会议、执行委员会及常务委员会四级。全体学生大会为学生会最高机关，大会主席由各级代表会议主席轮流担任。大会闭会期间以各级代表会议为最高机关。各级代表由各年级自选，任期为一学期，连选得连任。1930 年学生会更名为"学生自治会"。

除了以上全校性的学生组织外，还有名目繁多的学生社团。其中既有学术的也有文体的。如：科学研究会、文学研究会、演说会、演剧团、明星画会、歌唱班、酬金赎路会、拳术会、划船会、脚踏车会、跑冰会、医学会、国乐团、聚餐会、旅行团、新闻学研究会等等。

学生自治组织的创建与发展对学生自主意识和自治能力的培养具有重要意义。陶行知给学生自治下了一个定义："学生自治是学生结起团体来，大家学习自己管理自己的手续。"② 对于学校来说，即"为学生预备种种机会，使学生能够大家组织起来，养成他们自己管理自己的能力"③。因此，学生自治组织究其实质就是自己管理自己。学生通过组建自治组织，以主体的身份立法，自己执法，共同制定组织的规章制度，自行决定人事任免和奖惩条例，制定工作计划。除了负责日常管理外，学生自治组织还策划活动，出版刊物，其内容涉及方方面面。在自我管理的过程中，学生的自主意识觉醒了，自治能力提升了。

同时，通过在自治组织内的民主实践活动，学生还养成了行使民主权利的意识和行为习惯。自治组织在自愿基础上成立。其运行机制是少数服从多数，在自治组织做出最终决定前，每个成员都有权充分表达自己的意愿，任何人都无权把自己的意志强加给他人。成员在自治组织内人格独立与平等，大家以自愿、协商、尊重、契约为存在基础。这种活动模式很好地培养了学生的民主精神。正如曾任学校市市长的袁伯樵撰文所说："事虽细而吾人今日在社会处事公平正直之精神，不得不谓当

---

① 毛树坚、姚鸿瑞：《嘉兴秀州中学校史文集》，第 113 页。
② 陶行知：《陶行知文集》，江苏教育出版社 2001 年版，第 54 页。
③ 同上。

时养成之也。"①

　　需要说明的是，近世中国的教会学校尽管在客观上"培养了一大批有良好训练且在社会各层面有很大影响的男性和女性"，② 并在培养学生自主能力的模式和方法体现了现代教育理念，但毋庸置疑这种教育是与西方殖民主义相伴而来，并且其初始阶段又主要是为基督教的传播而服务，这是研究中不能不特别予以指出的。

---

① 毛树坚、姚鸿瑞：《嘉兴秀州中学校史文集》，第 113 页。
② ［美］队克勋：《之江大学》，刘家峰译，珠海出版社 1999 年版，第 2 页。

从官师合一到政学分途：辛亥革命前后读书人的职业选择

"学而优则仕"本为中国传统知识分子的价值取向，从政与论政亦是传统士人天然的社会责任，在帝制时代，官师往往合一，读书、治学与做官并无冲突。然民国建立以后，读书人的这种价值取向则由于社会发生的巨大变迁，出现了不同程度的分化和演变，学者最好不论政也不做官反而成为一种人人亦趋的潮流，政、学分途渐成趋势。① 然由于中国近代化进程的迟缓，导致社会对各类人才需求不旺，而新式教育的蓬勃发展，不仅生产了大量的读书人，同时也成为消化读书人的最好场所，"退而从教"逐渐成为辛亥革命后读书人的无奈选择。

一 旧王朝：科举废除与新式教育的兴起

作为一项连接国家与社会的有效机制，科举使国家与社会精英之间能够保持着一种制度性的联系，成为官僚的有效来源途径。1905 年科举制度的废除对于中国社会以及身处其中的人而言都是一种巨大变化，严复甚至指称其意义可比古代之"废封建""开阡陌"。② 尽管严复坦言，其后续影响不可预知，但以新式学堂和留学为特征的新式教育初步兴起却是科举废除后最直接也是最明显的影响。

---

① 参见罗志田《近代读书人的思想世界与治学取向》，北京大学出版社 2009 年版，第 3 页。

② 严复：《论教育与国家之关系》，王栻编：《严复集》（一），中华书局 1986 年版，第 166 页。

科举废除后，文凭逐渐取代科名成为文化资本的主要特征，从而成为读书人争夺的对象。由于权力场域的转移，人们对新文化资源的争夺则从古代书院、私塾转移到新式学堂中。有学者统计，1904 年，全国仅有学堂 4476 所，学生也不过 99475 人。1905 年废除科举后，新式教育可谓飞速发展，以发展速度最快的 1909 年来看，其学堂总数为 59117 所，学生总数则高达 1639641 人，已经是 1904 年的十倍之多，短短四年的发展，远远超过了过去四十多年的发展。① 因争夺文化资本的场域转移到了学堂，人人以能入学堂为登龙门之捷径，家塾中先生的饭碗岌岌可危，塾师因此惊呼："前者每立一学堂，各塾学生辄纷纷辞去，所余学生亦因之摇动，有人人思入学堂之势。"② 而传统社会中宗族以举办家塾来培养子弟的责任亦开始转为兴办学堂。清季，江西官报记载道："人情莫不以科名为宗族光宠，今者科举已废，学堂为登进之阶。此日不早入学堂，则他日必无出身之路。兹以祠产余款举办学堂，将来卒业递进升得官职，其荣显与科举无异。"③ 学堂出身与科举出身并无二致，"今日之学生，即异日之官吏"④ 大约为当时人的共识，亦是学堂勃兴的肇因。其中尤以习法政者为最，有统计显示，1907—1909 年，全国公立法政学堂数分别为 27、37 和 47 所，在校学生人数则分别为 5766、9756 和 12282 人。⑤ 为迎合中国人的猎官心理，各类私立法政学堂也在此时快速兴起。郭沫若曾描述其家乡情况："周围只有 22 里路的一座成都城，在以前我们初到的时候，已经包含有了好几座私立法政学校，在以后的头一、二年间，有一时竟陡增四五十座之多。三月速成，六月速成，一年速成，当时学界制造法政人才真是比花匠造底花还要脚快手快。因而父子同学、祖孙同学的佳话便处处都有闻。"⑥

---

① 王笛：《清末近代学堂和学生数量》，《史学月刊》1986 年第 2 期。

② 《联合家塾小启》，《大公报》1905 年 5 月 24 日，第 4 版。

③ 《江西官报》第 31 号，第 2 页。转引自章开沅等《中国近代史上的官绅商学》，湖北人民 2000 年版，第 417 页。

④ 故宫博物院明清档案部编：《清末筹备立宪档案史料》（下），中华书局 1979 年版，第 985 页。

⑤ 中华民国教育部：《第一次中国教育年鉴》（丙编），开明书店 1934 年版，第 144 页。

⑥ 郭沫若：《郭沫若选集》第 1 卷上册，四川人民出版社 1979 年版，第 179 页。

在科举入仕仍为正途的时代，留学生还仅仅是一个"异类"。被称为中国近代留学生之父的容闳，在美国完成学业归来后，不仅经历坎坷，数易其职，还曾遭失业的厄运。科举废除后，留学成为占据文化资本制高点的重要手段，故留学大军开始崛起。1910 年胡适在赴京参加留学考试前给母亲的信中即曾说，"现在时势，科举既停，上进之阶惟有出洋留学一途"。① 而日本因路近省费，于是成为读书人首选之地。据辛亥元老吴玉章回忆，1904—1905 年，大批举人没有了科举上的出路，"差不多都到日本来"②，1906 年留日学生数竟高达 8000—20000人③左右。其情形恰如时人之描述："父遣其子，兄勉其弟，航东负笈、络绎不绝。"④ 当日本早稻田大学教务主任青柳笃恒，亦曾描述道：

> 学堂虽得开设，代替昔时科举；惟门户狭隘，攀登甚难，学子往往不得其门而入，伫立风雨之中；惟舍此途而外，何能跃登龙门，一身荣誉何处而求，又如何能讲挽回国运之策？于是，学子互相约集，一声"向右转"，齐步辞别国内学堂，买舟东去，不远千里，北自天津，南自上海，如潮涌来。每遇赴日便船，必制先机抢搭，船船满座。中国留学生东渡心情既急，至于东京各校学期或学年进度实况，则不暇计也，即被拒以中途入学之理由，亦不暇顾也。总之分秒必争，务求早日抵达东京，此乃热中留学之实情也。⑤

而就留学专业而言，亦多为法政科。颜惠庆回忆道："彼时留日学

---

① 胡适致母函，1910 年 6 月 30 日，《安徽史学》1989 年第 1 期。

② 吴玉章：《吴玉章回忆录》，中国青年出版社 1978 年版，第 24 页。

③ 关于 1906 年留学日本的具体人数，学界众说纷纭，没有定论。杨齐福认为，1906 年留学日本的人数为 8000 人，见（杨齐福《科举制度与近代文化》，人民出版社 2003 年版，第 250 页。）实藤惠秀认为，1906 年的留学人数达到"一万三四千或二万名之谱"。见 [日] 实藤惠秀：《中国人留学日本史》，谭汝谦、林启彦译，三联书店 1983 年版，第 36 页；方汉奇则认为，1904 年留日学生达 3000 人之多，1906 年则逾万人。见方汉奇《中国近代报刊史》，山西人民出版社 1981 年版，第 202、402 页。

④ 张枬、王忍之：《辛亥革命前十年间时论选集》第一卷上册，三联书店 1978 年版，第 381 页。

⑤ [日] 实藤惠秀：《中国人留学日本史》，谭汝谦、林启彦译，三联书店 1983 年版，第 37 页。

生，多趋于政法一途，回国后，志在作一小官，或公务员，以资糊口。"①

　　由于清政府通过"科名奖励"的方式将新式学堂的学生和留学生一起纳入到国家政权之内，因此科举废除后并没有立刻破坏国家与士人之间的整合关系，"学成做官"的制度设计部分消解了读书人与国家政权之间的紧张关系。加之一些通商口岸的开埠和洋务运动展开所带来的城市社会结构与新式产业的出现，亦为一些新式学堂和留学生带来了新的职业选择，从而缓解了读书人反体制的冲动。然而自古以来，中国就是一个单一职业的国度，读书—应试—做官是为读书人的不二选择，这种职业选择的惯性亦使"其他职业是作为一种慰藉而存在的……相对于做官来说，还是缺乏吸引力的替代选择"。② 尽管近代留学教育兴起之时，清政府即有培养新学师资的意图。③ 然是时，政府需才甚急，大部分留学生仍流入了政界。故鼓吹无政府主义的《新世纪》杂志即刊文指出："自满洲赏举人进士之例开，而留学生之被笼络者，不知凡几。"④

　　随着新式教育的开展，新学堂对读书人的大量生产，远大于私塾书院时代的师徒传授的产出。因此读书人的数量大大膨胀，而近代化进程的迟缓又导致社会对各类人才的需求不旺，加之"学而优则仕"的传统惯性，政界仍是多数读书人向往的殿堂⑤，给帝制晚期造成了巨大的政治参与压力，从而造成了读书人与王权之间的紧张离合关系，并促成

----

　　① 颜惠庆：《颜惠庆自传》，姚崧龄译，传记文学出版社 1982 年再版，第 55 页。

　　② ［美］吉尔伯特·罗兹曼：《中国的现代化》，"此较现代化"课题组译，江苏人民出版社 2003 年版，第 134 页。

　　③ 1903 年张百熙在给光绪的奏折中即曾谈及此问题："窃臣百熙于召对时蒙懿训，深以教习乏才为念。当经奏陈京师大学堂宜派学生出洋分习专门，以备教习之选。……诚以教育初基，必以培养教员入手，而大学堂教习尤当储之于早，以资任用。查日本明治八年，选优等生留学外国，至明治十三年，留学生毕业归国后，多任为大学教员。……此其用心深远，可为前事之师。……亟应多派学生分赴东西洋各国学习专门，以备将来学成回国，可充大学教习，庶几中国办理学堂尚有不待借材操纵自如之一日。"陈学恂、田正平主编：《中国近代教育史资料汇编》（留学教育），上海教育出版社 1991 年版，第 19 页。

　　④ 《论留学生之做官》，《新世纪》第 19 号，1907–10–26。

　　⑤ 王奇生：《党员、党权与党争——1924—1949 年中国国民党的组织形态》，上海书店 2003 年版，第 34 页。

了读书人的反体制冲动。① 辛亥革命的爆发，不仅推翻了清政府，亦将科举废除后官员仕进的补救措施埋进了历史的故纸堆。

二　新政权：读书人的"新希望"

辛亥革命虽然推翻了帝制政府，但清政府实行的"科名奖励"与授予实官的做法，却让读书人急于求官的心理愈加膨胀。梁启超归国之初即直言："其误国最甚者，莫如奖励出身之制，以官制为学生受学之报酬，遂使学生以得官为求学之目的，以求学为得官之手段。"② 辛亥革命的成功并没有湮灭这股求官热潮，"盖当民国初元，国家乍脱专制而创共和，社会对于政治兴味非常亢进"。③ 杜亚泉指出，中国数千年专制政体下，"官吏之威权特重，且安富尊荣，独占社会上优厚之权利，故人民之重视官吏，几成根性"。今"政体虽更，根性未变，竞争益剧，运动益多"。④ 然民初法制未定，用人无章可寻，政府用人新旧杂糅，良莠不齐。政府虽广开招贤之馆、用人之门，然"有求而有得者，有求而不得者，有得而大快其所欲者，有得而不遂其所愿者，有藉此一得以保全其身家性命财产者，有自身不得而甘心作乱者，有转徙而至贫无聊赖以求一得者"。民初仕宦途中的营营逐逐，成为社会上种种险恶现象之一。⑤

久居京城的梁启超亦发现求官者之多，令人震惊。"居城厢内外旅馆者恒十数万，其什之八九皆求官也。而其住各会馆及寄食于亲友家者，数且相当。京师既若是矣，省亦莫不然，大抵以全国计之，其现在日费精神以谋得官者恐不下数百万人。"⑥ 为了消解这种巨大的政治参

---

① 进入民国，一些清代遗民，在反思清朝灭亡与辛亥革命时即多认为其中的关键在于废科举、兴学堂。如陈夔龙即是如此："末世不察，至薄帖括为小技，而未审先朝驾驭英雄之彀，即在乎此，科举一废，士气浮嚣，自由革命，遂成今日无父无君之变。"参见陈夔龙《梦蕉亭杂记》卷2，中华书局2007年版，第76页。

② 梁启超：《饮冰室合集》文集之二十九，中华书局1984年版，第41页。

③ 黄炎培：《读中华民国最近教育统计》，《新教育》1卷1号，1919年2月，第22页。

④ 伧父（杜亚泉）：《论人民重视官吏之害》，《东方杂志》9卷4号，1912年10月1日，第3—4页。

⑤ 包志拯：《论今日国民亟当务各务职业》，《申报》1912年1月19日，第2版。

⑥ 梁启超：《作官与谋生》，《饮冰室合集》文集之三三，中华书局1989年版，第45页。

与压力，从 1915 年到 1920 年，北洋政府曾举办了 5 次较大规模的文官考试，报考人数超万人，总共录取人数 1630 人，平均录取率只有 12.54%。① 这样的结果，只能是杯水车薪。

既然做官仍为时人奉为圭臬，则法政学校依然成为青年学子的首选，"盖以法科为干禄之终南捷径也"②。而新政权的诞生更让年轻的读书人看到了"新希望"。生于 1893 年的潘序伦回忆道："当时民主共和国体初创，全国各地都需要法政人才，我为做官的虚荣心所驱使，就考进了南京政法大学。"③ 一些专门学校利用这一心理，往往只"注重法政而忽略他科，法政毕业者，每年不知若干人，若工若医则寥寥可数，由是而仕途拥塞，其他之业乃竟无人"④。曾任教育总长的范源濂在论及新式教育之弊端时谓："专门学科之毕业者，即学行优长，而社会中每苦无可就之职业。其足以容纳群材，而又为世俗欣慕者，厥惟官吏之一途。以是学子之志于为官者，几同于流水之归壑。此在他种学校荒寂无闻之会，而法政一科所为独盛于一时也。"⑤

学校以培养官吏为办学目标，学生自然亦以"做官"为学习追求。1917 年梁启超批评"现在学校，形式上虽有采用新式教科书，而精神上仍志在猎官，是与科举尚无甚出入"⑥。1918 年北大校长蔡元培亦批评到，今日学生"虽有少数高才生知以科学为单纯之目的，而大多数或以学校为科举，但能教室听讲，年考及格，有取得毕业证书之资格，则他无所求"⑦。而由于师资力量缺乏，政府官员在北大兼职者较多。学生因做官心切，故对于教员则"不问其学问之浅深，惟问其官阶之大

① 鲁卫东：《制度设计与实践的背离——北洋政府时期文官考试初探》，《安徽史学》2008 年第 1 期。

② 蔡元培：《就任北京大学校长之演说》（1917 年 1 月 9 日），收入高平叔编《蔡元培全集》第三卷（1917—1920），中华书局 1984 年版，第 5 页。

③ 潘序伦：《潘序伦回忆录》，中国财政经济出版社 1986 年版，第 13 页。

④ 罗文干：《狱中人语》，沈云龙主编：《近代中国史料丛刊》第 2 辑，文海出版社 1966 年版，第 165 页。

⑤ 舒新城编：《中国近代教育史资料》下册，人民教育出版社 1981 年第 2 版，第 1051 页。

⑥ 梁启超：《中国教育之前途与教育家之自觉》（1917 年 1 月），舒新城主编：《中国近代教育史资料》（下），人民教育出版社 1961 年版，第 955 页。

⑦ 蔡元培：《发刊词》，《北京大学月刊》1919 年 1 月，1 卷第 1 号。

小。官阶大者，特别欢迎，盖为将来毕业有人提携也"①。官员兼职高校，本身即显示了学界无人的困局；而学生以官阶大小为好恶，亦昭示着学子无学的险象。

辛亥之后，政权更替，留学生亦以此为从政良机，群趋政界。故外人评论云："东西洋留学青年，学实业者寥寥，大抵皆法政家，谋归国而得官者。"② 1914 年，已在美国读书的胡适，即以居高临下的姿态批评国人纷纷留学以取富贵的现象，谓：今日"国内学生，心目中惟以留学为最高目的"，那是因为他们以为"科举已废，进取仕禄之阶，惟留学为最捷。……其来海外之初，已作速归之计，数年之后，一纸文凭，已入囊中，可以归矣。于是星夜而归，探囊出羊皮之纸，投刺作学士之衔，可以猎取功名富贵之荣，车马妻妾之奉矣"③。此时胡适的心境与几年前赴京赶考时已大不同，但其观察仍大体不错。1917 年北京青年会曾对在北京的归国留学生的职业做过调查，结果显示：1655 人中，从政者多达 1024 人，占总数的 61.8%。且从政者"膺重位而有声望者，不下百余人"。故其指出："游学一途，实为今日登仕版膺政位之终南捷径，将来之官吏，即今日之留学生。"④ 1921 年，严复在给好友熊纯如信中谈及国内学子争相出国留学的情况时写道："近日少年，争以出洋求学为人生登峰造极之业，想其所得，舍干禄而外，亦无别项用处。"⑤

有意思的是，一方面是那些在读和刚出校门的读书人削尖了脑袋想要进入官场；另一方面是，一些已经成名的读书人则看到了军阀统治的黑暗、官僚政治的腐败，并且准备抽身离去，"不问政治"与"不涉足政界"成为这些人显著的标签。⑥ 这两个过程并没有清晰的时间界限，

① 蔡元培：《就任北京大学校长之演说》（1917 年 1 月 9 日），收入高平叔编《蔡元培全集》第三卷（1917—1920），中华书局 1984 年版，第 5 页。

② 大愚译：《外人之共和观》，载经世文社编《民国经世文编》（政治一），沈云龙主编《近代中国史料丛刊》第 50 辑，第 245 页，台北文海出版社（未著出版年月）。

③ 胡适：《非留学篇》（1914 年），欧阳哲生编《胡适文集》（9），北京大学 1998 年版，第 668、666 页。

④ 《青年会与留学生之关系》，《东方杂志》第 14 卷第 9 号，1917 年 9 月 15 日，第 196 页。

⑤ 严复：《与熊纯如书》，王栻主编：《严复集》第三册，书信，中华书局 1986 年版，第 714 页。

⑥ 中国革命博物馆整理：《吴虞日记》上册，四川人民出版社 1984 年版，第 288、577 页。

而是相伴发生的。

三　转折：读书人的失望与择业取向的改变

民国初年，时人已观察到，"今之贤者"已不愿投身政界，并有官府之中"无非前清之龌龊官吏"① 的担心。八年后，《东方杂志》的主编陶惺存发文指出："民国承前清之后，今之居政地者，皆为前清所遗之官吏，故凡政治上之习惯，几无不孕育于前清，前清所谓良习惯者，今或破弃无余，所谓无良恶之可言者，今或尽变为恶，所谓恶习惯者，方推波助澜，日益扩大耳。"②

而这种"新不如旧"的感知早在民国初年即为还在广西陆军速成学堂读书的李宗仁所认同，他后来回忆道：

> 当清末厉行新政时，朝廷中一部分大员和各省少数封疆大吏，可能是敷衍门面，缓和舆情；然下级办新政的人物，都是受过新式教育的人。的确生气勃勃，有一番新气象。不意在辛亥革命之后，这种欣欣向荣的气象反而消失。以前的所谓新人物，现在大半变成旧官僚；以前的新政机构，现在又都变成敷衍公事的衙门。③

曾参与革命的熊十力后来也回忆说，辛亥革命之后，掌握南方多省的革命党"新官僚气味重得骇人，暴露浮嚣侈靡淫佚种种败德。一时舆论都感觉革命只是换招牌。而过去腐恶的实质，不独丝毫没有改变，且将愈演愈凶"④。这种新机构变成旧衙门，新人物变身旧官僚的现象，不仅国内舆论对此不满，即连日本报纸亦云："支那虽成空前之大革命，而其内容之腐败堕落实与前清无异。贿赂之公行，赌博之热盛，真为可惊，新国气象，毫不存在。"⑤ 袁世凯之后，国家更是陷入五代式的军

---

① 无妄：《闲评一》，《大公报》1912 年 3 月 16 日，第 1 张第 2 版。
② 景藏：《政治上之习惯》，《东方杂志》第 17 卷第 5 号，1920 年 3 月 10 日，第 1 页。
③ 李宗仁口述、唐德刚撰写：《李宗仁回忆录》（上），广西师范大学出版社 2005 年版，第 49—50 页。
④ 熊十力：《英雄造时势》，《独立评论》第 104 期，1934 年 6 月 10 日，第 11 页。
⑤ 《政府对于用人之主张》，《申报》1915 年 8 月 2 日，第 6 版。

阀割据状态。① 对政治的"失望"与厌恶成为读书人难以抹去的心头之痛。

传统士大夫本着"天下有道则现，无道则隐"的策略，以退为进，脱胎于传统士大夫的近代读书人也不免带有此习气。"军阀无道、官僚腐败"在让一些学有所成的读书人失望之余，亦让洁身自好者对官场望而却步。以致造成"学而不优则仕"，"学而优则教"的局面。数十年后，学者杜才奇对这一时期读书人由"希望"到"失望"过程有较清晰的论述：

> 清末秕政固极令人痛苦，但是当时人心勃勃，对革命派与立宪派的奋斗都同样地寄以莫大的希望。及民国成立，共和政体大体确定，而政治的腐败反变本加厉，与往昔所希望者几全相反，国人曾寄付以最大瞩望的优秀政治界与神圣国会对此闷局全陷束手无策，以致国人对当时的舆论、议会、政府以及一切政谈无不厌倦，烦窒沉闷的空气弥漫全国。
>
> 处在这低气压政局下，学而且优的学者们大都只作消极的退避，对当时的强盗政府——北京政府采取不合作主义。他们劝告入仕的留学生，要求他们从北京政府中总撤退，而集全力于社会改造事业，以打下良政治的基础。这是当时一般对政治绝望的学者所服膺的作风，这与其说是他们确信良政治必以优良社会为前提，毋宁说是他们在那莫可奈何的政局下饮泣吞声的一个选择。当时社会事业范围虽较扩大，但无处不受恶政治的控制，只有少数学校还算一片净土，所以一般洁身自好的学者多相率引避学府。②

事实发展确如杜氏之见。1917 年，留学回来的胡适即"打定 20 年不谈政治的决心"③，并在陈独秀的引荐下去北大做了教授。1922 年 6 月，胡适的朋友赵文锐从美国留学归来后，北上参加北京政府文官考

---

　　① 参见罗志田《五代式的民国：一个忧国知识分子对北伐前数年政治格局的即时观察》，《近代史研究》1999 年第 4 期。
　　② 杜才奇：《论学者从政》，《自由论坛》第 1 期，1943 年 2 月 15 日，第 15—16 页。
　　③ 胡适：《我的歧路》，《努力周报》第 7 期。

试，因此受到了朋友们的讥笑。① 而即在胡适发表不谈政治的当年，中国共产党人则对时局得出了这是一个"学生不能求学"，"商人不能安心做买卖，工人农民感受物价昂贵及失业的痛苦，兵士无故丧失了无数的性命"的看法。② 同年，胡适创办了《努力周报》，并发表了由 16 位教授共同起草的《我们的政治主张》一文，公开提出了"好政府主义"，是为学者论政的典范之作。③ 这年 9 月，主张"好政府主义"的三位学者罗文干、汤尔和、王宠惠在军阀吴佩孚的支持下进入内阁，分别担任财政总长、教育总长和国务总理等职，然 73 天后即因"罗文干案"而倒台。④ 1923 年因反对军阀政府非法逮捕财政总长罗文干，蔡元培辞去北大校长职务，在辞职宣言中蔡氏更是号召在北京的留学生离开政府，不要替政府帮忙，宣称："现在政府那一个机关能离掉留学生？若留学生相率辞职，政府当得起么？"⑤ 而事实上，即使是好人当政，似乎也于事无补，王宠惠在署理阁揆期间即曾被指责，"掌政之后，却仍是一承旧令伊之政"，帮助军阀"搜款张皇"。不仅有人批评"学者做官也一样做了军阀的账房，且有讥他为失品格的"⑥。若干年后，更有人批评他们一入政府，"乃比坏人更坏、更卑鄙、更龌龊"。并由此造成了一股极端的风气："凡稍有名望的学者，一入仕途，便立刻损失了他们的社会价值，遭致社会的轻视与唾弃了。"⑦ 北伐开始后不久，大公报总经理胡政之得出的结论则与中共几年前的看法不谋而合。他说："过去多年间，虽乱而未甚，虽恶而可忍，是以在某业言某业之说，最支配一般人之心理。今则不然，商不能商，工不能工，农不能农，甚至官亦不能官，教亦不能教。"⑧ 加之时局之混乱，国无宁日，申报主

---

① 胡适：《公开荐举议——从古代荐举制度想到今日官邪的救正》（1934 年），欧阳哲生编：《胡适文集》第 11 册，北京大学出版社 1998 年版，第 416 页。

② 《本报宣言》（1922 年 9 月），《向导》第 1 期。

③ 胡适等：《我们的政治主张》，《努力周报》第 2 期，1922 年 5 月 14 日。

④ 关于"罗文干案"的始末由来，可参见经先静《内阁、国会与实力派军阀——20 世纪 20 年代罗文干案始末》，《史学月刊》2004 年第 1 期。

⑤ 《蔡元培辞职后宣言》，《东方杂志》20 卷第 1 号，1923 年 10 月 1 日，第 146 页。

⑥ 君宇：《王博士上台生活应给"好人努力"的教训》，《向导》第 5 期，1922 年 10 月 11 日。

⑦ 王平陵：《论学而优则仕》，《自由评论》第 9 期，1936 年 1 月 17 日，第 5 页。

⑧ 记者（胡政之）（1926 年 10 月），《国庆辞》，《国闻周报》3 卷第 39 期。

笔杨荫杭因此感叹："世间清净去处，莫如学界。"①

差不多就在杨荫杭发出"清净去处，莫如学界"感慨的同时，读书人退而从教的情形亦达到了高峰。著名教育家杨贤江与舒新城在统计了清华归国学生所从事的职业后，得出了相同的结论，即青年毕业生的出路以入教育界当教员的为多。清华归国学生 521 人中，当其所学专业范围内教员的人数有 205 人，几占总人数的二分之一。② 舒新城则指出，1909 年至 1922 年间，544 名回国的清华留美学生，从事教育职业者204 人，占总数的 40% 以上，为任何职业之最多数。③ 而更有意思的是，一些本不是为养成师资的专门学校，学生毕业后也有三分之二去教书；甚至学农的学生，从事经营农业的、在农业机关服务的还不到 20%，但在教育界服务的却占到 25%。④ 教书成为这一时期读书人理想的职业选择，有人将这种现象描述为"你教育我，我教育他，他再教育别人"的轮回式教育：

> 文科毕业当教员，理科毕业当教员，商科毕业也当教员。你教员，我教员，大多数全是教员（自然也有例外）。我们问作中学教员作什么呢？他们必定说："教中学学生念英文、学算学、指导一点商业常识，预备升大学。"升大学作什么呢？希望大学毕业。大学毕业作什么呢？当中学教员。当中学教员作什么呢？还是教学生升大学。如此循环不已，一代一代的当教员，"子子孙孙永保用"。你教我，我教他，大家都围着这圈子转。⑤

在作者看来，这还是一种低层次的轮回圈子。还有一种高一等的轮

---

① "学界为清净去处"的认知显然是相对而言的，杨氏本意亦在于此。杨荫杭：《政客与学客》，《申报》1921 年 9 月 29 日，收入杨绛整理《老圃遗文辑》，长江文艺出版社 1993 年版，第 422 页。

② 杨贤江：《现在中国青年的生活难》，《学生杂志》第 12 卷 7 号，1925 年 7 月 5 日，第52 页。

③ 舒新城：《中国近代留学史》，上海文化出版社 1989 年版，第 256—257 页。

④ 杨贤江：《现在中国青年的生活难》，《学生杂志》第 12 卷 7 号，1925 年 7 月 5 日，第52 页。

⑤ 笑萍（宁恩承）：《轮回教育》，《南大周刊》第 8 期，1924 年 11 月 28 日。载王文俊等选编《南开大学校史资料选（1919—1949）》，南开大学 1989 年版，第 753 页。

回圈子：

> 就是大学毕业后暂先不向回转，是往前转。先到美国去，在美国混上二三年、三四年，得到一个什么 EE，MA，D 等，于是架上一架洋服，抱着两本 notebook 回家来，作一个大学教员。不管他是真正博士也好，骗来的博士也好，"草包"博士也好，上班捧着他自外国带来的 notes 一念。不管它是是非非，就 A、B、C、D 的念下去。……一班学生也任他"姑妄言之"，我们"姑妄听之"。一年，二年，直到四年，毕业了。毕业后也到美国去，混个什么 M，什么 D，回来依样葫芦，再唬后来的学生。后来的学生再出洋按方配药。这样循环下去，传之无穷，是一种高一级的轮回。①

该文发表时，作者宁恩承不过为南开大学商科的一名学生。但此文无疑是在南大校园中扔下了一颗重磅炸弹，在师生中引起激烈讨论，南大教授以为此文有辱骂教师之嫌，为表达不满情绪，全体教员罢课达两个月之久，引发震惊全国的"轮回"事件。校长张伯苓也因无法说服师生双方，不得不暂时出走。② 而此文涉及的观点亦引起了新闻界和教育界的高度关注，天津的中等以上学校在南大教师罢课 3 周后，发表宣言支持学生③。远在成都的舒新城通过《申报》《晨报》等媒体得知此事后，即在《教育杂志》上发表题为《愿全国教育家反省》的文章，对宁氏的观点表示支持。舒新城指出，尽管宁氏在文中提到的"种种事业，自有其特殊的背景，不可以之衡量一切学校。但一般专门学校乃至于中学小学毕业生的出路，几全以教书为本位，却是很普遍的现象"。他还举例谈到，成都某专门学校，原以造就特殊职业的指导者为目的，但毕业生则三分之二教书。徐州某中学之毕业生为教师者竟与升学者之数量相等，各占十分之四以上。④ 舒氏更举其家乡的例子说：

---

① 笑萍（宁恩承）:《轮回教育》，《南大周刊》第 8 期，1924 年 11 月 28 日。载王文俊等选编《南开大学校史资料选（1919—1949）》，南开大学 1989 年版，第 753—754 页。

② 参见《南开大学罢课风潮经过》，《晨报》1924 年 12 月 27 日，第 6 版。

③ 《南大布告停课后之各方面》，《晨报》1925 年 1 月 15 日，第 6 版。

④ 舒新城:《愿全国教育家反省》，《教育杂志》第 17 卷 4 号，1925 年 4 月 20 日，载吕达、刘立德主编《舒新城教育论著选》上，人民教育出版社 2004 年版，第 513 页。

即以吾县——湖南溆浦——而论，师范生固然教书，中学毕业生亦教书，即高小毕业生亦在吾乡间的改良私塾中教书。故旧亲族中之曾进学校——不论为正式的中学师范，非正式的某种讲习所、法政别科——者，只要自食其力，几无不以教书为生。①

和宁氏提出的大学与中学、留学与大学的轮回不同，舒氏则又给我们提供了一个更低层次的圈子轮回。数年后，曾任《中央日报》社长的程沧波后来回忆道："那一时期的大学毕业生与海外归国的留学生，谋得一教职，谋得在教育界服务，不惟视为正当的途径，也且引为荣誉的职业。"② 曾赴英国留学，后成为北大史学教授的杨人楩在谈到1923年左右教育界的情况时，亦谓留学生"返国之初，往往以在大学教书为进身之阶。有学识与能力的，学而优则仕；无学识与能力的，亦学而劣则仕"。③ 然"学而且优"者毕竟是少数，以致时人感叹现在"各种机构都是被'学而不优'的人们所劫夺把持"④。

辛亥之后的数年间，读书人之所以大多愿意栖身教育界，一方面固然由于社会实业的不发达，无法吸纳更多的读书人；另一方面则与政治相关。由于军阀统治，上无道揆，读书人既不愿与军阀为伍，受制于军阀，则退而从教不仅切合传统士大夫"有道则现，无道则隐"的价值取向，亦符合读书人韬光养晦、待机而出的政治策略。

四 结语

科举废除后，读书人"读书—科举—做官"的上升性渠道断裂，而作为社会重心的"士"阶层也因四民社会的解体而逐渐沉沦，随着一些边缘社会群体逐渐占据权力的中心，由此带来的是由士转化而来的知

---

① 舒新城：《愿全国教育家反省》，《教育杂志》第17卷4号，1925年4月20日，载吕达、刘立德主编《舒新城教育论著选》上，人民教育出版社2004年版，第513—514页。
② 程沧波：《教育界的才荒问题》，《中央日报》1941年3月31日，第2版。
③ 杨人楩：《论气节之培养与教育》，《大公报》1941年4月6日，第3版。
④ 王平陵：《论学而优则仕》，《自由评论》第9期，1936年1月17日，第7页。

识分子在中国社会日益边缘化。[①] 尽管这一现象的萌芽发端于废科之后，但显现与发展却是在 1912 年民国建立之后。

辛亥革命的凯旋，并不表示革命所推翻的一套政治秩序与社会价值体系很快就能建立起来。对于大部分人而言，民国仍然相当陌生，帝制也不过是去年的事。因此对于革命所造成的政权更替，他们仍愿意将其想象成王朝更迭所导致的那一套他们熟悉的国家秩序。叶恭绰对此曾言："我国辛亥革命，非征诛而类揖让，以是，人多忘其为革命。一般知识分子，号称开明人士者，亦视若无睹，有时，且发露其时移世易之感，则以民国初期，虽号称共和，而大众多不识共和为何物，未尝视民主为二千余年之创制，乃历史上之一大转变。只视为朝代转移，如三马同槽及刘宋、赵宋之禅代而已。"[②] 事实上，民初兴起的这股求官热，一方面固然显示了读书人对新政权的期望，表达了参与政治的强烈愿望；另一方面也体现了生活在过渡时代的他们，在寻找新的角色定位和身份认同上的历史惯性。

然而当人们还没有从王朝崩溃的震惊中清醒过来，民主宪政却已如昙花一现般消失，随之而来是尔虞我诈的派系斗争和无休止的军阀混战。面对此种情形，读书人的失望之情溢于言表。曾在北洋政府做过官，后又弃官从教的鲁迅即言道："见过辛亥革命，见过二次革命，见过袁世凯称帝、张勋复辟，看来看去，就看得怀疑起来，于是失望、颓唐的很了。"[③] 这期间读书人纷纷退而从教，隐身校园，即可以视作是对现实政治秩序极度不满的一种表现。然而中国读书人的"退"与"隐"往往是为了更好的"进"与"显"，综观读书人这一时期从"学而优则仕"到"学而优则教"的转变过程，实则反映军阀统治下读书人"道高于势"的策略与理想。

从科举时代的政学合一，到民初社会读书人远离政治、"不谈政治"之风盛行，显示了这一时期"学"与"政"关系的变化，政、学

---

① 参见罗志田《近代中国社会权势的转移：知识分子的边缘化与边缘知识分子的兴起》，《开放时代》1999 年第 4 期。

② 叶恭绰：《论四十年来文艺思想之矛盾》，《遐庵谈艺录》，香港太平书局 1961 年版，第 112 页。

③ 鲁迅：《〈自选集〉自序》，《鲁迅全集》第 4 集，人民文学出版社 1981 年版，第 455 页。

分途趋向渐显。政、学分途的结果固然使中国学术职业化趋向得以形成①，但张之洞所谓国家之兴衰，"其表在政，其里在学"②，这种"学高于政"的观念在此时传递的依然是一种"学术救国""教育救国"的理念③，显示了"政学"关系的纠缠不清。然而20世纪20年代的读书人大多仍徘徊于政治与学术之间，学术与思想无法摆脱政治的困扰。陈独秀在决定改变创办《新青年》的初衷时，即深刻感受到政治问题对时人的影响。他说："你谈政治也罢，不谈政治也罢。除非逃在深山人迹绝对不到的地方，政治总会寻著你的。"④ 即连发誓20年不谈政治、不入政界的胡适，也无法与纷繁复杂的时局划清界限，只好以政治是他"不感兴趣的兴趣"来自我解嘲。由此可见，这些脱胎于士阶层的近代读书人身上仍保留着传统士大夫"以天下为己任"的社会责任感⑤，而这种责任感在某种特定的社会条件下即会被激发出来。"国难"时期读书人的集体回归，即体现了他们在积极寻求新的身份认同和角色定位时仍未能走出"思不出其位"的传统规训。

---

① 关于现代中国学术职业化的问题，可参见左玉河《从传道之师到大学教员：现代学术研究职业化趋向》，《安徽史学》2007年第1期。

② 张之洞：《劝学篇》，苑书义等编：《张之洞全集》第12册，河北人民出版社1998年版，第9705页。

③ 章清：《民初"思想界"解析——报刊、媒介与读书人的生活形态》，《近代史研究》2007年第3期。

④ 陈独秀：《谈政治》，《新青年》8卷1号，1920年9月1日，第1页。

⑤ 余英时：《中国知识分子的边缘化》，《二十一世纪》（网络版）总第15期，2003年6月30日。

孟杰与近代湖州福音医院研究①

近代西方基督新教进入中国后，通常会以医学和教育作为辅助宣教的方式，医院、学校和教堂一样成为很多教会的附属机构。自 1835 年美国传教士伯驾（Peter Parker）在广州设立近代中国第一所教会医院——星豆栏医局开始，到 1936 年全国教会医院总数达到了 277 所，其中浙江有 15 所。② 教会医院不仅推动了近代中国西方医学事业发展，同时也影响到地方社会变化。教会医院的建立、发展、衰落历程往往与近代中国社会变革相始终，可以从其变化中一窥中国社会的历史变迁。一所教会医院如何进入地方生根发芽，又是通过何种方式与地方社会互动，对于地方社会产生了什么样的影响？这往往是学界在讨论地方教会医院所关心的问题，本文以近代湖州地区的吴兴福音医院③为个案予以讨论。

一 开创与植根：孟杰与湖州福音医院

湖州地处浙江省北部，东邻上海和嘉兴，南接杭州，北与无锡和苏

---

① 1912 年，乌程、归安两县合并为吴兴县，原湖州府各县直属浙江省。本文为行文方便，文中多将吴兴称为湖州，少数几处使用吴兴。

② 李传斌：《条约特权制度下的医疗事业——基督教在华医疗事业研究（1835—1937）》，湖南人民出版社 2010 年版，第 36、98 页。

③ 关于湖州福音医院，《湖州文史》第 5 辑有数篇孟杰、孟杰的同事及后人撰写的文章，见政协浙江省湖州市委员会文史资料委员会主编《湖州文史》第 5 辑，1987 年。另外，杨锐《福音医院与湖州近代医疗事业的开创》（《浙江传媒学院学报》2008 年第 1 期）一文也对湖州福音医院有简略介绍。

州隔太湖相望，是一座历史悠久的江南文化名城。作为近代江南区域中重要一城，西方基督教传教士早在 1867 年就曾尝试在湖州传教，在遭到当地民众阻拦后被迫离开。1887 年 2 月美国浸礼会的梅斯恩（Y. L. Mason）在湖州北关购买两间小屋并雇佣两位中国传道员，标志着浸礼会在湖州开始传教。[①] 湖州的另一个西方基督教会是美国监理会，于 1890 年先在靠近苏州的南浔地区传教，后来经过逐步扩展于 1900 年正式在湖州城设立教区，于城区马军巷创办学堂，后来则购买"海岛"地皮，建造教堂和男女学校。[②] 近代湖州地区的外国教会就是美国浸礼会和监理会。监理会在湖州开始传教即派苏州博习医院毕业生陆舜道开办了一个诊所，第二韩明道医生（A. G. Hearn）被教会派往湖州主持医务。韩氏擅长手术，据说曾"工具不全"为一烂穿肚肠的病人开刀，"湖人目为神医"。1905 年韩明道调任苏州博习医院，医药事业随即停顿。[③]

湖州福音医院的创始人是美国传教士孟杰（Fred P. Manget, 1880—1979）。孟杰 1880 年出生于美国乔治亚州一个监理会家庭，其父亲开办了一所私人学校同时在当地教堂兼任牧师。[④] 1897 年，孟杰毕业于当地的玛丽塔高中，在当了 4 年教师后，他进入亚特兰大内外科医院（今埃默里大学医学院）学习医学。1906 年，他从医学院毕业后在纽约和巴尔的摩实习。1909 年 9 月，孟杰与路易斯·安德森结婚，随后他们受监理会派遣前往中国，于当年 11 月抵达上海。孟杰夫妇随后前往监理会在中国的另一个主要宣教区苏州学习汉语，并且同时在苏州博习医院从事医药工作。

1910 年，孟杰夫妇带着刚出生不久的女儿来到湖州，住在监理会"海岛堂"的教会大院。作为一名受过专业医学训练的传教士，孟杰的

---

① 吴立乐：《浸会在华布道百年略史》，美华浸会书局 1936 年，第 134 页。

② 治心：《华东年议会百年来的大事》，载《中华基督教卫理公会华东年议会百周年纪念》（1947 年 12 月），上海档案馆藏 U107-0-77-1，第 13—14 页。

③ 《中华监理公会年议会五十周年纪念刊》（1935 年），上海档案馆藏 U107-0-28，第 43 页。

④ 关于孟杰生平，资料来源于［美］伊丽莎白·孟杰《回忆我父亲孟杰医生》和［美］路易斯·孟杰《弗雷德·普鲁斯特·孟杰医生》，载《湖州文史》第 5 辑，第 193—196、第 197—200 页。

主要工作是行医。他来到湖州的第一年就将医院设在家中，治疗病人1500人，做了3次大手术，20多次小手术。孟杰作为一个外国人能够得到当地社会的接纳，与其第一次手术的成功有着很大关系。当时一名病人手臂骨折断，孟杰一面派人到外地购买麻醉剂和药品，一面将家中菜刀和孟杰夫人所用长针准备好，并向木匠借了锯子一把。在准备工作完成后，孟杰就对病人进行手术，"竟然大功告成，刀到病除，于是声闻全城"①。教会史书中的叙述多少有些夸大之词，但是孟杰凭借西方医学技术在湖州扎下根则是确定无疑的，据说孟杰曾在辛亥革命爆发后救治过湖州城内的伤兵。

　　第二年，由美国教会出资，孟杰在湖州城北天宁巷租赁民房正式开办医院。当时医院可以容纳30余人，除了孟杰夫妇外，聘请了几名中国实习生，定名"湖郡医院"。② 1913年，孟杰招聘了两名中国医生沈阶平和张尚义，扩大医务人员规模。医院接诊病人能力随即大为提高，一年可以收治万余病员。1915年秋，湖州浸礼会决定和监理会合作，合办医院，原属浸礼会的医生和护士加入医院。由于医护人员增加，前来就诊病人络绎不绝，天宁巷的医院不堪使用。于是医院再迁至马军巷，病床增加到60个，医院正式称为"吴兴福音医院"。

　　在医院规模不断扩大过程中，护士人才缺乏的情况日益严重。于是在1918年，湖州福音医院创办了附属的护士学校。这一护士学校由孟杰的姐姐罗美春负责。罗美春专长护理，原来随其丈夫在湖南常德传教。1918年，因为在治疗冯玉祥军队中一名士兵时发生意外，他不幸被枪击身亡。③ 罗美春在丈夫去世后，来到湖州帮助其弟弟训练护士，并担任福音医院的护士长。

　　医院迁到马军巷之后，院务发展很快，无法满足要求，因"屋宇仄

---

　　① 《中华监理公会年议会五十周年纪念刊》（1935年），上海档案馆藏U107-0-28，第44页。

　　② 孟杰：《吴兴福音医院沿革》，吴兴福音医院编：《民国十八年度吴兴福音医院概况》，出版时间不详，中国国家图书馆藏，第1页。

　　③ 李根棠：《有关福音医院点滴》，《湖州文史》第5辑，第188—191页。1936年9月，冯玉祥在浙江一带旅行时，特地到湖州福音医院拜访罗美春，见《冯玉祥日记》第4册，江苏古籍出版社1992年版，第788页。《申报》的报道则说冯玉祥是为了见孟杰夫人，不确，见《申报》1936年9月3日，第12版。

狭，不适应用"考虑另迁他址，修建新院。不过，时值第一次世界大战，孟杰向美国洛氏基金会和"本国慈善家"筹款的计划未能实现。直到 1922 年才筹得款项，孟杰亲自在湖州城内勘测院址，选定了湖州南街原乌程县属粮仓旧地。这块地当时恰好被浙江官产处拍卖，由当地泰安公司温选臣、许玉农、王安申、俞恒农等人购得。① 孟杰随即和购买人协商，最终泰安公司以"建筑医院，系属慈善性质，外人既如是热心，吾人焉能居后"无偿捐赠给了教会。孟杰则邀请他们加入医院的董事会。于是在 1922 年 12 月 4 日新医院举行了奠基礼。②

　　1924 年 6 月 4 日，新医院完工举行落成典礼。医院占地 50 余亩，主体是一座四层楼高的综合医疗大楼，另外还有附设的医护人员宿舍。内有门诊室、手术室、实验室、X 光室、药房、办公室、图书室等。病房分为一、二、三等，拥有病床位 120 余张。大楼顶部还设有当时颇为罕见的屋顶花园。当时医院即分科设诊，有医生 5 人，助产士 2 人。根据《申报》的报道，整个医院建设耗费了 20 万元，所需费用几乎完全由孟杰一人募集而来。虽然监理会作为吴兴福音医院的所有人必然承担了费用，但孟杰在这其中的筹划之功也是显而易见的。因而当天出席典礼的吴兴商会会长称孟杰"单独募集，煞费苦心"，"因我国公益事业，曾经数度返国筹划，其热心可谓达于极点"。③

　　1928 年，浸礼会决定不再参与合办医院，所以医院中原属浸礼会的医护人员如耳鼻喉科主任励济生、护士学校霍更生、妇女部甘女士都离开医院，福音医院由监理会独自办理。

　　孟杰因在湖州从医多年，受到当地民众广泛欢迎。1925 年，孟杰在美国休假返回湖州，据说到湖州的当天，"各界人士至船埠欢迎，不

---

　　① 温选臣：《福音医院建院时的选地经过》，《湖州文史》第 5 辑，第 192 页。
　　② 《申报》，1922 年 12 月 5 日，第 10 版。泰安公司捐赠的土地为 20 余亩，另外 20 多亩的土地由孟杰出资购买，修建医护人员宿舍。见孟杰《吴兴福音医院沿革》，吴兴福音医院编：《民国十八年度吴兴福音医院概况》，第 1 页。
　　③ 《申报》，1924 年 6 月 7 日，第 11 版。传教士按照惯例，每隔一定时间会有 1 年回国休假。比如就在新医院落成后不久，孟杰于 6 月 12 号经上海转道回美，见《孟杰医生假期回国》，《兴华》1924 年第 21 卷第 26 期，第 33 页。《兴华》为监理会和美以美会合办的周刊，曾用过《兴华报》、《兴华》、《兴华周刊》等不同名称，为了简便起见，本文一律称之为《兴华》。

下数百余人。一时道路为之拥塞，而放炮高唱诗歌之声，几乎震耳欲聋。"① 这里固然不无教会人士夸张之语，但孟杰在当地的社会地位和知名度可见一斑，属于当时湖州的社会名流。1922 年 12 月 4 日，吴兴福音医院新院址奠基礼请得当时嘉湖镇守使和县知事出席讲话。1924 年 6 月 4 日，新大楼落成典礼，时任嘉湖镇守使和县知事再度莅临。② 孟杰在当时湖州一些官方组织的医疗机构中也担任职务，如 1926 年 5 月，吴兴县政府组织的夏令卫生会由县长牵头进行卫生工作，吴兴行政长官和地方主要机构头面人物均在其内，孟杰则出任医药股长。③

近代在华西方传教士与国民政府一般保持良好关系，尤其是南京国民政府成立后，下令对西方在华传教士予以保护。孟杰在 1927 年北伐战争期间，曾因时局不稳协同夫人与姐姐到韩国，将医院交由中国人负责。在南京国民政府成立后，随即返回湖州。④ 1928 年，蒋介石派军队继续北伐时，孟杰应监理会之召，曾亲自赶赴山东救治国民政府军队伤兵。⑤ 1936 年，绥远抗战，全国人民同仇敌忾，纷纷捐款给抗日军队。湖州福音医院的基督教救护将士募款会一共捐赠 403 元。⑥

监理会对于孟杰的工作也予以了肯定，在其官方"史书"中明确指出孟杰与其他两位医师一样，"既有高深的学识，更具丰富的经验，倘使在他们祖国服务，一定是名利双收。如今却留在中国教会医院中勤恳服务。"⑦

二　医药传教：湖州福音医院的医疗与传道

湖州福音医院作为监理会在华的三所医院之一，颇为教会所看重，称其为"大规模医院"。在监理会历年会议记录中多次收有湖州福音医

---

①《湖州福音医院见闻录》，《兴华》1925 年第 22 卷第 41 期，第 34 页。

②《申报》，1922 年 12 月 5 日，第 10 版；《申报》，1924 年 6 月 7 日，第 11 版。

③《申报》1926 年 5 月 23 日，第 10 版。

④《孟杰医师返湖》，《兴华》1927 年第 24 卷第 37 期，第 27—28 页。

⑤《孟杰医士赴鲁救援》，《兴华》1928 年第 25 卷第 19 期，第 28 页。

⑥《申报》1936 年 12 月 10 日，第 15 版。

⑦《监理公会在华工作史略》，中华监理公会基督教教育部出版 1934 年，上海档案馆藏 U107-0-57-106，第 28 页。

院的年度报告，较为详细地记载了医院每年收治病人和经济情况。而湖州福音医院所编的 1929 年度医院概况，则全面介绍了医院在 20 世纪 20 年代末期的状况。从现有文献来看，湖州福音医院的科室、医疗设备此后未有太大变化。本小节就利用这两方面的资料，分析近代湖州福音医院的医疗与传道事业。

　　湖州福音医院在组织架构方面实行董事会制度，共有 9 名董事，任期 3 年。医院重大事务由董事会决定，日常管理则由院长负责。董事形成方法如下：

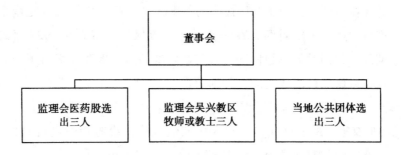

　　从中不难看出，董事会成员事实上是以监理会成员为主，医院掌控在教会手里。1929 年的 9 名董事中王安申、许玉农、温选臣正是 1924 年向医院捐赠土地的泰安公司主要股东。其他 6 名成员王竹亭、袁恕庵、赵湘泉、苏迈尔、项烈、魏师德应属监理会。董事会拥有决定医院重大事务如人事、财产、医院行政权力，但董事会每年只在年底举行一次会议，主要听取年度财务报告。医院日常管理和实际权力掌握在院长孟杰和由医院内部工作人员组成的 6 人执行委员会（孟杰为当然委员）手中。据曾在医院工作的当事人回忆，执行委员大多是各科室负责人。①

　　湖州福音医院在 1929 年共设立了内科、外科、耳鼻咽喉科、产科等四个科室，拥有病床 120 余张。另外，还有隔离病房、病理实验部和 X 光室。医护人员方面医生有 7 人、见习医生 2 人、技术人员 3 人、护士 11 人（其中 1 人兼产科主任）、药剂师 1 人、办事员 4 人、宗教 4 人。医护人员与病床数量是衡量医院水准的主要指标之一，根据李传斌的研究，1934 年的数据显示，全国教会医院、私立医院、官办医院拥

---

① 李根荣：《有关福音医院点滴》，《湖州文史资料》第 5 辑，第 188—191 页。

有 X 光机的比例是 47.3%、32%、50%，平均每间医院拥有全职医生人数分别是 4.5 人、5.4 人、9.5 人，每间医院平均拥有中国籍护士的数量为 5.2、15、13。到了 1937 年，全国有医院 1025 所，病床 31095 张，平均每间医院病床数量不过 30 张。教会医院共计 192 所，病床 16101，病床平均也不过 83.8 张。如果与 1934 年的上海和苏州著名教会医院相比，湖州福音医院与苏州方面不相上下，略低于上海。比如同属监理会的苏州博习医院拥有全职医生 11 人，护士 17 人，床位 90 张。上海最著名的仁济医院则有医生 16 人，护士 41 人，病床 230 张。[①] 虽然，湖州福音医院的数据要稍早几年，但大体还是能够看出当时福音医院的水准在全国来看应该是中等偏上。时人因而曾称湖州福音医院"为浙江最完备之唯一病院"，虽不无溢美之词，但也的确可以看出福音医院在当时浙江地区的声望。[②]

目前笔者尚未见到关于湖州福音医院具体医疗设备资料，只知道医院已经拥有独立的病理实验室和 X 光机。不过，我们可从该院 1929 年度住院人数和手术记录清单一窥其医疗水平。1929 年全年住院人数为 2649 人，出院 2605 人，具体分科情况见表 1。可以看出医院在各科室均可以进行手术，而且治愈率相当高。当然，死亡现象也有出现。目前笔者尚未能查到同时期其他医院病人死亡率，无法做横向对比。但是从当时期刊上所报道的孟杰因医疗事故而被人揭露的情况来看，福音医院手术致死的情况并不鲜见。[③]

表 1　　　　　　　1929 年湖州福音医院各科住院病人统计表

科别	已愈	稍愈	未愈	未治	死亡	总计	平均住院时间（天）
内科	185	816	171	54	75	1301	8.6
外科	202	471	57	57	23	810	14

---

① 李传斌：《条约特权制度下的医疗事业——基督教在华医疗事业研究（1835—1937）》，湖南人民出版社 2010 年版，第 302—304 页。

② 痴：《吴兴福音医院添建隔离病院》，《兴华》1929 年第 26 卷第 38 期，第 35 页。

③ 《湖州福音医院西医孟杰割毙李恢伯》，《光华医药杂志》1935 年第 1 卷第 5 期，第 55 页。值得注意的是，该刊支持中医，对西医多有攻击之词。但是，吴兴福音医院手术中出现死亡病例的情况是确凿无疑的。

续表

科别	已愈	稍愈	未愈	未治	死亡	总计	平均住院时间（天）
耳眼牙鼻喉科	122	191	21	23	0	357	7.6
产科	58	9	1	6	3	77	13.7
婴孩	56	0	1	0	3	60	9.4
合计	613	1487	251	140	104	2605	10.5

资料来源：吴兴福音医院编：《民国十八年度吴兴福音医院概况》，第14页。

麻醉技术是衡量一所医院水准的重要指标，湖州福音医院在1929年共对737人使用了麻醉手术，包括241例全身麻醉。在具体的手术方面，包括了开胸术、开腹术、小肠和盲肠切除术、胆囊切除术、阑尾切除术、尿道切开术、膀胱切开术、睾丸切除术、小产子宫刮术、卵巢袋瘤切除术等难度较高的手术。从这些手术种类和数量来看，湖州福音医院医疗水准在全国教会医院中是处于前列的。如1920年的全国统计数据显示，当时只有75所教会医院有能力做开腹手术，而且每年手术数量最高一所医院为200次。[①] 虽然这些数据是1920年的，依然能够看出福音医院的医疗水准是相对较高的。

从表2统计数据可以看出，湖州福音医院每年收治病人数量呈逐渐递增趋势，到1931年稳定在每年13000人左右。根据学者的研究，1933年吴兴县城人口为36455人，包含乡镇人口则为664469人。[②] 如果以城区人数来看，这一比例（三分之一强）是相当之高的。事实上，湖州下属各乡镇也是福音医院的覆盖区域。如1929年南浔四象之首刘墉次子刘锦藻生腹病经孟杰手术而痊愈，随即与女婿邢复三捐16000元给医院修建隔离病房。[③] 由于湖州为江南水乡，河网密集，医院特备汽船一艘，用于外出就诊之用。不过从医院历年出诊统计来看，外出看病次数并不多，可能与医护人员不足有关。与湖州相邻的安徽广德很多人生了重病也到福音医院来就诊。胡卫清教授曾研究过广东潮汕地区教会

---

① 中华续行委办会调查特委会编：《1901—1920年中国基督教调查资料》下卷，蔡詠春、文庸、段琦、杨怀周译，中国社会科学出版社2007年版，第1169页。

② 游欢孙：《近代江南的市镇人口——以吴兴县为例》，《中国农史》2007年第4期，第119页。

③ 痴：《吴兴福音医院添建隔离病院》，《兴华》1929年第26卷第38期，第35页。

医院在当地社会的影响，民初汕头福音医院年治疗病人为万余名，而潮汕地区总人口约在 200 万—300 万，经过详细分析胡卫清教授认为汕头福音医院"不仅辐射整个潮州府，还旁及惠州和嘉应州以及近邻福建诏安等地区，而且更为重要的是，医院事实上通过病人已经与广大乡村建立起一种初步的网络联系"。① 若简单地以数字来做对比，湖州福音医院覆盖下属乡镇应该更为深入。在年度报告中虽然没有谈及病人籍贯，但是多次提到湖州附近乡镇病人前来就医。

表 2　　　　　　　湖州福音医院历年门诊与住院病人统计表

时间	门诊病人	住院病人	出诊次数	住院病人死亡率	免费病人及部分免费病人占比	年度经费结余（元）
1916 年	5199	981	168			-1308.8
1917 年	6807	859	—	—	—	-1222.22
1928 年	13173	2186		3%		3438.73
1929 年	—	2649		3.99%	—	
1930 年	13206	2581				988.32
1931 年	13404	2554	389			1104.67
1937—1939 年	37571	3633	71	6.4%		-19963.82
1940 年	53409	3641		6%	83%	—
1941—1945 年	138244	13379			71.7%	
1947 年（1—10）	52750	3806			66%	

资料来源：各年度报告及《民国十八年度吴兴福音医院概况》。

宣教是教会医院的另一个主要功能，自教会医院在华创办以来就一直承担着这样的"神圣使命"。传教士不但要从身体上治愈病人，还要从灵魂上拯救患者。在 1916 年的报告中，福音医院非常明确地说道："本年度与浸礼会合办之目的，非惟使吾国人可享近代医学昌明之利益，亦可籍以灌输道德、拯救灵魂，为医生者不但疗治疾病而已，也更须开导其如何保守之方乃可。"② 凡是到医院就诊的患者需经"传道士之慰

①　胡卫清：《基督教与中国地方社会——以近代潮汕教会医院为个案的考察》，《文史哲》2010 年第 5 期。
②　《湖郡医院报单》，载《中华监理公会第 31 次中华年会记录》（1916 年），上海档案馆藏 U107-0-30，第 68—69 页。

劝"，向其宣讲教义，再由医护人员进行治疗。而对于住院病人，由男女传道士在病房内向其讲道，而且在病人病愈出院后还有专人到其家中"作善后之工"。1928 年医院方面报告"病人对传道者之所传福音，尚表欢迎"。① 据说住院期间改教、受洗及离院"来函问道"的情况都有出现，还有一位素信科学的青年而经传道人讲经信教。

医院从建院伊始就有专人负责传道，后来则从湖州教区调派专职牧师和中国传道人从事医疗传教工作。不过在现有资料中并无具体的统计数据来证明医药传教的效果。倒是教会方面经常指出医院缺乏传道人员，导致医院和教会脱节。② 不过，在教会进入湖州初期，福音医院无疑帮助传教士做了正面宣传工作。

三　战火下的坚持：抗战时期的湖州福音医院

卢沟桥事变后，抗日战争全面爆发。日军在 1937 年 10 月开始发动杭嘉湖战役，浙北陷入战局。11 月 19 日，日军占领嘉兴，距离吴兴仅有 30 公里。③ 湖州福音医院在战争来临之际，将医院内的病人遣散，13 名医护人员经莫干山从杭州前往江西。1937 年 11 月 19 日，孟杰率领剩下的医生及部分病人前往杭州，医院随即被日军占领。孟杰到杭州后，应英国圣公会广济医院邀请，建立广济第二分院，治疗重伤军民600 余人，并且在杭州市内的 5 个难民收容所提供医疗服务，治愈难民超过 10000 万人。④ 孟杰在 1938 年 3 月曾经与另外一名传教士从上海运回了一大批生活和医疗物资，当时在杭州的外国人约有 40 名，他们急需这些物资度日。孟杰通过与日军和美国外交机构协商，才利用火车将这批物资运往杭州。其中，孟杰特别将部分医疗物资转运往湖州，以筹

---

① 孟杰：《吴兴医院报告》，载《中华监理公会第 43 次年议会记录》（1928），上海档案馆藏 U107-0-42，第 68—69 页。

② 《医药部报告》，载《中华基督教卫理公会华东年议会记录》（1949 年），上海档案馆藏 U107-0-22，第 29 页。

③ 张根福、岳钦韬：《抗战时期浙江省社会变迁研究》，上海人民出版社 2009 年版，第19—21 页。

④ 孟杰：《吴兴福音二年来工作略述》，载徐翼谋编：《中华监理公会第 54 届年议会记录》（1939 年），上海档案馆藏 U107-0-48，第 61—62 页；[美] 弗雷德·普鲁斯普·孟杰：《关于湖州福音医院的工作报告》，《湖州文史资料》第 5 辑，第 178—180 页。

备继续开办医院。①

日军占领吴兴县城后，监理会所属的教堂、学校、湖州福音医院等教会产业均被日军占用，湖州福音医院一部分转为军用医院，大部分作为军队的兵营和补给站。1938 年 5 月，经过与上海方面的日军交涉，孟杰得到允许可以返回湖州继续开办医院。孟杰和 15 名医护人员回到湖州后，却遭到湖州当地日军的反对，"曾受日军之严密监视，同行者亦不能自由行动"。②

6 月，由于杭州爆发霍乱，孟杰利用原湖州福音医院医护人员在杭州的弘道女校开办了一个红十字会临时传染病院。这一临时医院 3 个月时间内，一共收治了 437 名霍乱病人，同时还给 56000 名杭州市民注射了霍乱疫苗。临时医院的资金由美国红十字会提供经费支持，但所有医护人员均是无偿服务。

孟杰本人在这期间往来于上海、杭州、湖州三地，与各方面交涉，终于在 1938 年 7 月得到湖州日军允许，可以重新开诊施医。由于福音医院仍然被日军占用，所以他们先是借用天主堂施诊。随后，日军将监理会位于衣裳街的三余学社返还教会，于是在清理之后作为临时医院。由于霍乱同样在吴兴城厢流行，医院准备了 60 张病床，前后收治了350 名重症霍乱病人，光生理盐水就用了 264 加仑。由于没有足够的蒸馏水，医院只能将水桶放在屋顶收集雨水，经过滤后再用于注射。医院还给 1 万多名湖州市民注射了霍乱疫苗。

1937 年 9 月，湖州日军将福音医院还给教会。9 月 28 日，由衣裳街的临时医院迁入湖州南街的福音医院。院内留存的医用器材、药品全部被日军搜刮而去，加上医院房屋遭到的破坏，损失达到 3.5 万美元。孟杰形容此时医院景象，"废垣颓壁，满目凄凉，固不待言"。在福音医院重新开放后，原在杭州临时传染病院内的医护人员随即返回湖州。加上医院又聘用了数名中国籍医生，教会方面也派遣 2 名美国医生前往湖州，所以福音医院到 1939 年 9 月已经恢复到战前状态。"于是规模稍

---

① "Carload of Food Leaves for Hangchow: 2 Missionaries Bring Needed Supplies to Foreigners", *The China Press*, 1938. 3. 9, p. 3.

② 孟杰：《吴兴福音二年来工作略述》，载徐翼谋编：《中华监理公会第 54 届年议会记录》（1939 年），上海档案馆藏 U107-0-48，第 61 页。

具，原有职工，亦均已陆续归来，房屋设备，渐复旧观。"①

　　从战争爆发到 1939 年 9 月，孟杰率领福音医院医护人员创设了杭州广济第二院、红十字会临时传染病院及衣裳街临时医院。在这期间，治疗门诊患者 37571 次，收容住院病人 3633 人，施行大小手术 1441 次（未计入杭州期间手术数量），诊治难民 10000 人，预防接种 70020 次（霍乱伤寒疫苗 66020，牛痘 4000）。他们为战争时期沦陷区中国民众提供了珍贵的医疗服务，做出了巨大贡献。

　　1940 年，随着战争进行，日美关系逐渐恶化，湖州福音医院遭遇了更多的困难。首先是医院内的美籍医护人员因故全部撤离。美国政府在这一年向在华美国人下达了撤侨令，孟杰夫人和另一名美籍医生分别在 1940 年 10 月和 11 月返回美国。在此之前，麦锦得医生因休假在 6 月返国，而"温乐格医师因病辞职"。② 孟杰本人也在教会的一再催促下，不得不于 1941 年 1 月返回美国。在上海的吴兴福音医院院友会在孟杰临行前为他举行了欢送会，可以看出孟杰深受医院的爱戴。③ 美方医护人员的离开，对于医院来说是重大损失。至此，福音医院的管理完全由中国人接手，代理院长为翟培庆，护士学校校长则由仇玉钗出任。

　　其次是在日本占领下湖州经济困难，当地人民生活困苦，造成群众即使生病也不愿或拖延就医。诚如翟培庆所言："生活日见增高而社会情形则异常复杂，商业多半遭受统制逐渐萧条，患病者于经济每迁延就医时日，加之盗匪横行，乡民困苦颠连已达极点，而上流社会患病者亦裹足不前。"④ 在这种情况之下，医院仍然勉力维持收治了大量病人，具体可见表 2。由于得到了"教会救济委员会及美国救济委员会以及本城在申各大善士，慷慨解囊乐助"，福音医院在经济上仍然能够保持平衡，甚至有多达 2 万元的结余。

---

① 孟杰：《吴兴福音二年来工作略述》，载徐翼谋编《中华监理公会第 54 届年议会记录》（1939 年），上海档案馆藏 U107-0-48，第 62 页。
② 翟培庆：《吴兴福音医院一千九百四十年报告》，载《中华基督教卫理公会华东年议会第一届年议会记录》，上海档案馆藏 U107-0-18，第 59—61 页。
③ 《吴兴福音医院旅沪院友会欢送孟杰医师回国纪盛》，《上海医事周刊》1941 年第 7 卷第 2 期，第 3 页。
④ 翟培庆：《吴兴福音医院一千九百四十年报告》，载《中华基督教卫理公会华东年议会第一届年议会记录》，上海档案馆藏 U107-0-18，第 59 页。

战争爆发还对医院收治病患造成了直接影响。1940 年翟培庆报告，"枪伤兼骨折或未骨折患者竟占外科病人五分之一。由此可见，湖州周围之情形。"很显然，战争是造成枪伤患者急剧增加的直接原因，虽然翟培庆并未直接解释，但从其推测中不难看出日军与湖州周边中国军队的激烈冲突。湖州当时为游击区，中日军队不时接触开战。加之盗匪横行，社会秩序混乱，因而枪伤增多是可以理解的。① 传染病尤其是疟疾也在战时急剧增加，1940 年占到全院所有病患三分之一。值得注意的是，翟培庆还报告 "结核病及花柳病亦因战祸激增。此实一社会整个问题，限局之治疗及救济殊难收效"②。结核病属于战时主要传染病，应与社会医疗防疫体系解体和卫生水平普遍下降有关，而花柳病的激增则应该与战时色情业的畸形发展有关。

1941 年年底太平洋战争的爆发再次给了湖州福音医院重重一击，日美开战使在华美国人由第三国人民变成敌人，所属产业自然成为 "敌性产业"。12 月 8 日下午 1 点，日军突然将医院包围，"交通断绝，严密搜查，如临大敌"。随后，日军命令全体职工到礼堂集中，宣布日美战争爆发，医院乃是交战国产业。在清点人数后，日军抓捕了 13 名男女职员及医学院学生。经过医院方面的营救，第二天日军释放了 12 名被捕人员，另外一名驻院牧师张铮夫则被囚禁了 49 天。虽然日军允许医院继续接诊，但是要求医院人员不能 "进出湖州城关"，而且 "一切公私函电均送日本宪兵队检查"。③

然而，次年 4 月 28 日，日本宪兵队突然宣布，医院必须关闭，院址将改作日本兵营。事实上，当时在华英美教会事业都面临着同样的问题。珍珠港事件后，北京的英美教会医院和学校全部由伪政权接收和改造。④ 同属美国监理会的常州武进医院于 1942 年 8 月 20 日被日军占用，

---

① 戴仰钦：《湖州教区概况》，载徐翼谋编《中华监理公会第 54 届年议会记录》（1939 年），上海档案馆藏 U107-0-48 第 31—34 页。

② 翟培庆：《吴兴福音医院一千九百四十年报告》，载《中华基督教卫理公会华东年议会第一届年议会记录》，上海档案馆藏 U107-0-18，第 59 页。

③ 翟培庆：《湖州福音医院报告》，载《中华基督教卫理公会华东年议会记录第二、三届合刊》，上海档案馆藏 U107-0-20，第 66—67 页。

④ 王森：《珍珠港事变后日伪对北京英美教会的政策》，《历史教学问题》2013 年第 2 期，第 103—107 页。

苏州博习医院也于 1943 年 3 月 21 日被日本同仁会占领。① 湖州福音医院面对这种生死存亡的时刻，由院长翟培庆出面与日本军方交涉，"据理力争"。日军先是允许将院中的医疗设施搬出，在监理会的湖郡女中校址继续接诊，随后将医院部分楼房让出，保留护士学校宿舍和原西方人住宅作为兵营。医院在得到施诊许可的情况下，收治了 300 多名霍乱病人，病房都被病人所用，逼得日军"停关令无形取消"。同时，为了维持医院生存，院方不得不遵循日军命令，在 1942 年 3 月 19 日取消了医院的公开宗教活动。日军对医院进行严密的监控，派遣密探刺探医院情报，所有收音机全部被搜走。医院的人事变动完全由日伪政府控制，经过上报后同意才能实行。

国际政治局势的变动还带来了另一个重要问题，医院赖以生存的美国经济援助就此断绝，经济危机成为影响医院生死存亡的头等大事。医院方面只能再度求助于上海的湖州同乡，于 1943 年 2 月 19 日在上海成立"吴兴福音医院协助处"来筹集款项。② 院长翟培庆在新中国成立后回忆表明，湖州籍工商界人士如章荣初、钮介臣、潘迪功、张旭人等人都向医院捐款，然后购买药品装船运往湖州，以此维持医院的正常运转。③ 而根据表 2 所显示的战时医院病人免费和部分免费占大多数的情况，可以看出当时湖州籍商人捐助对于维持医院的重要性。翟培庆在提交给教会方面的报告中也明确提到"不能不感谢湖沪中国善士踊跃捐输"。

1943—1944 年日军在浙江发动了三次大规模战役，尤其是 1944 年 4 月旨在打通中国陆上交通线的豫湘桂战役，日军在浙江调集了大量军队投入作战。④ 而湖州作为浙北重要的交通要道，来往日军非常频繁。日军于 1945 年 5 月再度发出通知，要求征用湖州福音医院作为军用。院长翟培庆在几经交涉下，不得以只能先将自己住宅、张姓医生住宅及护士宿舍让出。随后，他再度和湖州日军最高指挥官交涉，他以自己私

① 《医药部报告》，载《中华基督教卫理公会华东年议会记录第二、三届合刊》，上海档案馆藏 U107-0-20，第 35—36 页。
② 翟培庆：《湖州福音医院报告》，载《中华基督教卫理公会华东年议会记录第二、三届合刊》，上海档案馆藏 U107-0-20，第 66—67 页。
③ 翟培庆：《忆湖州福音医院》，《湖州文史资料》第 5 辑，第 181—185 页。
④ 张根福、岳钦韬：《抗战时期浙江省社会变迁研究》，第 29—30 页。

人开诊非但没有损失而且收入将会大大增加为例，表示保留福音医院并不是为了一己私利。湖州福音医院"乃治疗平民且具有相当历史，则停闭医院无异夺取民众健康之保障。与阁下所唱中日亲善何相反耶！"翟培庆本人后来回忆则表示利用了私人关系，借助日籍华人施峰子与日军方面进行疏通，而且他本人还是"国际红十字会"分会长的身份，以国际法作为交涉的正当理由。最终，日军方面于5月14日同意福音医院可以维持，"筑篱为界，与兵舍划分"。①

1945年8月15日，日本宣布投降，抗战胜利结束。湖州福音医院在8月19日半夜遭遇战火，当时一股不明身份的军队突然冲进医院。院长翟培庆在开门时差点被击中，经过解释后退出医院。湖州驻扎的日军随即赶到，双方在医院外面激战至天明，死伤遍地。经此一役后，医院终于迎来真正的和平。

四　结语

抗战胜利后，湖州福音医院展开复员工作。孟杰于1946年3月回到湖州，原有教会经济来源恢复，加之社会各界捐助和医院正常收入，医院工作重回正轨。不过，"战后之种种困难并不亚于战时。恢复如此缓慢亦出吾人所预料"②。在内战爆发的情况下，社会秩序混乱、物价飞涨成为阻碍医院发展的客观因素，而医院内部人才流失、病人前所未有增加则使情况更加严重。在1949年医院报告中明确提到，经济困难、人才缺乏成为最大的问题。孟杰大约在1948年12月返回美国，计划在1949年重返湖州，但是由于中国政治局势迅速变化而不得不滞留于香港。③ 1949年4月湖州解放，福音医院曾短暂保留了一段时间，当时医

---

① 翟培庆：《湖州福音医院报告》，载《中华基督教卫理公会华东年议会记录第二、三届合刊》，上海档案馆藏：U107-0-20，第66—67页。

② 翟培庆：《吴兴福音医院报告（一月至十月）》，载《中华基督教卫理公会华东年议会记录第二、三届合刊；中华基督教卫理公会华东年议会记录第三届（1947年6月）》，上海档案馆藏U107-0-20-94，第47页。

③ 《中华基督教卫理公会消息特刊》1949年第61期，第2页。

院规模较解放前略有增加。① 1951 年 10 月，浙江省政府卫生厅接管了全省美国津贴的医疗机构，福音医院转交给浙江省军区使用，从而结束了其历史。②

　　作为江南地区医疗水平较高的西式医院，福音医院通过医学治疗方式进入湖州社会，并借助福音医院这个物质载体及医护人员与当地民众产生积极的互动。从医学角度来看，湖州福音医院对于开创湖州近代西方医疗事业做出了一定贡献。当然，也要清醒认识到教会医院功能之一在于向中国人传播其宗教，其文化殖民的一面应予加以研究和关注。

---

① 吴高梓主编：《卫理汇讯》，中华基督教卫理公会上海会督区发行，上海档案馆藏 U107-0-2，第 12 页。

② 《湖州市卫生志》，香港大时代出版社 1993 年版，第 62 页。

孙中山与张静江关系考述

自 20 世纪 80 年代以来迄至 21 世纪 10 年代，学界对孙中山的研究无论在领域的拓展抑或思考的深度等方面均较以往有了显著跃升，研究成果荦荦大观。其中涉及孙中山交游等论题亦有了相当进展，只是泛泛性的陈述居多。随着海峡两岸大量的孙中山史料赓续面世，为这一领域研究的深入开掘提供了更为丰赡的资料素材。本乎此，笔者从孙中山革命生涯中的人物联系网络——浙江系入手，以孙中山与张静江的关系为个案作所梳理与探讨。可以看出孙中山与张静江的交往最富故事性，也最具传奇色彩。

孙、张二人的交往，如果不是偶遇而结缘，并预留联系方式，孙中山不大会去认识张静江，更谈不到交往；如果不是因为革命筹款的需要，孙中山也不大会再次想起张静江；同理，如果不是张静江的慷慨解囊，总是在革命急需用度的时刻，雪中送炭以解革命之急，孙中山对张静江的认识不会如此深刻，二人的关系也不会那么相契而亲密。设若这些如果都不存在，那么一部辛亥革命史该会是另一番景象吧！孙中山与张静江二人相识之初，一个是奔走于反清斗争一线的革命党领袖，一个是有着富可敌国身价的富家公子，这种身份背景的巨大差异，注定了二人交往的传奇性、故事性。张静江被孙中山誉为"革命奇人""革命圣人"，凸显张静江地位的特殊和孙、张关系的不同一般，而这个不一般恰在于它是超越私谊、私交的。

一　张静江生平履历

张静江（1877—1950），谱名增澄，又名人杰，字静江，别署饮光，晚号卧禅，浙江吴兴（今湖州）南浔镇人①。

　　张静江出生时，张家已是赫赫有名的浙盐巨头，为浔商巨富——"四象"② 之一。张静江自幼"体弱艰步"③，"成年即患骨痛症及目疾"，"不良于行"④。张静江于清末海外经商期间结识孙中山，后加入同盟会，倾其所营资产并动员亲属大力资助孙中山所领导的资产阶级革命事业。孙中山先生感其高义，以"革命奇人""革命圣人"⑤ 相誉，亲笔书赠"丹心侠骨"。不惟如此，张静江还是蒋介石个人政治前程发展拐点的关键支持者，甚或可以说，是造成蒋领袖地位的造峰者⑥。张静江曾先后担任国民党第一届中央执行委员、二至六届中央监察委员、中央执行委员会主席等职，历任广州、武汉、南京国民政府常务委员、建设委员会主席、浙江省政府主席。出任国民政府建设委员会主席期间，创办（南京）首都电厂，接办长兴煤矿，创办淮南煤矿公司、淮南铁路公司、江南汽车公司；兴办水利，倡导农村模范灌溉实验。主政浙江担任省政府主席期间，发行地方债券，筹集建设资金，筹办自来水公司，筹办杭州电厂，建立全省电话网，礼聘中国"铁路先锋"杜镇远主持修建杭江铁路⑦，组织兴建杭长线、杭平线、杭徽线等公路，

---

　　① 杨恺龄：《革命奇人张静江》，《中国历史研究》第 2 辑，书目文献出版社 1986 年版，第 117 页。

　　② 按，以"象"、"牛"、"狗"，乃至"虎"、"羊"名状富商之家，晚清之时颇流行于江浙，而尤以浙江湖州南浔古镇所传民谚为胜。关于"象、牛、狗"的资产评判标准，较权威的说法约略有三：（1）刘大钧、李植泉《吴兴农村经济》谓，100 万以上为象，50 万以上不超过百万为牛，30 万以上不超过 50 万为狗。参见是书第 124 页，上海文瑞印书馆 1939 年版；（2）据民国时期曾担任南浔中学校长的林黎元先生的看法，资产 500 万以上为象，100 万以上为牛，10 万以上为狗。参见林黎元《南浔史略（初稿）》（未刊本），卷五；（3）原南浔"八牛"之一周家的周子美教授（供职华东师范大学）则谓：100 万以上为象，30 万至 50 万为牛，5 万至 30 万为狗。参见周子美《南浔镇志稿》，《华东师范大学图书馆藏稀见方志丛刊》，北京图书馆出版社 2005 年版。

　　③ 姚琮：《张人杰先生家传》，参见中国国民党中央委员会党史委员会编《张静江先生文集》（附录），（台北）中央文物供应社 1982 年版，第 351 页。

　　④ 张久香：《二兄行述》，参见中国国民党中央委员会党史委员会编《张静江先生文集》（附录），台北文物供应社 1982 年版，第 353 页；另见冯自由《革命逸史》（上），新星出版社 2009 年版，第 330 页。

　　⑤ 冯自由：《革命逸史》（上），新星出版社 2009 年版，第 332 页。

　　⑥ 按，张静江曾言："总理（指孙中山）为生成之领袖，介石则当造成其为领袖"。参见何干之《中国民主革命时期的资产阶级》，《何干之文集》（第三卷），北京出版社 1993 年版，第 419 页。

　　⑦ 宓汝成：《杜镇远与杭江铁路》，《宓汝成集》，中国社会科学出版社 2008 年版。

1929 年在杭州举办西湖博览会，提倡国货，奖励实业，振兴文化。张氏后陷政治和人事倾轧，20 世纪 30 年代逐渐淡出政坛。抗战爆发后携眷避居汉口、香港，后移居美国，1950 年 9 月在纽约病逝。

二　海上奇遇，孙、张结缘

作为近代史、国民党历史上颇具影响的人物，张静江的一生充满传奇色彩。张静江与孙中山先生的相识即是典型范例。翻检资料，发现有关孙、张二人海上相遇相识的故事，版本颇多，且坊间讹传亦以此为盛。不妨胪列以观：

首先，关于孙、张二人相识的时间，就有 1902 年、1905 年、1906 年、1909 年等几种说法流传①。其中较为权威和可信的说法是同盟会元老冯自由提出的 1905 年说②，以及张家后人张南琛与家族史专家宋路霞在二人合著中提出的 1906 年说③。

其次，孙、张二人如何相识，以及二人之间约定的"ABCDE"助款细节也有着不同的说法。如有谓孙中山主动与张识交者，有谓张静江主动与孙识交者。

谓孙中山主动与张识交者，甚而采取了极富文学性的语言描述。如：

---

① 1902 年说，参见朱汉国、杨群主编《中华民国史》第 7 册，郭大钧主编《传二》（四川人民出版社 2006 年版，第 251 页）谓："1902 年 5 月，张静江以候补道员，随新任驻法公使孙宝琦赴巴黎任使馆商务随员。在出使法国的轮船上，张遇到了孙中山，两人一见如故。" 1905 年说，参见冯自由《革命逸史》（上），新星出版社 2009 年版，第 330 页；王云五主编、杨恺龄撰编《民国张静江先生人杰年谱》，台湾商务印书馆 1981 年版，第 7 页。1906 年说，参见周兴梁《孙中山与张静江之约》，香港《华侨日报》，1986 年 10 月 22 日，杨效农主编《台港澳和海外中文报刊刊载孙中山生平史料及台报纪念特刊选集》，新华社《参考消息》编辑部 1986 年出版，第 66 页；张南琛、宋路霞《张静江、张石铭家族——一个传奇家族的历史纪实》，重庆出版社 2006 年版，第 98 页。1909 年说，参见苏殿远《民国奇人张静江》（《纵横》1999 年第 11 期）谓："1909 年仲夏之际，张静江由巴黎返国后，偶在广州停足……珠江码头……孙中山慷慨激昂的演说，震动了张静江那颗赤子之心。……当夜，他通过种种关系，找到了住在'江东宾馆'的孙中山，表达对孙中山的敬仰、崇拜之情。"
② 冯自由：《革命逸史》（上），新星出版社 2009 年版，第 330 页。
③ 张南琛、宋路霞：《张静江、张石铭家族——一个传奇家族的历史纪实》，重庆出版社 2006 年版，第 98—99 页。

　　这天，张静江正享受着清新海风的吹拂，突然有人轻轻地拍了一下他的背。张静江警觉起来，回过头来问："干什么？"只见那人中等身材，穿深色风衣，戴绅士帽，微笑着说："阁下可是江苏候补道、驻法商务参赞张静江先生？"张静江看到这个人极为面善，便说："正是在下，阁下尊姓大名？"那人说："在下孙文，久仰张先生大名。"张静江大吃一惊，竟然在这里碰上朝廷通缉的"钦犯"——孙中山。①

谓张静江主动与孙中山先生识交者。这方面的权威说法有三：一是《胡汉民回忆录》；一是冯自由的《〈新世纪〉主人张静江》；一是何香凝1956年撰写的《对中山先生的片段回忆》。为免读者寻检之劳，兹择要分别引录如下。

《胡汉民回忆录》记载：

　　总理（按，孙中山）答道："他（按，张静江）是一个很奇怪很豪爽的人，我有一次到欧洲去，在船上碰到了他，我们通候了一下，他就问我：'你是主张革命的孙某吗？'我说：'我是孙某'，他听了很高兴，就很爽直的说：'你是主张革命的，我也是很赞成革命的，我老实告诉你吧：我在法国做生意，赚了几万块钱，你如果发动革命，我目前马上可以拿五万元来帮助你，打电报的时候依着 ABCDE 的次序，A 字要一万元，B 字二万元，E 字要五万元，这就算是你打电报给我要钱和要多少钱的密码呢！'我觉得这个人很豪爽信实……我（按，胡汉民）依照先生（按，孙中山）的话打了一个 A 字去，这个 A 字的号码灵验得很，不数日果然有一万元好像凭空一样汇过来了。②

冯自由《〈新世纪〉主人张静江》谓：

①　邢逸群、杨远大：《为革命"埋单"：民国大佬张静江传奇一生》，《党史纵横》2012年第4期。
②　胡汉民：《胡汉民回忆录》，东方出版社2013年版，第62页。

乙巳（一九〇五年）……是岁某月静江乘法轮赴某地，闻总理适与同舟，乃趋谒总理，自道姓名，谓总理曰："君非实行革命之孙某乎？闻名久矣，余亦深信非革命不能救中国。近数年在法经商，获资数万，甚欲为君之助，君如有需，请随时电知，余当悉力以应。"总理大喜，乃与之互约通电暗号，约定电文 ABCDE 之次序：A 为一万元，B 为二万元，C 为三万元，D 为四万元，E 为五万元。事后总理犹未敢深信初次相识之静江能有求必应也。丙午（一九〇六年）冬间总理自南洋至东京，以经济困乏，束手无策，一日语黄克强曰："吾昔在法轮中邂逅一张姓友人，其人系供职巴黎清使馆，而兼营古董业者，尝告余至急需款时，可随时致彼一电，彼必尽力相助，今姑发电一试。"克强闻为使馆人员，颇滋疑虑。及总理按址去电，数日后即有三万佛郎从法汇到，一时东京同盟会本部为之顿呈活气。①

何香凝《对中山先生的片段回忆》载：

记得孙先生有一次赴欧途中，在船上结识了法国华侨张静江，孙先生与他谈及革命。正像很多华侨一样，张静江也十分同情革命。他当时在法国巴黎开古董店。分别之时，他与孙中山先生约好，"以后革命事业如果需要款项，可以随时打电报给我，但是碍于当时国外环境，这些事进行宜于秘密，你如需要款项，不用写明数目，只写 A B C D E 就可以代替一万，二万，三万，四万，五万了"。初时，孙先生对这个表示是半信半疑的，但是回来之后，有一次急需用款，就叫仲恺打电报给法国张静江等华侨，当时还不敢存奢望，只写了一个 B 字，法国华侨就立刻汇了五万元回来，对革命事业帮助很大。②

此外，台湾商务印书馆出版的《民国张静江先生人杰年谱》亦谓：

① 冯自由：《革命逸史》（上），新星出版社 2009 年版，第 330 页。
② 何香凝：《对中山先生的片段回忆》，《人民日报》1956 年 10 月 29 日第 4 版。

（1905 年）八月，先生回国。冬返法，国父离西贡赴欧洲，遂与先生晤于赴法轮中，交谈甚洽，先生慨允助革命，约汇款电码。罗家伦主编国父年谱上册，民元前七年，记当时情形曰：

"时人杰乘轮赴法，闻先生同舟，遂趋谒，自道姓名，谓先生曰：'君非实行革命之孙君乎，闻名久矣。余亦深信非革命不能救中国。近数年在法经商，获资数万，甚欲为君之助，君如有需，请随时电知，余当悉力以应。'先生乃与之互约通电暗号，约定 ABCDE 之次序：A 为一万元，B 为两万元，C 为三万元，D 为四万元，E 为五万元。后先生从事革命每遇困难，辄得其巨资相助。"①

上述相关资料，可供梳理、解读的信息概有：

（1）上引四条史料，其中三位（胡汉民、何香凝、冯自由）都是孙中山先生的革命战友、同盟会元老、辛亥元勋，所忆虽细微处有别，但孙、张二人交往的基本事实清楚，脉络一致，当可信据。

（2）孙、张二人相识的空间地点问题。笔者蒐览相关资料，发现尚有奇文谓孙、张相识是在广州的江东宾馆，且时间迟至 1909 年②。其实，只要悉心查阅相关史料，孙、张二人的相识之地，本是一个不成其为问题的问题。即，孙中山与张静江二人初识的空间定格——海轮是矣。

（3）孙中山、张静江二人初识的时间——1905 年。依据：一是冯自由的专篇回忆文章。按，冯自由不仅是同盟会元老、国民党史专家，而且是张静江 1907 年在香港补行加入同盟会手续的经办人③；二是王云五主编、杨恺龄撰编之《民国张静江先生人杰年谱》（以下简称《年谱》）。据《年谱》记载，1905 年冬，张静江返法，孙中山先生适值"离西贡赴欧洲"，二人遂"晤于赴法轮中"，于是有了传为美谈的"ABCDE"助款革命之佳话。④ 另，翻检张南琛与宋路霞合著之《张静

---

① 王云五主编、杨恺龄撰编：《民国张静江先生人杰年谱》，（台北）商务印书馆 1981 年版，第 7 页。
② 苏殿远：《民国奇人张静江》，《纵横》1999 年第 11 期。
③ 冯自由：《革命逸史》（上），新星出版社 2009 年版，第 331 页。
④ 王云五主编、杨恺龄撰编：《民国张静江先生人杰年谱》，（台北）商务印书馆 1981 年版，第 7 页。

江、张石铭家族》，对于孙中山先生与张静江的初识时间，作者其实并未把话说死，在是书第 65 页谈及孙、张二人相识时间，作者在所主 1906 年说之外，又选择了"1905 年至 1906 年间"，孙、张二人"邂逅相遇"①，这样一个时间相对宽泛的说法。凡此，不难看出，孙、张二人初识于 1905 年，是颇可信据的。

（4）孙、张二人的初识与交往，其大致的脉络应该是：先有张静江在海轮上主动与孙中山的认识和交流，后方有孙中山与张静江的进一步联络与认知。这方面，无论是胡汉民、冯自由、何香凝等的回忆文章，还是张静江《年谱》所载，均翔实记录了二人相识后的进一步交往情形，并且这种交往伴随着反清革命斗争的发展而逐渐加深和升华。

据张静江家族后人的讲述，张静江"五行"缺"水"，这从张静江取名"增澄"、取字"静江"可见一斑。有意味的是，在张静江的一生中，"水"似乎成了张静江人生际遇的重要元素。张静江的出生地是在江南水乡古镇——"水晶晶"的南浔，张静江与孙中山的结缘是在海上，民国时期张静江主政浙江时主办的大型博览会——西湖博览会亦在西子湖畔。此正是：如水名字行四海，海上奇遇传佳话。

三　接受新思想，加入同盟会

由上引孙中山与张静江相识交往的有关史料，可以看出孙、张二人的交往始于张静江以其资产大力资助革命。张静江之所以有如此大气度和大眼界，一是得益于相对开放的家风家教之熏陶，使他乐于并勇于接受新事物。据其六弟张久香回忆："二兄幼时，性殊顽劣，而智异常童。……虽不良于行，仍精骑术（按，张静江年少时于自行车颇善骑行），每于故乡南浔狭巷小街驰骋自如，见者无不惊叹，以为奇技。"② 一是缘于张静江经商海外期间形成的世界眼光和敢为天下先的进步思想。据《年谱》等有关资料记载，张静江早岁因进京期间结识晚清重

---

① 张南琛、宋路霞：《张静江、张石铭家族——一个传奇家族的历史纪实》，重庆出版社 2006 年版，第 65 页。

② 张久香：《二兄行述》，参见中国国民党中央委员会党史委员会编《张静江先生文集》（附录），台北文物供应社 1982 年版，第 353 页。

臣李鸿藻之子李石曾（煜瀛），通过李石曾的运作，1902 年与李石曾一起以驻法公使孙宝琦随员的身份前往法国。1903 年张静江在父亲的支持下，在巴黎开办通运公司，专营茶叶、丝绸、瓷器和古董字画。此时的张静江，正值人生春华之龄，一如章开沅先生所说："他本来可以在清末新政体制内青云直上，成为一颗耀眼的明星。然而他却出于对祖国和人民的诚挚感情，迅速接受欧洲新思潮的影响。"① 在法期间，张静江结识了又一位民国奇人——吴稚晖。彼时的他们由痛恨清廷腐败，转而笃信无政府主义，进而产生反清思想。更由于张静江与孙中山的结缘，从而开始了加入同盟会，以实际行动参加革命、支持革命的人生新旅程。

张静江加入同盟会的时间，当在 1906 年。据《年谱》记载，1906 年3 月，张静江返国途经新加坡时，加入中国同盟会，但未办理入会手续。8 月张静江"返抵巴黎，介绍李煜瀛（按，李石曾）加入同盟会"。1907年 7 月，张静江暂住香港期间，"胡汉民、冯自由请其补办入会手续"②。

1906 年，张静江、李石曾、吴稚晖在巴黎创办世界社，1907 年出版《新世纪》（周刊），张静江负责经费，吴稚晖负责编辑，李石曾、蔡元培、褚民谊等负责撰稿，鼓吹革命排满，介绍普鲁东、巴枯宁、克鲁泡特金等的无政府主义学说。同年在上海设立世界社办事机构，同时发行《世界》画报，首期刊行 1 万册，向国内宣传介绍欧美文化。③

历史常常是由一连串不经意的故事串烧衍变成为跌宕起伏的时代大戏。正是因为张静江身上所具有的积极追求进步的思想底色，我们才能理解其以一介清廷驻法公使随员身份，何以成为孙中山先生反清革命的同路人，从而最终完成了从一介富家公子、商人到资产阶级革命家的人生转变。

四　资助孙中山，创立民国

说到张静江对孙中山革命事业特别是辛亥革命的重要贡献，人们常

---

① 章开沅：《〈张静江传〉序言》，湖北人民出版社 2004 年版，第 1 页。
② 王云五主编、杨恺龄撰编：《民国张静江先生人杰年谱》，（台北）商务印书馆 1981 年版，第 8—10 页。
③ 同上书，第 8—9 页。

常援引孙中山先生的赞语："自同盟会成立后……出资最勇而多者张静江也，倾其巴黎之店所得六七万元，尽以助饷。"①《张静江先生事略》亦谓：张静江"尽人皆知之事实，为输财助党人起义"②。据《年谱》记载，1907年，"同盟会经费枯竭，筹款无着，困难万分，胡展堂（按，胡汉民）建议试电先生（按，张静江）求援，国父从之，即按第一电码致先生巴黎，先生立即汇款万元资助。"③ 孙中山先生接到张静江雪中炭助之款，特作书致谢，并报告军事用度。张静江复书剖白自己资助革命之心迹，谓：

　　　余深信君必实行革命，故愿助君成此大业，君我即成同志，彼此默契；实无报告事实之必要，若因报告事实而为敌人所知，殊于事实进行有所不利，君能努力猛进，即胜于长信多多。④

孙、张二人一次偶然的海上相遇，看似萍水相逢、波澜不惊，但却深刻影响、奠基了张静江此后的人生事业方向。张静江对孙中山，可谓一见如故，一生追随。而张静江"ABCDE"助款资助革命行为的持续发酵，也深深感动了孙中山，在孙中山的眼中，张静江的形象也变得愈益清晰而凸显："革命奇人""革命圣人"⑤，是孙中山先生对张静江"毁家襄助革命"的由衷礼赞。

事实也确乎如此，张静江在巴黎的通运公司"虽然赚了很多钱，但利润既没有用于公司扩张，也没有让公司员工捞到好处，张静江把他的时间和金钱都用在了中国革命上。为了支持孙中山……张静江心里念的已经不再是生意经"⑥。据不完全统计，张静江在辛亥革命前后对革命的捐资助款，即达110万两白银，张氏家族其他成员捐款亦在20万两

---

① 参见孙中山《自传》，《民国丛书》（第二编），第90册，第14页；并见王云五主编、杨恺龄撰编：《民国张静江先生人杰年谱》，（台北）商务印书馆1981年版，第7页。

② 狄膺：《张静江先生事略》，中国国民党中央委员会党史委员会编《张静江文集》（附录），（台北）中央文物供应社1982年版，第3页。

③ 王云五主编、杨恺龄撰编：《民国张静江先生人杰年谱》，（台北）商务印书馆1981年版，第9页。

④ 同上。

⑤ 冯自由：《革命逸史》（上），新星出版社2009年版，第332页。

⑥ ［法］罗拉：《卢芹斋传》，中国文联出版社2015年版，第58页。

白银上下。① 不仅如此，张静江还将其舅父、南浔"四象"之一的庞青城（元澂）推荐给孙中山，庞青城加入同盟会后，几次捐巨款资助革命党人。对此，有学者谓，张氏家族的这些捐款数字，意味着其在国民革命中确乎意义非凡。"虽然国民革命迟早会成功，但是，在当时如果没有张氏家族的财政支持，孙中山先生面临的困难是可想而知的。"②

1911 年 10 月，武昌首义，辛亥革命爆发，张静江与吴稚晖相约返国。张静江在上海的寓所成为陈其美（英士）、戴季陶（传贤）等革命党人秘密聚会的所在。据为张静江管理账务达 30 年的李力经先生回忆，上海光复之役，陈其美率军攻打上海江南制造局，张静江负责后勤供应，为筹措各种军需，两天两夜未合眼。李力经曾看见有一木箱的沪军都督府公债票，当时曾有人劝张，可将这批公债票向国民政府索款，但张不同意，说是他在辛亥革命前就为革命用去许多钱，从未去要过，这些公债票是陈英士（其美）在上海起义时的一部分垫款，就更不必去计较了。于是关照李力经烧掉算了，时在 1932 年春，系由李力经亲自办理。③

1911 年 12 月，孙中山先生回国，革命党高层集会，商讨即将成立的中华民国临时政府采行总统制还是内阁制。会上宋教仁、黄兴等力主内阁制、反对总统制，孙中山先生以为不可，主张新政府应实行总统制。面对"两制"之争，张静江率先表达了对孙中山先生主张的支持性意见："善！先生（按，孙中山）而外，无第二人能为此言者，吾等惟有尊先生之意而行耳。"④ 由于张静江对辛亥革命的特殊贡献（按，同盟会中部总会在上海成立时，张静江亦曾捐资以助），以及对同盟会诸多重量级人物的无私资助，由他出面首先表态支持孙中山先生总统制

---

① 参见张南琛、宋路霞《张静江、张石铭家族——一个传奇家族的历史纪实》，重庆出版社 2006 年版，第 102 页；另据林志宏《中国之政党》估计，张静江给孙中山的捐款总共不下 250 万美元。参见 ［法］罗拉《卢芹斋传》，中国文联出版社 2015 年版，第 58 页。

② 张南琛、宋路霞：《张静江、张石铭家族——一个传奇家族的历史纪实》，重庆出版社 2006 年版，第 102 页。

③ 同上书，第 100 页。

④ 胡汉民：《胡汉民回忆录》，东方出版社 2013 年版，第 48 页。

的政治主张，易于平息同盟会内部纷争，结果是"案（众）皆翕然"①，同意实行总统制，并推举孙中山先生为临时大总统。

孙中山先生就任临时大总统后，"民国肇建，总理初拟提出静江为南京政府财政部长，静江坚拒不就"②。这种不居功自傲，"只尽义务而不问权利，三十余年如一日"③，功成而身退的高风亮节，与那些敛财索官的"开国元勋"大异其趣。尽管张静江坚辞不就高官之任，但面对临时政府建立后依然困难的财政局面，作为孙中山的战友和忠实追随者，张静江仍是鼎力支持，积极筹款。不仅如此，据《年谱》记载，张静江还备资襄助革命党人彭家珍北上，刺杀了反对清帝退位的清廷重臣良弼。④ 由此可见，张静江在促成清帝退位的过程中亦起了重要作用。

五 追随孙中山，护国护法

1913 年 3 月 20 日，袁世凯派人在上海火车站刺杀宋教仁。宋教仁被刺案警醒了处于涣散状态的国民党人。5 月，徐淮地区盐枭徐宝山被袁世凯招抚，任第二军军长，驻防扬州，此人"性犷悍，嗜古董"，张静江深虑其会成为"讨袁之巨大阻力"，于是他毅然设计：

> （由革命党人黄复生）密（秘）制炸药，纳入通运公司预制之古董箱中，先摹拟徐所派来沪觅购古董之亲信艾某笔迹，致书于徐曰：觅得一古铜器确为三代古物，所值不赀，先遣人呈阅，如中意然后议价等语，另挽同志某挈往扬州，薄暮先将古物箱送交副官处，徐于二十四日晨甫起身，亟于欣赏古物，将钥匙投入，即砰然一声，血花四溅，徐已惨呼毙命，一时国人莫不称快。⑤

1913 年 7 月，"二次革命"爆发。张静江积极支持陈其美就任讨袁

---

① 胡汉民：《胡汉民回忆录》，东方出版社 2013 年版，第 48 页。
② 冯自由：《革命逸史》（上），新星出版社 2009 年版，第 331 页。
③ 同上书，第 332 页。
④ 王云五主编、杨恺龄撰编：《民国张静江先生人杰年谱》，（台北）商务印书馆 1981 年版，第 12 页。
⑤ 同上书，第 14 页。

军总司令，并出资助饷。同时与部分浙省议员致函浙江都督朱瑞，揭露袁世凯称帝阴谋，促请浙江宣布独立。"二次革命"失败后，在沪的革命党人"秘密往来于先生（按，张静江）家，多获先生资助生活，或馈赠旅费，出走日本。"① 由于袁世凯的通缉，绝大部分革命党人亡命海外。孙中山痛定思痛总结经验教训，着手进行"三次革命"的准备。为纯洁组织，1913 年 9 月，孙中山重组中华革命党，拟定入党誓约，要求入党者需服从孙先生，并加按指模。但是在进行这项工作时，孙中山与黄兴等人发生了分歧，结果导致组织分化。在这困难的时刻，正在上海的张静江坚决维护孙中山先生的领导地位，毅然选择追随孙中山先生继续革命，张静江与蒋介石同为国内加入中华革命党之最早者。②1914 年 7 月，中华革命党在日本东京正式举行成立大会，孙中山先生被推举为总理，张静江被"委为财政部长，惟以不能赴日本，由廖仲恺代理职务"③。在此期间，张静江埋首为革命党理财，"时出奇计，投资得利，以供党费"④。

1916 年 6 月，袁世凯在举国一片讨伐声中忧惧而死。袁世凯虽死，但北洋军阀政府拒绝恢复《临时约法》。1917 年，孙中山到广州成立护法军政府，发动护法运动。张静江受孙中山先生重托，肩负筹款大任，"据 1917 年 1 月 31 日张静江通电各地的报告说，借款的总数已达日金 174 万、英洋 111 万，另借日本人久原房之助私人款日金 80 余万、犬冢信太郎 15 万、山田纯三郎 5 万，还有国内借款若干。后来，不仅他在巴黎的开元茶叶店卖掉了，在上海马思南路的 6 幢花园洋房也卖掉了，全都成了革命的经费"⑤。1920 年，张静江与虞洽卿等在上海创办证券物品交易所，这是近代中国第一个证券交易所。张静江利用证券市场这个新的融资平台，继续为孙中山的革命事业筹措经费。

① 王云五主编、杨恺龄撰编：《民国张静江先生人杰年谱》，（台北）商务印书馆 1981 年版，第 13 页。

② 同上书，第 14 页。

③ 同上书，第 15 页。

④ 狄膺：《张静江先生事略》，中国国民党中央委员会党史委员会编《张静江文集》（附录），（台北）中央文物供应社 1882 年版，第 5 页。

⑤ 张南琛、宋路霞：《张静江、张石铭家族——一个传奇家族的历史纪实》，重庆出版社 2006 年版，第 101—102 页。

　　正是由于张静江对孙中山所领导的资产阶级革命事业做出的突出贡献，1924 年 1 月，中国国民党第一次全国代表大会在广州召开时，尽管张静江因病未能与会，但仍被孙中山亲自提名为大会主席团成员，并以排名第三的位置，当选中央执行委员（按，国民党"一大"选出的中央执行委员，共计 24 人）。据史料记载，早在国民党"一大"召开前，孙中山曾致张静江两封亲笔信，表达对张静江身体状况的关心和政治上的期许。兹引录如下。需予说明的是，因两通信札其中一封的时间存疑，故在引录时一并加以讨论。①

　　1. 孙中山致张静江函（1923 年 1 月 8 日）：

　　　静江我兄鉴：接示得悉电医有效，甚为喜慰。前闻该医说，兄所服止痛药，恐日久成毒，切宜戒除，以免深中，虽偶有痛，稍为忍之，较胜于服药百倍。盖所谓止痛者，不过蒙迷脑筋，使不知觉耳，实痛犹在也。云云。今彼所施之电术，既属有效，则当惟彼之言是听，勿服止痛药，勿请他医，专由彼施治。彼言三礼拜当见效，三个月可痊愈。吾信其判断为有把握，望兄一心信之。与之时机，以得尽其所长，而排除三十年旧疾，俾贵体恢复常态而再出为国尽力，此岂为兄一人之幸？实为吾党之大幸也。深为拭目望之。并候

　　　时祺（祉）不一
　　　孙文十二年正月八日

　　2. 孙中山致张静江函（1924 年 6 月 15 日）：

　　　静江兄鉴：内子回粤，称兄病近来反剧，行动更不自由，殊用为念。兹有医生李其芳，新由德国回来，医学甚深。据称近日德国发明新法，用药注射，可愈此病。彼曾亲见一病十二年不能行动者，不过一月便已医愈。今请李君前来诊视兄病，设法医治，如能于一、两月内全（痊）愈，则请兄与李君一齐来粤为荷。至于医金

---

　　①　中国第二历史档案馆：《孙中山致张静江亲笔信》，《历史档案》1985 年第 4 期。

药费，由此间担任，兄不必再给也。弟与李医生详谈半日，深信其法为合理而妥善，想必能奏奇效，望兄亦深信而一试之，幸甚。此致即候时祉，并祝

　　速愈速愈。

　　孙文

　　按，中国第二历史档案馆编选刊发第 2 通信函时，因原函未署时间，故发表时将时间暂定为 1924 年 6 月 15 日。其依据是："台湾 1965 年 11 月 12 日 '中华民国各界纪念国父百年诞辰筹备委员会学术论著编纂委员会' 主编并出版的《国父年谱》（下册）第 1030 页有该函中 '内子回粤……可愈此病' 引文，该函的称谓语及 '可愈此病' 句后的内容均缺，并将该函系于 1924 年 6 月 15 日。"①

　　寻检相关资料，《民国张静江先生人杰年谱》恰巧收录了孙中山致张静江的第二通信札，且称是"录其原函"②。据《年谱》记载，张静江 1923 年 2 月在沪养病，"时先生骨痛增剧，行动艰难，国父特介绍留德李其芳医生诊治"③。《年谱》并随附孙中山信函全文。依《年谱》所记，孙中山致张静江第二通信札的时间当为 1923 年。

　　笔者注意到，余齐昭曾撰《孙中山与李其芳关系史料辨析》、《孙中山介绍李其芳为张静江治病函时间考》两文，力主孙中山致张静江的第 2 通信札写于 1924 年④。余文中有两点值得关注和讨论：

　　一是提出"李其芳首次会见孙中山的时间是 1924 年 4 月中旬无疑"⑤。

　　二是提出广州《现象报》"在 1924 年 4 月 19 日的第一版刊登题为

---

　　①　参见中国第二历史档案馆《孙中山致张静江亲笔信》注①，《历史档案》，1985 年第 4 期。

　　②　王云五主编、杨恺龄撰编：《民国张静江先生人杰年谱》，（台北）商务印书馆 1981 年版，第 16 页。

　　③　同上。

　　④　余齐昭：《孙中山介绍李其芳为张静江治病函时间考》（《孙中山文史图片考释》，广东省地图出版社 1999 年版，第 246—247 页）、《孙中山与李其芳关系史料辨析》（《黄埔军校研究》第 7 辑，广东人民出版社 2012 年版，第 250—254 页）。

　　⑤　余齐昭：《孙中山与李其芳关系史料辨析》，《黄埔军校研究》第 7 辑，广东人民出版社 2012 年版，第 250—254 页。

《大元帅眷念故人》一文"，言及孙中山关心张静江病况，派德国医学博士李其芳赴沪诊视。该报并全文刊载孙中山致张静江原函。余文据此判断"孙中山介绍李其芳为张静江治病函应写于 1924 年 4 月 11 日至 18 日之间"①。

先讨论余文第一点看法，如果余文所说为确，则孙、张第二通信札的时间自无需置喙。笔者经查《孙文与陈炯明史事编年》，其中明确载录：1923 年夏，"孙文派李其芳赴香港，与过港之德国远东协会总干事林德商谈继续实行德国与陈炯明曾商谈之合作条件"②。不唯如此，据李其芳自述："民十二（按，1923 年）回国，途经香港，遇李烈钧，因随人粤……入总理室，余出陈德国前任总理米全爱力士致陈炯明函一道，总理大悦。"③ 如此，李其芳与孙中山先生的首次相识并非余文所说的 1924 年，而应是在 1923 年孙、李即已相见、相识。

再看余文第二点看法，广州《现象报》1924 年披露的孙中山致张静江信札，这应是余文持据"1924 年"说法最坚实的资料。乍一看，该条史料似无悬疑，但若细究和反推，则问题多多。所疑一，孙中山致张静江函乃系私人信札，且涉及的是张静江病情及孙中山期盼战友病体痊愈"来粤"之热切心情的表达等私密内容。很难设想，孙中山在致张静江信函的同时又誊录一份发往报馆，或预先爆料信札内容以博视听。此与情理颇不合；所疑二，1924 年国民党"一大"后的孙中山，彼时党内地位巩固，虽然其仍望张静江来粤襄助，但相较国民党"一大"召开前的 1923 年，孙中山亟需张静江这样的党内元老到粤力挺改组，并转圜化解党内难题而言，孙中山对张静江"排除旧疾，恢复常态"，"来粤"要求的迫切度已相对缓解，这从《民国张静江先生人杰年谱》1924 年的内容仅书录国民党"一大"召开可见一斑。

联系到孙中山当时正倾力于国民党改组这个大背景，而当时国民党元老中有许多人对此抱持观望态度，孙中山急需得到党内同仁、元老的

---

① 余齐昭：《孙中山介绍李其芳为张静江治病函时间考》，《孙中山文史图片考释》，广东省地图出版社 1999 年版，第 246—247 页。

② 段云章、沈晓敏：《孙文与陈炯明史事编年》，广东人民出版社 2012 年版，第 722 页。

③ 李其芳：《革命回忆录》，国民党中央党史会藏手稿本。参见李云汉《从容共到清党》，（台北）中国学术著作奖助委员会 1973 年影印版，第 208 页；黄季陆《孙中山先生与德国》，（台湾）《中华学报》1980 年第 7 卷第 2 期。

理解和支持，如能迅速医治好一贯追随、支持孙中山革命事业的张静江骨痛之症，并使之迅抵广州，则无疑是对孙中山最大的慰藉和支持。因此之故，孙中山期盼张静江病体速愈的心情与对张静江政治上的更大期许叠加在一起，于是才有了1923年间孙中山先后两封信札的发出。1923年1月，孙中山召集国民党改组会议，并任命张静江等21人为国民党本部参议，当是这份期许在行动上的反映。据《宋庆龄年谱》记载，1923年2月15日孙中山离沪回粤，宋庆龄仍留上海陪伴母亲，至5月2日方从上海抵达广州。[1] 考虑到李其芳与孙中山同年夏月晤见的时间节点等因素，因此，合理的推断应该是，孙中山致张静江第二通信札概写于1923年夏秋之月的某个时间段。《现象报》应是在翌年（1924年）4月才得到该信并发表。另据《蒋介石年谱（1887—1926）》载，1923年3月26日，张静江曾致信蒋介石，一方面促蒋"早日抵粤，于大局大有裨益"，一方面陈情自身"本拟面谒先生（按，孙中山），继因体忽疲弱不能如愿"云云[2]。《蒋介石年谱（1887—1926）》并载，1924年国民党"一大"临近召开前，孙中山仍未放弃请张静江南下与会的想法。1923年12月30日，孙中山致电蒋，"非至粤面谈不可，并希约静江、季陶两兄同来，因有要务欲与商酌也"[3]。只是张静江最终因病体难支，不克出席国民党"一大"。

六　北上诀别，英雄泪掬

1924年10月，冯玉祥发动北京政变，结束直系军阀对中央政权的控制，同时电邀孙中山北上共商国是。为推动国民会议的召开，11月10日，孙中山发表《北上宣言》，决定抱病北上。孙中山北上途中，积劳成疾，病势加重。1925年2月，张静江得知孙中山在北京病重的消息，遂"抱病北上探视，相见执手流涕，并主张国父试服中药，认为中

① 盛永华：《宋庆龄年谱（1893—1981）》（上），广东人民出版社2006年版，第212—213页。
② 中国第二历史档案馆编：《蒋介石年谱（1887—1926）》，九州出版社2012年版，第108页。
③ 同上书，第128页。

医药治疗或可盼望出现奇迹"①。2月18日中午，根据张静江的建议，孙中山由协和医院移住铁狮子胡同行馆，由张静江、胡适等推荐中医陆仲安诊治，② 但已无力回天。3月11日，孙中山在已准备好的遗嘱上签字，张静江与吴稚晖、汪精卫、宋子文、戴季陶、何香凝等12人作为孙中山遗嘱的见证人也在遗嘱上签名。3月12日，一代伟人孙中山逝世。4月2日，孙中山灵柩移至北京西山碧云寺安放，张静江亲笔书写了长幅挽联：功高华盛顿，识迈马克斯，行易知难，并有名言传海内；骨瘗紫金山，灵栖碧云寺，地维天柱，永留浩气在人间。③ 4月4日，国民党中央执行委员会推定张静江、林森、于右任、戴季陶、叶楚伧等12人为葬事筹备委员。此后，张静江着手参与办理南京中山陵的选址、设计方案等事项，事必躬亲，不辞辛劳。1926年3月12日，孙中山逝世周年纪念，孙中山先生葬事筹备处在南京举行陵墓奠基典礼，典礼现场发放了石印孙中山手书《礼运·大同》篇，上附有张静江题写的"孙先生遗墨 十五年三月十二日陵墓奠基纪念 张人杰敬题"④。孙中山与张静江当年义结海上，谱写的一段人生奇缘、革命传奇佳话至此落幕。

章开沅先生谈及张静江的人生经历时，曾慨言："我常认为，辛亥革命不是极少数人的事业，它是一个数以万计的新兴知识分子群体共同发动和推进的社会运动。……当年许多仁人志士具有强烈的时代紧迫感与历史责任感，自觉地肩负祖国的安危，以天下为己任。他们离乡背井，远走异国，不顾个人安危，为社会的进步和祖国的独立作出极大的牺牲与贡献。但是随着时间的流逝，由于种种原因，并不是所有的仁人志士都受到人们应有的重视，有些当年曾是星光灿烂的风云人物，甚至会被后世逐渐淡忘。张静江就是这样一个应受重视而反被忽略的人物。……尽管在若干重大历史转折关头，张静江在政治抉择上存在着这

---

① 王云五主编、杨恺龄撰编：《民国张静江先生人杰年谱》，（台北）商务印书馆1981年版，第17—18页。

② 鄢增华：《孙中山最后的日子》，《人生从60岁开始：〈老年博览〉2013年度精选》，东方出版社2014年版，第81页。

③ 何大章：《宋庆龄与孙中山》，中国文史出版社2015年版，第134页。

④ 同上书，第144页。

样那样的缺陷与历史的局限，但人非圣贤。"①

　　诚哉斯言！今天，当我们纪念孙中山先生诞辰 150 周年的时候，重新梳理曾经与中山先生一起创立民国的辛亥志士——张静江及其与中山先生的友谊往事，并以此为切入点，重新厘辨作为中国现代化事业的拓荒者之一，以张静江为代表的近代绅商群体在以其财富助推革命，以其生命投身革命的过程中，所凸显的理性经济人与社会人格、伦理人格的结合，重新审视曾经激荡人心的 20 世纪百年史……凡此诸端，值得后来者思考、认识与总结。

---

① 章开沅：《〈张静江传〉序言》，湖北人民出版社 2004 年版，第 1 页。

蒋汝藻：近代儒商雄贾

晚清同治光绪年间，南浔丝商巨富中"四象"、"八牛"之称在民间以至江浙一带广为流传，其资产总额之大足抵清政府年财政收入。"四象"、"八牛"财富有两个鲜明的流向：一是革命，二是藏书。这构成了南浔传统中两条纽结在一起的不可分离的血脉：亦文亦武，丹心侠骨与温柔敦厚，慷慨激昂与浸润书卷。前者的俊杰是张静江和庞青城，后者的代表是刘承幹和蒋汝藻。蒋汝藻，字元彩，号孟蘋，又号乐庵，清末乌程人（浙江南浔）。光绪癸卯（1903）年举人，早年为清学部郎中总务司行走，后居沪办企业，经营轮船、农垦，兼作投机商人。民国初，任浙江省军政府盐业局局长。倾其一生心血致力于藏书，建有藏书楼——"密韵楼"，在中国近代实业史和藏书史上写下了浓墨重彩的一笔。

一　实业

"八牛"之一的蒋家，从高祖飞涛公起，秉承勤勉创业的精神，以白手起家的勇气，披荆斩棘，致力开拓，集几代之力，终于成为南浔这片历史悠久、文化底蕴深厚的富饶土地上地位煊赫的家族。其中涌现出多位名闻遐迩的才俊：诗词皆通的蒋维基，文才俱备的蒋锡绅，集大成者的蒋汝藻等。蒋家的实业到了蒋汝藻这一代迎来了一个大发展。蒋汝藻投资有方，眼光独到，经营理念务实，在江、浙、沪等地投资和创办了许多成功的企业，从而蜚声实业界。

在浙江，他和周庆云一样，放弃父辈致富的丝业，而将盐业作为重点，多方经营，不断投资，终位至杭所甲商和嘉所甲商（清末至抗战前专商引岸制度下权力最大、声势最盛的盐商），成为浙江盐业界的权威人物。同时，蒋汝藻和刘锦藻是姻亲，蒋汝藻的母亲是刘锦藻的姐姐。他父亲蒋锡绅和张謇、汤寿潜等都是挚友，故汤寿潜与刘锦藻分别担任浙江铁路公司正副总经理时，蒋汝藻任董事。此外，蒋汝藻还参与创办浙江兴业银行，是大股东之一。

在上海，蒋汝藻主要经营房地产业、航运业等，是 20 世纪初上海轮船招商局的大股东。此外他还出任中华书局董事，是其主要成员之一。1913 年、1914 年、1916 年，蒋汝藻分别被中华书局股东会议选举为第三、五、六届董事，其中在第三届董事会上蒋汝藻还被选为董事局副主席。为支持中华书局的正常发展和资金的调拨利用，蒋汝藻在 1915 年和 1917 年分别出资 2 万两和 3 万两。①

在南通，蒋汝藻协助张謇兴办实业，成为张謇的得力助手，并在以后的兴办实业过程中得到张謇的鼎力相助。当时，张謇高度重视和积极支持商人集资成立农垦公司，从事现代性的"大农"垦荒。他曾致函黑龙江省省长说："如黑、吉荒地，非大农不足以收宏效，……昔见江（黑龙江）省所定垦地规划之图，与美（国）制及仆于乡里所营者（通海垦牧公司）大同，似即于小农领地时，亦必为之稍稍经划而指导之，无害于大农之进行，乃为至善。"② 后蒋汝藻、郑润昌（广东商人学者郑观应之侄）等人与美国农学家巴伦合作创办东益公司，欲开垦黑龙江荒地时，张謇因与蒋锡绅、郑观应等人为旧交，给予积极的支持，认为："蒋汝藻、郑润昌等，在黑龙江汤原县地方购置土地，用大农法开垦，因与东益公司订立雇佣代垦合同。……其法系中国人为地主，美国人为代垦人，纯系雇佣性质。……中国人为地主而资力不足，外国人有资力，又有技术，而不能为地主，非合并而利用之，无以收化荒成熟之效。且有大农以招徕移民，则国家不费经济而边境自臻充实，在经济行政上尤为得策。"③

在北京等地，蒋汝藻开设了古董和字画的来远公司，从事出口业

---

① 钱炳寰：《中华书局大事纪要（1912—1954）》，中华书局 2002 年版。
② 南通市图书馆编：《张謇全集》（第 2 卷），江苏古籍出版社 1994 年版，第 238 页。
③ 同上书，第 239 页。

务，后因发生第一次世界大战而倒闭。

民国初年，蒋汝藻在实业方面获得进一步的发展。当时国家经济萧条，贸易发展举步维艰。以当时的经济中心上海为例，先施公司拥有资本 150 万，但开张未及 3 个月，已不能支持。中华书局在经营上同样捉襟见肘。而在王国维致函罗振玉的信函中提及"蒋汝藻在哈尔滨收买珠宝，去年以 10 万赢 20 万，今又乘此机大拓张此贸易，此善于投机者"。① 可见，作为一个实业家，蒋汝藻还是具有相当敏锐的经营眼光和策略的。

二　从政

近代南浔富商作为商人固然怀有获得利润的动机，但在特定的社会背景下，他们心中也怀有"反应性的民族主义"情感。作为我国最早一批民族资产阶级的组成部分，南浔富商的民主主义思想集中地体现在他们反帝爱国的民族气节上，以及投身于资产阶级革命的积极态度上。他们一方面持有"实业救国"的情结，其实质是民族主义情感在经济领域的体现和延伸。另一个方面则积极参与近代中国的各种反帝爱国运动，如收回利权运动、抵制美货运动等。蒋汝藻作为南浔富商之一也不例外。光绪二十四年（1898）10 月，英国怡和洋行代表英国与清政府督办铁路大臣盛宣怀签订《苏杭甬铁路草约》，规定从苏州经杭州到宁波的铁路由英国公司修建。但这个草约没有报请政府批准，因义和团运动兴起一直没有签订正约。1905 年，英、美两国向清政府提供铁路借款，企图攫取沪杭甬和浙赣铁路权利。浙江商民闻讯后群情激愤，于是推举立宪法党人汤寿潜和南浔富商刘锦藻为领袖，在上海集会商议对策，最终议决成立浙江铁路公司（浙路公司），自筹资金修筑铁路。决定招股 4000 万元，以 100 元为整股②，并公推汤、刘二人为正、副总经理。蒋汝藻在会上当选为董事，并投资 5000 元，支持浙江铁路公司的发展。1907 年，浙江铁路公司为促进浙江经济发展，还集资组建了浙江最早的商业银行——浙江兴业银行，蒋汝藻积极参与，并成为银行大

① 《王国维全集》（书信），中华书局 1984 年版，第 234 页。
② 陈毅编：《轨政纪要》，台北文海出版社 1979 年版，第 316 页。

股东之一。这不仅帮助了浙江各界群众挫败英、美攫取沪杭甬和浙赣铁路利权的企图，而且为近代浙江的社会经济发展提供了宝贵的资本要素。同年，为维护矿权，汤寿潜应郑孝胥之邀，先后至立宪公会与商学会，与蒋抑之、汪康年、蒋汝藻等 10 余名民族工商业者开会，合谋开采汉冶萍煤铁矿事，决定派代表赴汉口协商。蒋汝藻与汤寿潜、蒋抑之、沈新三、苏宝森、刘厚生等被推为代表。近代南浔富商所怀有的"反应性的民族主义"情感还有一个重要表现，就是其中的部分激进分子积极支持孙中山领导的反清民主革命。这部分激进分子是中国近代社会"新的精英阶层"——资产阶级中的革命派，他们强烈要求"在社会和政治权威方面代替旧的以土地为基础的精英阶层"，即地方士绅和旧官僚。他们之所以积极支持孙中山先生领导的反清民主革命，"主要地不是为了赚钱"，而是因为代表中国地主士绅和旧官僚利益的清王朝"未能……保护他们不受外国人的侮辱"①。蒋汝藻积极参与，浙江辛亥光复后因功担任了浙江省军政府盐业局局长。

三　藏书

在努力拓展实业与积极从事社会政治活动的同时，蒋汝藻继承家风，将大量资金与精力投入他钟爱的藏书活动。受祖辈几代藏书的影响，蒋汝藻也嗜书如命，他不惜把从事实业积累的巨资用于搜集古籍善本，是当时著名的藏书家之一，其藏书理论和实践主要表现在以下几方面。

（一）　求全求精，涵珍存萃

因系世代书香门弟，幼承家学，蒋汝藻具有很高的鉴赏水平和艺术修养，能辨别真伪。他曾为官北平，又久居沪上，足迹遍及南北之大城市，故清末民初著名藏书家如宁波范氏、杭州汪氏、泰州刘氏、泾县洪氏、贵阳陈氏等散出书籍，多为蒋汝藻所购藏，"自官京师，客海上，其足迹率在南北大都会，其声气好乐，又足以奔走天下，故南北故家若

---

① ［美］W.W.W. 罗托斯：《经济增长的阶段》，中国社会科学出版社 2001 年版，第27—29 页。

四明范氏、钱塘汪氏、泰州刘氏、泾县洪氏、贵阳陈氏之藏，流出者都归之"①。另外，蒋汝藻对祖辈家藏散出之遗书搜购更为尽力，广为搜求。他的这种精神为书商所悉，所以常常购了蒋家原散出旧籍而以高于收购价前往求售，蒋汝藻无不一一购进。蒋汝藻这种爱护家藏旧籍的精神深为当时藏书家所钦敬，故他们偶得蒋家旧藏亦以相赠。经蒋汝藻的努力搜寻，其祖辈遗书复得者不下百种。这是蒋氏藏书求全思想；其求精则表现为以下三方面：

一是重视宋元刊本。蒋氏藏宋本88部、元本105部，其中不乏珍籍善本。如宋高宗绍兴四年（1134）序刊的《吴郡图经续记》3卷，是我国现存最古的一部方志。尤其是以1500元高价收得湮没百年之久的宋人周密的《草窗韵语》，该书乃依周密手迹摹写上版，刊刻精雅，纸润墨香。一出世便被时人呼为"妖书"、"尤物"，叶昌炽称其为"纸墨鲜明，刻画奇秀，出匣如奇花四照，一座尽惊……手古香，令人著录为希有奇珍也。"蒋汝藻得此宝书，兴奋不已，自题《藏书纪事诗》："妖事尤物语鲜新，韵语草窗绝世珍。美女奇花难一见，不知倾倒几多人。"并依王国维之见，遂取其作者、书名各一字，将原藏书处——"传书堂"改名为"密韵楼"，以示爱宝之意。此书罗振玉、董康等人先后有影印本行世。蒋氏自己也曾影刻流传。其中初刷的红印本、蓝印本尤受时人珍爱。

二是重视名家钞校本。在蒋氏所藏的抄校本中，较大宗的是孔子后裔曲阜孔继涵"微波榭"的抄本30多部，其次是黄丕烈"士礼居"的批校题跋本，也有44部之多，再次是陆心源"十万卷楼"进呈国子监的抄本20多部以及明写本《永乐大典》四册。《永乐大典》虽仅有20卷，但正好有郦道元《水经注》的前半部，史料价值甚高，备受学者瞩目。

三是重视收集散失的名家藏书。"天一阁"是我国历史最悠久的民间藏书楼，该楼自明嘉靖年间始建，至民国初，已建楼400多年。民国初年，天一阁藏书因故散出，蒋氏以8000银元购下范氏天一阁流出在沪的图书，得其书712部，自豪于藏书界。贵阳陈田字松山，藏书处曰

---

① 《王国维文集》（第1卷），中国文史出版社1997年版。

"听诗斋"，为撰《明诗纪事》，陈氏收明代诗文集颇富，近 40 家。陈田在辛亥革命时匆匆离开北京，藏书典押书肆，此书又整批落入日本。其中一部分经罗振玉手转而为蒋汝藻所得，共计 230 多部，皆为明刊善本。

"密韵楼"藏书经蒋氏祖孙三代辛勤所得，共计有宋版书 83 种，元版书 102 种，明版书 863 种。其中，仅善本书就有 2666 部，其中宋本 563 册，元本 2097 册，明本 6753 册，抄本 3808 册，《永乐大典》20 册。规模之大，令人叹为观止。王国维以无限钦敬的口吻称赞说："余谓为子孙者如孟蘋始可谓之能传书矣"，"今有孟蘋，然则蒋氏三世之精神风尚虽传之百世可也"。

（二）共读共享，开放藏书

中国古代藏书大体可分为官藏、公藏和私藏三种类型，各类型藏书皆有独特的标准、范围和阅读对象，藏书仅为特定人群服务，是极少数人的专利，极少对公众开放。这种封闭的藏书观念一直是古代藏书思想的主流，极大地限制了图书的充分利用和文化的传播、普及。鸦片战争后，中国有识之士开始向西方学习，探索救国救民的真理。思想界首当其冲，涌现出了如林则徐、魏源、梁启超等一大批有识之士，其中，图书"共读共享"随着国门的打开有了进一步的发展。1892 年，郑观应撰《藏书》一文，主张兴建公共图书馆，批评古代私藏"子孙未必能读，戚友无由借观，或鼠啮蚀，厄于水火"①的现象。但古代藏书的"共读共享"只是处于"边缘"地位，被占主流的封闭藏书思想所遮蔽。

而在近代公共图书馆广泛建立以前，私人藏书常常是传播社会文化的重要形式，"其有裨于时代文化，乡邦征献，士夫学者之博古笃学者至大且钜"②。和刘承幹、张石铭等藏书家一样，蒋汝藻将流佚的珍贵图籍散而重聚后，并没有禁锢内室，而是勤加校理，检社会缺用者刻为《密韵楼丛书》，以广为传布。对社会学者名流，蒋汝藻乐意将珍藏秘籍向他们开放，特别是商务印书馆影印大型丛书《四部丛刊》时，蒋

---

① 郑观应：《盛世危言（增订新编）》卷四。
② 吴晗：《江浙藏书家史略·序》，中华书局 1981 年版，第 1 页。

氏亦慷慨出借，无偿提供，这对保存民族文化，促进图书流通，突破传统的私家藏书只为己用、少为他用、不为社会所用的致命局限，从私人藏书向近代图书馆的转变具有特定的贡献。

（三）刊刻丛书，勤加校勘

由于历代辗转抄写或刊刻的失误，古书中几乎没有不出错讹的，"无错不成书"之谚即是这一现象的归纳。对此，几乎所有有能力的藏书家都会自觉而欣然地担当起校书纠误的职责。他们基本以自家藏书为校勘对象，或孤军奋战，或相互切磋，长年累月地进行着无休无止的校书工作。可以说藏书校勘是藏书家普遍也是最艰巨最乏味的日常性工作之一，却偏偏有那么许多的藏书家乐此不疲，老死无悔。正是对典籍负责、对子孙负责的崇高使命感支撑着无数的藏书家默默无闻地矻矻于陈编断简中，从事着这种为人作嫁衣的苦差。蒋汝藻即为其中一典型代表。除藏书外，蒋氏还身体力行，影写、刊刻了一些图书。如宋魏了翁的《鹤山先生大全文集》110 卷 100 万字以上，就是蒋氏花了数年功夫精心影抄而成的。王国维说他抄的书"首尾百余万言，无一笔苟简，绵历二年，卒溃于成"。此外，蒋氏从 1923 年起，委托董康在北京刊印《密韵楼丛书》，原计划从所藏宋本中，精心挑选 20 部影刻传世，因经济困难只刻了 7 种。后人称此为"密韵楼七种"，其具体名目是：

《吴郡图经续记》3 卷，（宋）朱长文撰，1923 年据宋本景刊。

《曹子建文集》10 卷，（魏）曹植撰，据宋大字本景刊。

《歌诗编》4 卷，（唐）李贺撰，据北宋本景刊。

《草窗韵语》6 卷，（宋）周密撰，1922 年据宋本景刊。

《雪岩吟草甲卷忘机集》1 卷，（宋）宋伯仁撰，据宋本景刊。

《青山集》30 卷，（宋）郭祥玉撰，1924 年据宋本景刊。

《窦氏联珠集》1 卷，（唐）窦常等撰，（唐）诸藏三辑，1924 年据宋本景刊。

这七种书都是北京文楷斋景宋刊本，刻工既精，纸墨又佳，堪称民国期间雕版艺术的代表作。这些书流传至今已很稀少，被人们视为新善本了。

（四）延聘名流，精益求精

　　蒋汝藻之所以有如此丰裕的收藏和精湛的丛刻，除了他的资金雄厚、全力以赴外，还与他结识当时的专家、学者有关。他与傅增湘、沈曾植、张元济、罗振玉等都有交往。尤其与王国维私谊尤笃，堪称知己。这体现了蒋氏藏书的一个很重要的思想：结交、延聘学者名流，一俟时机成熟，依靠其睿智眼光和渊博学识编书撰目，做到藏书精益求精。

　　原先蒋汝藻已聘请了缪荃孙的学生吴县曹元忠为其编藏书目，但一年过去毫无进展。后经罗振玉推荐，1919 年，王国维接替曹元忠编藏书目。

　　王国维编藏书目，是由蒋家驱车送书至王国维沪上寓所。王氏每录完一批，即由蒋家取走书单及已录书籍，再换一批书至，如此反复。从王国维给蒋汝藻及其子蒋毂孙的信函中可以得知，类似“前书录毕，请包饬车交换书”、“前书毕录，天晴即祈饬车换书”之语多达数十处，可见其工作量的浩繁。王国维编目悉遵《四库全书总目》，由经、史、子、集次第进行，每部分又分为小类；每书首载序跋、姓氏、年月以及首卷前题下之衔名，次作一简短提要，至收藏印记、名贤题识，无不备书。总之，王国维接手后，很快就改变了前任局面。前任每月交两篇还不能保证，王国维从 1910 年 9 月至 1911 年 3 月，用 6 个月时间录毕经部书籍 179 部，以后更以 7 个月录毕史部近 700 部，又以 6 个月录毕子部近 600 部。至 1923 年 4 月，录集部已近尾声。5 月，王国维携未完之稿离沪赴京，在公暇之余继续完成。1923 年 11 月，《密韵楼藏书志》经反复修改后完稿。全书告竣，前后凡四年两个月。1924 年 7 月，书目两大包在北京面交蒋汝藻。

　　蒋汝藻对此目十分满意，认为与缪荃孙所编《嘉业堂藏书目》相比，“艺风编纂固极潦草，而选择亦太宽泛，虽多，殊无精采，以校敝藏，似未能过之”，并决定将此已写定之稿“先行付刻”后，与王国维继续合作，“预备《续录》约以千种为断”。然天公不作美，当蒋汝藻将书目带回上海正欲付刻时，商业经营突遭意外，几濒破产。以后蒋氏几度努力想重振旧业，终未成功。一时盛举，顷刻消散。1925 年前后，蒋汝藻财力殆尽，无法支撑，只得将大批珍本古籍抵押给浙江兴业银行。到1926年初，蒋汝藻无力赎回，遂将绝大部分藏书，以16万两卖给了商务印书馆，成为东方图书馆（涵芬楼）的重要馆藏。宋刻《草窗韵语》《新定严州续志》《吴郡图经读记》《馆图录朱氏集验方》诸书则归他姓。蒋氏的这批藏书，以后又历经曲折。"一·二八"淞沪抗战爆发，东方图书馆被日寇炮火炸毁，幸好馆方考虑周全，事先曾选择涵芬楼旧藏善本包括蒋氏藏书之珍本，移存租界内金城银行保管库中，避免了损失。解放初，商务印书馆经营萧条，将这批幸存的图书转售给中央文化部，藏于北京图书馆。张元济曾撰《涵芬楼烬余书录》，其中所收批校本，有相当部分系原密韵楼的藏书。近年来，中华书局印制《永乐大典》，就有部分采用了蒋汝藻祖孙三代汇集到的藏本。

当昔日的辉煌烟消云散，当曾经的成就今已不在，晚年生活不裕的蒋汝藻在惆怅中度过了风烛残年，1954年病逝于沪，享年78岁。蒋氏藏书也堪称后继有人，蒋汝藻之子祖诒（1902—1973），一名祖贻，字谷孙，室名思适斋、密均楼。他不但能恪守家藏，还精于版本目录之学。王国维曾给予相当高的评价。蒋祖诒于20世纪40年代末去台湾，曾任台湾大学教授，辑有《思适斋集外书跋辑存》一书行世。他为了发扬先祖藏书和《密韶楼藏书志》未刊印之遗憾，根据抄校本，改称《传书堂藏书志》，1974年，台北艺文出版社出版了抄本影印本《传书堂善本书目》，方有印本传世。

"浔商现象"刍议

——基于两个时段的历史观察与认识

　　在对运河市镇浙江南浔晚近史事的爬梳、董理过程中，一个现象引起了笔者的关注，即晚清民初浔商的崛起与退隐。南浔商人以敏锐的市场意识，抓住时代变局下上海开埠的商机，在丝业市场上长袖善舞，舞出一个以"四象八牛"①为代表的商帮，舞出一道商业文化的独秀风景。当其时，南浔镇一年的丝业财源甚至直追晚清政府一年的财政收入。不惟如此，浔商人物勇于开新、纳新的风格令人印象深刻。一个显见的事实是，他们中的许多人在经济上大力支援了辛亥革命。舒乙赞誉其："造就了一个共和国，功不可没。"

　　历史行进到 20 世纪 80 年代，改革开放春潮涌动，有着悠久商业文明积淀的南浔再一次先发出招，在微电机、电风扇、吸油烟机、洗衣机等家电新产品开发方面，一路拔得头筹，凯歌行进，新浔商故事远近传扬。

　　然而，历史的吊诡亦在于此。如所周知，浔商作为地域性的商人群体，在晚清民初江南市镇经济的发展中，曾经扮演了十分重要的角色。

---

　　① 按，以"象""牛""狗"，乃至"虎""羊"名状富商之家，晚清之时颇流行于江浙，而尤以浙江湖州南浔古镇所传民谚为胜。关于"象、牛、狗"的资产评判标准，较权威的说法约略有三种：（1）据刘大钧、李植泉《吴兴农村经济》载，100 万以上为象，50 万以上不超过百万为牛，30 万以上不超过 50 万为狗。参见是书第 124 页，上海文瑞印书馆 1939 年；（2）据民国时期曾担任南浔中学校长的林黎元先生的看法，资产 500 万以上为象，100 万以上为牛，10 万以上为狗。参见林黎元《南浔史略（初稿）》（未刊本），卷五；（3）原南浔"八牛"之一周家的周子美教授（供职华东师范大学）则谓：100 万以上为象，30 万至 50 万为牛，5 万至 30 万为狗。参见周子美《南浔镇志稿》，《华东师范大学图书馆藏稀见方志丛刊》，北京图书馆出版社 2005 年版。

近代以降，辑里湖丝为表征的丝业经济与浔商的名字是紧密联系在一起的。曾几何时，浔商抓住机遇，开创了一个商帮主导下的公共领域社会事业的展开之局。也曾几何时，又因丝市的谷底，浔商的事业渐离巅峰而去。以致"浔商"之谓，几成历史尘封的册页。浔商在近代初叶的起落峰迴，形成的"浔商现象"，值得从学理的层面的思考、释疑。有意味的是，改革开放初，一路领跑国内家电产品行业的南浔集体企业，在二次创业期踌躇难前，多家曾经效益甚佳的利税贡献企业，最终却以破产方式出局。同样的先行、先进，相似的结局、收关，确乎值得关心浙商、关心浔商发展的人们的反思与省视。

一　晚近时期的浔商：创新与回归、启蒙与守成之间的拉锯

笔者浅见，分析浔商现象，浔商经济的特点是需要把握和予以考察的要件。其特点约略有三。

1. 敏锐的市场意识

对市场的敏锐性，是浔商成功的关键。明清以来市镇商业经济的长期浸润，培育了浔商敏锐的市场意识。这方面最具说服力的便是，浔商抓住 1840 年后上海开埠带来的空前发展机遇，通过营销辑里丝通关出口，赚到了其在资本市场的第一桶金。《吴兴农村经济》即谓："湖丝销售洋庄，南浔镇实开风气之先。当时湖州六属经行，几皆为南浔人所包办；由湖州出口，亦已南浔为中心。"[①] 浔沪丝路贸易的形成，对南浔的影响是多方面的，其中对丝业的直接影响，就是辑里丝从过去的内销为主，开始转向国际市场。由此，亦标志着传统蚕丝营销战略的转变。南浔地方史乘曾记录下当时浔商抢抓机遇，给浔镇丝业带来的新变化：

乡农卖丝争赴市……番蚨三枚丝十两……一日贸易数万金……小贾收买交大贾，大贾载入申江界，申江鬼国正通商，繁华富丽压

---

① 刘大钧、李植泉：《吴兴农村经济》，上海文瑞印书馆 1939 年版，第 122 页。

苏杭。番舶来银百万计，中国商人皆若狂。①

周子美《南浔镇志稿》列表统计南浔辑里丝历年产额时，亦称：

> 吾镇丝业，在清同治初年为全盛时代，以此起家致富者，比比皆是。②

考诸史迹，南浔之"四象八牛"即兴起于此时。如刘镛，史载，其经商奋斗时，正值"欧洲诸国开商埠于上海，大购湖丝"之时，觅此商机，刘镛潜力业丝，细心运作，"不数年而业大起，当同治初已殖财数十万，号巨富"③。

不难看出，正是浔商敏锐的市场意识，南浔之七里丝（一称辑里丝）先拔头筹，抢占了晚清民初丝业市场的品牌高地，并为南浔市镇经济的持续发展注入了市场推动力。浔商也在这种发展中，凭依着丰厚财力，他们开始设店、办厂，尝试进行新项目投资，从而开始了商业资本在攫金之后的转向。

2. 经营项目的多元化与传统化

"四象八牛"因治丝而起家致富，但丝业市场的起伏不定，使他们对于资金的流向，多采取一种颇为慎重的态度。即实施经营项目的多元化与传统化策略，以预防和规避可能出现的商业风险。

如"四象"之刘家，除蚕丝经营外，开始涉足淮盐业务，在扬州开办盐场，统理淮扬一带盐业产销，成为淮盐巨头。除淮盐一项外，刘家还进军传统的典当业，同治五年（1866 年）在湖州府城开设"同裕典当"，后陆续在上海等地开设当铺多达 29 家，接着董理房地产，相继在上海、杭州、青岛、汉口、常熟、南浔购买地产、庄田。至刘家第二代刘锦藻，除继续接办房地产、典当、盐务之外，还积极投资商办沪杭铁路，参与创建浙江兴业银行，同时秉承乃父遗训，在家乡南浔马腰，嘉兴之秀水县置田建刘氏义庄，此举深得清廷褒奖，并于宣统元年（1909

---

① 温丰：《南浔丝市行》，周庆云《南浔志》卷31，《农桑》。
② 周子美：《南浔镇志稿》卷2，《农桑》。
③ 周庆云：《南浔志》卷21，《人物》。

年）得赐"承先睦族"匾额。

再如"四象"之张家。张颂贤营丝发家后，开始着眼于盐务。后鉴于日本丝在国际市场竞争中处于优势地位的现实，弃丝专营盐务，成为浙盐巨头。在营运盐业的同时，张家陆续斥资于食品加工业中的腌腊、酱业，开设典当、钱庄，经营房地产，投资银行。并在江苏常熟置田1700余亩，捐建张氏义庄，此事始于张颂贤，完成于第三代张钧衡（张石铭），光绪二十一年（1895 年），得清廷赐"乐善好施"匾额。

"四象八牛"之其他人物，如邢家，后主营典当，在上海等地拥有当铺 30 余家。周家后亦转营盐业，于实业一项多有贡献。金家，在营运蚕丝的同时，兼营典当、房地产、置田等。值得一提的是，"四象八牛"中，"以大部资财继续经营丝业者仅梅氏一户"①。

由上述所列，可以总结出一些带有规律性的问题。即浔商集团主要经营项目以传统工商业为主。投资重点多集中在盐业、典当业、地产业等风险相对较小，有稳定获利来源的传统商业项目②。反映出浔商主要人物的主要投资方向，既不在扩大再生产，亦不在投资新式工业或新式产业如现代金融业、银行业等。他们中有相当一部分人，投资的兴奋点仍在典当。而典当，于今稍有常识的人都知道，它是传统社会典型的高利贷。近年颇有论者注意研究典当存在的积极意义及其转型问题。笔者浅见，典当业之崛起、发展适应了农业文明环境下小农经济的客观需求，培养了一批传统经营管理人才。但应当注意的是，典当的高利贷本性决定了其向现代社会转型的复杂和困难。在此不妨引据《南浔研究》（1932 年）浔镇之金融业，以进一步作说明，见下表。

1932 年南浔金融业地址调查

店 名	晋 隆钱 庄	晋 安钱 庄	绍泰典	懿兴典	德康典	仁和典	恒盛典
地 址	太平街	太 平桥 西	南栅	宝善街	西木巷	盐店桥	凤 凰桥 南

资料来源：《南浔研究》（油印本）1932 年，湖州市档案馆藏，全宗号 313，案卷号 7—20，第 110、127 页。

---

① 刘大钧、李植泉：《吴兴农村经济》，上海文瑞印书馆 1939 年版，第 125 页。
② 按，盛丕华先生言："南浔帮最富，做丝绸出口，他们喜欢造房子，买地皮，不做脱空生意。"参见《上海总商会组织史资料汇编》，上海古籍出版社 2004 年版，第 28 页。

　　从上表可以看出，历史转进到 20 世纪 30 年代，南浔市镇的金融业，仍是传统行业在现代的延续、留存。从《南浔研究》调查者对商业、金融业的建言、意见看，其中第 7 条，专列"减低高贷利息"一项①。此亦可见，典当业的转型确乎困难，只要典当业赖以存在的小农经济基础还在，典当的退场就需时日以待。

　　浔商集团敏锐的市场意识，使其善于捕捉商机，开辟新局，但市场的飘忽不定、不可捉摸，亦使其彷徨、困顿。1840 年之于浔商，绝不是一个毫无意义的年份数字，通过丝业进出口贸易的实践，浔商切切实实感受到了传统的丝业生产与销售，一旦纳入资本主义市场经济体系，它的命运转瞬间变得无从把握、起落难定。难怪与晚清著名商人胡雪岩交厚的"四象"之庞云鏳看到胡因囤丝受到市场的打压，几至破产的境况后，告诫子孙："国货不能自售，而权操于外人，此危道也。"② 此后，庞家弃丝而转营他业。

　　敏锐的市场判断力与多元化的经营项目选择，却使浔商走向了传统工商业③。个中因由，还需从更深层次去寻找。

　　3. 经营理念的儒学化④

　　浔商以丝致富后，其主要代表人物，如"四象八牛"，均不同程度地采取了多元化的经营策略。窃以为，多元化是对的。但问题在于，怎么个多元化？如何实现多元化？是面对新事业、新领域如朝阳类产业的多元，或如甬商之投资新式金融业。还是守成持重，在既有产业元素选择上实现多元？问题变得复杂起来。在笔者看来，浔商经营理念儒学化的价值判断是其中重要的原因。

　　首先，经营理念之一：求富求财，敦仁睦义。

---

　　① 《南浔研究》（油印本）1932 年，湖州市档案馆藏，全宗号 313，案卷号 7—20，第 110、127 页。

　　② 郑孝胥：《清赠光禄大夫庞公墓表》，周庆云《南浔志》卷 39，《碑刻》。

　　③ 按，浔商经营项目多传统工商业，并不是说浔商没有投资近代工业的行为，如周庆云、庞元济都曾创办实业。笔者只是就浔商大多数成员的价值取向而言，尤其就其对南浔市镇的投资而言。据周子美《南浔镇志稿》（卷 2《农桑》工艺户口附）载，"浔镇工业素无基础，……谈不到兴工业"。

　　④ 按，笔者在此尽量避免使用"儒商"一词，这是因为近今所言"儒商"，多指有学识，风度儒雅的商人或商家。故直言"儒学化"，使人一览自明，系指持守儒家文化之价值本位立场。

南浔之形成市镇，在初就是以商业原因，由草市而集市成市镇的。因此，自宋以来，这块"耕桑之富甲于浙右，土润而物丰，民信而俗阜，行商坐贾之所萃"①的"江浙之雄镇"②，以"富甲一方"而驰誉江南。由此可见，求富是自古而来的传统，是南浔这个商业性市镇的本质属性。深深浸染于南浔商业文明的传统，在"四象八牛"这些浔商代表人物以及普通镇民、乡民的身上，求富已是一种自觉的人生追求目标。故有"蚕桑之利莫盛于湖"③，"一郡之中尤以南浔为甲"④，"区区浔地虽偏小，客船大贾来行商，乡人卖丝别粗细，广庄不合还京庄"⑤等等的记述流传于世。"四象八牛"的传说本身，就是一部南浔丝商的求富创业史。有意味的是，求富的同时，不忘敦仁，不舍睦义，这同样也是"四象八牛"的价值追求。于是才有了顾福昌、刘镛、庞云鏳、章颂贤、朱兆传诸富商的施仁尚义的蹈履与实践。如朱兆传，"以丝起家，性亢爽，凡地方公益，无不乐与从事"，南浔育婴堂、师善堂的捐资都可见到他的身影⑥。顾福昌则有"里中丧葬及孤寡家无不随时周恤"，设义塾，使族中贫家子弟就读⑦等善行。

总之，浔商求富以敦仁的道德实践立场，凸显其经济行为中的伦理主义色彩，而这正是儒家所倡导的伦理本位原则。身处文化底蕴深厚的南浔市镇，浔商的言行，无形中都打上了一种浓浓的儒家人文主义底色。

其次，经营理念之二：道德为先，信誉为本。

重道德，讲诚信，自古就是约束、调节人们立身行事的道德准则和行为规范。浔商在其经营活动中，注重以道德和诚信原则作为自己的行商之道。对此，"四象"之一的刘镛颇有一番心得，兹摘录如下：

营商当务其大者、远者，乡民辛苦累月，博此区区，何可占其

---

① 潘尔夒：《浔溪文献》，周庆云《南浔志》卷1，《疆域》。
② 周庆云：《南浔志》卷33，《风俗》。
③ 徐献忠：《吴兴掌故集》卷13，《物资》。
④ 汪曰桢：《南浔镇志》卷21，《农桑》。
⑤ 温丰：《南浔丝市行》，周庆云《南浔志》卷31，《农桑》。
⑥ 周庆云：《南浔志》卷21，《人物》。
⑦ 同上。

便宜，以欺人而自欺乎？

　　汝（注，指刘锦藻）于钱财出入，寸宜宽，尺宜紧。寸不宽，则所得者分，而必为众怨之的；尺不紧，则所失者寸，而即为启侮之由。①

秉持这样的经营理念，故刘镛之所作所为，多从大处着眼，凡捐资义举、社会公益，无不慷慨襄赞。如此，一方面提升了刘镛在市镇乡里人中的威信；一方面抱持儒家理念，行善积德，营造和顺的乡里人居环境。

浔商在商业信誉方面的翘楚，当为梅家。这不仅在于梅家之梅履中、梅履正始终坚守丝业一线，致力辑里丝的改良，更在于他们为辑里丝走向世界，成为中国驰誉世界的国际品牌，做出了历史性的贡献。其首创的"黑狮"、"飞马"等品牌深受美商青睐，多个品牌获得清廷农工商部大奖，并参展意大利、巴拿马，在国际上获得殊荣。

其三，经营理念之三：蓄势不张，守拙致朴。

漫步于南浔市镇，流连于"四象八牛"建造的高宅深院，不经意间，会发现一连串的以"德"或近其意者名之的建筑宅邸。如懿德堂——张石铭（钧衡）宅，崇德堂——刘梯青之宅，尊德堂——张静江宅，承德堂——金绍城宅，嘉德堂——周庆云宅，以及承朴堂——庞元济（莱臣）宅等，传统中式外墙包裹下的风格，突出体现了南浔民族资本人物蓄势不张的经营理念。

刘镛作为"四象"之首，凭藉其精明的谋划和对机遇的把握，使资产迅速增殖，成为淮盐巨头。但他在经营中始终告诫自己及子孙：

　　吾甚惧，夫多财之为患也，而施以襄之。襄而效，则损患而得福；不效，亦减怨。天地之道，复必有剥，吾知其终剥，而始留余地，使徐徐剥焉。

　　家门鼎盛，始愿不及此，吾方忧惧，汝犹未厌耶？祖泽虽厚，亦宜留有余以殆子孙，岂可自我享尽，吾但愿汝谦和接物，谨慎持家，以永承祖德于不坠，不愿高官厚禄也。②

①　刘锦藻：《先考通奉府君年谱》。
②　同上。

从中我们可以看到，在长期超经济强制的专制主义重压下，浔商群体的第一代人物求富奋斗时的复杂心路历程。就历史而言，多见被动破财者，罕见主动破财者。刘镛主动破财做善事、行义举，可谓深谙中国专制政治传统，这样做，恰恰是为了保全、守住基本的财富底线，守住一个家族可持续的未来。因此，"破财免灾"论实际是专制主义环境下，商人以破财、散财换取国家政权默许其生存、发展的不二路径。

尽管浔商受惠于鸦片战争后，上海成为通商口岸所带来的发展商机，但其经营项目上的传统化，以及经营理念上的儒学化，恰成两翼，结果造成项目经营上的守成意识与经营理念上的文化守成主义的合流，使得浔商在近代时段的出场，同时也就预告了她的谢幕。历史的二律背反，在此，再次显示出她的吊诡与神秘。

二 改革开放初期的南浔企业^①: 以"铁马"集团公司为例

20 世纪 80 年代迄 90 年代，凭依敏锐的市场意识，湖州南浔市属集体企业和镇办企业，抢抓机遇，组合优势，在电风扇、微电机、洗衣机、吸油烟机等多个产品领域，创造了 20 世纪晚期市镇经济又一轮勃兴的新南浔故事，取经造访者曾络绎不绝。令人不解的是，这种局面在经历了一个时期的成长、繁盛之后，其逆转的拐点也随之到来。一些昔日业绩辉煌的集体企业，转瞬间竟相继呈凋零、破产之势。如以德泰顺为代表的南浔制革皮件工业，曾经独领江浙皮革业风骚。如果健康、可持续发展下去，不难想象，中国皮革城在南浔，并非时人的呓语痴梦^②。同样，曾经创出"春蕾"牌洗衣机的湖州洗衣机总厂，创出"铁马"牌吸油烟机、微电机的铁马集团，在创业发展之初，亦曾是行业品牌中响当当的领跑者。然而，随着企业改制、二次创业调整期的到来，以"铁马"为代表的诸多南浔企业却未能闯关、出新，终至以破产的

---

① 按，在此仅以改革开放初南浔部分集体企业为研究案例。

② 据笔者 2007 年 8 月 31 日访谈时任浔镇领导朱倍得，南浔曾确有运作皮货市场的方案并予实施，但终因各方利益杯葛等因素，皮革生产的联合、产销之局未能实现，初建中的江南皮货市场亦呈云散之势。其后，海宁皮革城出现，皮货市场重心东移，南浔人在海宁创造了"雪豹"等名牌皮革产品。

方式为自己的事业落幕。①

1. 历史回溯：形成与演变

铁马集团，即湖州铁马家用电机集团公司，系湖州市二轻系统（手工业合作社联合社）集体所有制企业。

公司前身为 1956 年组建的南浔铁器农具生产合作社和南浔制绳生产合作社。1960 年铁器社之五金开关车间析置成立五金开关厂，后南浔电池厂并入。1965 年制绳社加入，五金开关厂规模有所扩大。至 1966 年该厂开始生产小型电动机，改名南浔电动机厂。1967 年更名吴兴电机厂，产品先后有三相异步电动机、电滚筒、洗衣机电机。1970 年南浔车木社并入，1977年因试制成功风冷电动滚筒，企业一度亦称吴兴电动滚筒厂。

历史发展到 20 世纪 70 年代末，时值改革破冰之初。在对外开放、对内搞活，以经济建设为中心的新形势下，久处"冬眠"状态的大众消费意识悄然冰释、甦醒，家电工业顺势兴起。电机厂领导审时度势，抢抓市场先机，及时开发为洗衣机配套的微型电机。1980 年全厂工业产值达 381.55 万元。至 1984 年，企业根据生产主营产品的性质，改为浙江家用电机厂。

进入 1987 年，在湖州市政府的推动下，以浙江家用电机厂为基础组建了湖州铁马家用电机集团公司，成为湖州市二轻系统重点骨干企业。集团公司旗下有 5 个直属企业：浙江家用电机厂、湖州铁马家用电器厂、湖州洗衣机电机厂、湖州压缩机电机厂、浙江铁马冷轧钢带厂。1988 年公司生产电机总量达 145.8 万台，完成产值 3616.92 万元，创利税 445.19 万元，成为南浔首批步入"百万富翁"行列的企业。至1993 年，上述 5 家企业成为湖州市二轻总公司直属企业。

2. 企业风云：发展与衰落

——浙江家用电机厂。铁马集团即系以该厂为基础组建而成。1987年，该厂被命名为省级先进企业，所生产的 XTD-30W 脱水机电机在全

---

① 按，南浔部分集体企业资料，因企业的先后破产、关停，档案资料的蒐集十分困难。感谢相关部门的领导（如时任手工业合作社联合社党委书记、主任潘锦霖），慨然提供部分资料。此外，笔者于 2007 年 8 月 2、5、10、15、27 日先后走访当时的一些亲历、亲见者，他们中有政府官员，有技术人员，有管理层干部（如时任铁马集团技术员陈洁，时任洗衣机厂技术员王培良等）。其中一些资料系据笔者采访笔录。

国洗衣机电机评比中获总分第一名，获省优产品。1988 年，被湖州市政府列为七家大中型企业综合改革试点之一，所生产的 XD-180、120W 和 XTD-30W 洗衣机电机被评为轻工部优质产品。1990 年，在第二届全国家用电器展览会上，生产的电机获"飞马"奖金奖。1993 年，成为市二轻总公司直属企业。1994 年，洗衣机电机获轻工部优秀新产品一等奖。1996 年，与美国艾默生公司合资成立浙江艾默生电机有限公司。1997 年，公司因美方减资，改称浙江铁马家用电机有限公司。1998 年，由前浙江铁马冷轧钢带厂演变而来的湖州铁马微特电机厂并入公司。迄至 2002 年，公司宣告破产。

——湖州铁马家用电器厂。成立于 1987 年，生产换气扇、吸油烟机和微电机等。1990 年，在第二届全国家用电器展览会上，生产的吸油烟机获"飞马"奖金奖，1990 年，吸油烟机获首届轻工业博览会铜奖，省新优产品骏马奖，轻工部优秀设计奖。1991 年，吸油烟机再获国家银质奖、轻工部和省优质产品称号。1992 年，与美国新光投资公司合资成立浙江新铁马电器有限公司，生产家用空调、吸油烟机和微电机等产品。1999 年，企业破产。

——湖州洗衣机电机厂。1987 年成立，生产洗衣机电机。1991 年洗衣机电机厂与香港汎港公司合资成立浙江川菱电气有限公司、浙江川菱宾馆有限公司和浙江川菱家俬有限公司。2000 年，企业宣布破产。

——湖州压缩机电机厂。成立于 1987 年，生产空调压缩机电机，风机电机。1999 年，企业破产。

——浙江铁马冷轧钢带厂。1988 年，投资建厂。1990 年，工厂转产洗衣机电机、吸油烟机电机等微电机产品，1992 年，工厂更名湖州铁马微特电机厂。1998 年，并入铁马家用电机有公司。2002 年公司破产。

铁马集团实现利税历年数据表

利税（万元）	1987 年	1988 年	1989 年	1990 年	1991 年	1992 年	1993 年	1994 年	1995 年	1996 年	1997 年	1998 年
铁马集团				387.01	634.2	380.01	874.39					
其中：浙家电	503.36	503.69	536.93				317.82	408.25	530.7	-436.09	-3.78	144.81
新铁马电器							217.45	91.24	134.4	-191.75	-78.78	
川菱洗衣机电机							223.69	530.4	255.8	-326.32	-308.22	-353.42

利税（万元）	1987年	1988年	1989年	1990年	1991年	1992年	1993年	1994年	1995年	1996年	1997年	1998年
压缩机电机							90.13	118.9	116.8	136.46	-139.98	-165.9
铁马电机							23.3	28.09	21.9	37.47	43.26	

资料来源：此据笔者调查笔录数据整理，从中概可一窥企业效益之跌涨。

3. 实践的挑战与理论反思

铁马集团自改革开放年代异军突起，独领行业风骚，在发展过程中经历种种困局，最终未能实现突破，归于沉寂、破产。事情本身，促使人们不能不思考这样一个问题，即以部优、省优称誉市场的铁马品牌为何会出现大起大落的跌停，以致退出？进一步的追问：联系晚清民初浔商的踩台与谢幕，历史似乎演绎着相类的场景。于是，实践向理论提出了挑战：南浔二轻系统集体企业运转的机理到底是什么？集体企业如何在科学的把握和改造自我中走向未来？问题本身要求我们的回答重新回到理论思考层面上来。

其一，历史提供了什么。

过去，论及成功后的失败，人们常用不太真实的原因去搅乱真实的原因。然而，我们又都明白，绕着圈子走路的人，永远走不出新路来。铁马集团在20世纪80年代兴起、90年代后期陨落，论究其因，应当说，历史提供了其崛起、发展的难得机遇，但企业模式的过渡性，体制的非市场化，又注定了铁马集团大胜之后的败局。

先说发展机遇。

改革开放之初，南浔铁马集团为代表的集体企业的兴起，与处于计划经济体系之外的"缝隙经济"① 的发展密切相关。改革开放初期的计划体制下，大量经济缝隙的存在为包括南浔在内的乡（城）镇集体企业的崛起提供了历史机遇。以铁马集团而论，改革开放前工农业生产急需各类中小型电动机，由此给南浔电动机制造企业的发展准备了基础与

---

① "缝隙经济"（nicheeconomy）的提法，源自德国学者何梦笔（Herrmann-Pillath）教授所论。是指在一个具体的经济制度里，基本上处于正式经济结构之外的，以特定的专业化为基础的企业运行的一种经济形式。企业之所以可能专业化，首先是因为企业在正式制度之外活动，能够适用更有效率的组织形式，能够取得特殊的交易成本优势，其次是由于某些市场还没有被其他企业系统地开发出来。

条件。随着改革开放大众对家电产品消费需求呈快速增长之势，铁马旗下各类电机企业在抢抓市场先机方面，再次展现出南浔人睿敏的商业意识。他们利用区位和浔籍人才人力资源优势，通过沪杭等地的乡谊关系，从浙江大学电机系、上海舒乐电器等单位组合技术、组合人才，迅速生产出市场所需的、适销对路的系列家用电机及吸油烟机等家用电器，生产销售一路凯歌行进，取得了骄人的业绩和高额的产出回报。仅1990年铁马牌吸油烟机即分获全国第二届家电产品展金奖，首届轻工业博览会铜奖，浙江省新优产品骏马奖，轻工业部优秀设计奖。同年，铁马集团公司成为轻工部重点支持的中型骨干企业，省级技改先进企业。至1992年，铁马集团完成产值7014万元，完成利税634.2万元。遗憾的是，如此难得的历史机遇和发展势头，在企业走上规模化之后，却遭遇来自体制的尴尬。

次看经济模式与体制层面。

南浔集体企业具有浓重的苏南模式色彩（按，湖州地区历史时期即位处"三吴"之西吴，系属吴文化圈）。苏南模式是以发展乡（城）镇集体企业为主的模式，本质上是一种地方行政经济模式。由此造成了制度安排上城镇手工业联社所属集体企业、镇办集体企业、校办集体企业的一种"亚国营"或"准国营"的身份色彩，即社会上人们所习称的"二国营"概念。这种事实上的类国营角色推定，使地方政府对集体企业的管理、安排采取了相同于中央或地方政府对国有企业的管理与安排。政府干预企业经济运行和体制运作上的计划性，在初期确乎带来了于企业、于社会双赢的积极效果。在市政府的大力促动下，1987年以浙江家用电机厂为主体的铁马集团公司宣告成立，公司旗下一时拥有5家紧密型成员企业，9家半紧密型企业和若干家松散联合企业。

从政府发挥在市场经济活动中应有作用的角度看，苏南模式下的政府行为经济的结果，尽管在一段时间带给企业以积极的变化和成果。但经济起飞初期和经济市场化后政府的作用是不一样的。改革开放之初，在中国经济发展的路径选择尚不明晰，市场发育尚不健全，市场秩序尚待建立与规范的情况下，二轻系统集体企业在严重供不应求的环境下依靠行政资源的支持，确乎曾"几度夕阳红"。然而随着国家经济体制改革市场化取向的确立，二轻系统集体企业政企不分的集体产权困局，在市场运行过程中逐渐出现低激励甚或负激励效应。

历史已经证明，企业不可能靠一种机制实现长期持续的增长。可以说，苏南模式政企难分的产权纠葛隐患，注定了这一模式的过渡性。铁马集团某种意义上，就是在当时尚属难言的产权分割心理困境下，企业领导人采取了将生产订单分派于家庭作坊，以中介形式做集团与个人的谋利，如此，催生了个体经济，却逐渐架空、虚脱了集团本身的市场竞争力。

其二，主观条件的成长与制约。

应当说，前面的相关讨论，使我们仅仅明白了，铁马集团业绩的取得以及企业效益的滑坡，已经从历史提供的客观、外在的层面：即一个体制，一个模式中显现出来。但是如果只谈论客观而缺乏作为经济活动主体力量的主观条件——铁马集团自组织结构的剖析，我们的讨论也就只能是一种潜在可能性的解读或表述。

在这里，主观条件即是指铁马集团已经存在并发展到一定程度的管理队伍，职工队伍的素质结构状况，以及人的观念等状况。在此试图通过现实的研究去理解活跃在现实之内的传统。

就铁马集团而言，其旗下企业运转中的一些现象引起了笔者的注意与思考，兹胪列、条记、讨论如下：

——企业管理层和技术层，接受过高等教育的专业技术人才比例普遍偏低，各厂仅能以个位数计。反映出人才问题是制约企业尤其是二次创业期闯关、上台阶、谋发展的瓶颈因素。创业初期，铁马集团通过从上海、杭州等地组合技术、组合人才，实现了企业一次创业的辉煌。但二次创业的要求比一次创业要高得多，它要求企业必须拥有可持续发展的核心竞争力，需要探索新的经济发展模式。而单靠技术、人才的外援组合，形成不了支撑企业产品结构可持续创新的研发团队。企业人才链的薄弱、匮乏，最终从企业的核心能力——人力资源的层面卡住了铁马集团进一步跃升的阶梯。

——企业的几任职业经理人、厂长，其职业背景或工人，或办事处干部，或供销人员，或保卫干部等。此亦说明企业的组织进化问题，未能引起高度重视。处于创业期的中国企业家大多属于半路出家的业余型选手，没有或很少经过企业经营管理的基础训练，他们的基础素质是实干加努力。但随着企业的发展，企业家不可能永远仰赖业余水平而忽视提升自身内涵以变化气质、扩展视野、丰富智慧。因此不断学习是对企业家的基本要求。遗憾的是，铁马企业一把手的职业背景，在完成支持其最初创业之后，未见有鲁冠球式的"人力资本"学习经营与提高，其职业经历的局限性最终遮蔽了企业发展更高目标的追求与实现。

——非市场化的价值观念普遍存在。这方面较为典型的案例，是浙江家用电机厂与美国艾默生公司的合资谈判，以及公司成立后的一连串矛盾与纠葛。家用电机厂与美方的谈判开始于1995年，应当说，合资合作本身就是一场既联合又斗争、既有利益差别又寻求互利双赢的竞争性合作。但在当时外资企业进入湖州市场不多的情况下，吸引、留住外资成了上级主管部门更为关注的节点，正所谓兹事体大。至于美方在合作中，明显表现出的意图：占有对合资企业的控股权、技术专利垄断权等，在能引进外资就是最大成功的大气候思路下，合资谈判中所聚焦的利益与代价问题似乎还未及深入去考量。1996年，双方正式签约，美方控股67%。或许正是由于谈判中对细节的忽略，为分手埋下了伏笔。结果随着美方管理人员的空降到岗，生活方式的非本土化，管理理念、经营理念和工作风格的迥然不同，严格的管理模式以及尚悬于空中的效益期待等等，使得与艾默生的合作某种程度上甚至成了电机厂职工的梦魇。合资前的1995年，家用电机厂实现利税530万元，而合资后的第一年企业就亏损436万元。合资前后巨大的利润效益反差形成的强烈对比，使工人情绪达于极点。最终这场合作匆匆煞尾。

五是在企业发展中要注意儒学化价值选择带来的小富即安心态，由此可能产生福利环境下的企业发展动力不足问题。而相类的场景，在湖州历史上曾反复出现过。正所谓企业最大的敌人是自己，战胜自己超越自己才能使企业走向明天。正如美国著名经济学家熊彼特所指出的：经营者只有在从事创新活动时，才能成为企业家。①

铁马集团的成功是在一次创业期。当时处于计划经济向市场经济转轨的短缺经济时期，人民群众的基本物质需求尚未得到满足，对商品的

---

① [美]熊彼特：《经济发展理论》，何畏、易家详等译，商务印书馆1991年版，第87页。

需求还未上升到挑挑拣拣，只要质量过得去，价格可以承受，任何产品都有销路。因此，在"缝隙经济"作用下，面对尚不激烈的市场竞争，铁马集团企业在微电机、吸油烟机领域占有了较大的市场份额，并且多类产品取得了省优、部优称号，一时可谓"风景这边独好"。面对着一度火爆的铁马牌家电供不应求的局面，任何一个领导、职工都会陶醉。但陶醉不能如周公梦一般，忽视产品质量——这个企业的生命线。到后期，铁马集团出厂的电器如空调，其产品就如同广告词："响当当的铁马空调"一样，使用起来果真是"响当当"了。至此，铁马电器的质量不再坚硬如"铁"。在随之而来的市场经济条件下的二次创业期——把企业改造成符合市场经济要求的真正的现代企业的过程中，铁马集团未能赢得自己的明天。企业领导层和职工层涌动着的传统价值选择如"小富即安"心态和盲目扩张心理，二者的结合从精神上终结了铁马集团。

南浔市镇作为传统力量生长起来的商业性市镇，它曾经在外力的推动下，依靠传统（丝）与市场的紧密联系，创造了一个市镇迅速崛起、快速发展的传奇。但由于其向传统的过分皈依，又制约乃至影响了新经济因素的生长、发育。浔商在新经济领域的开拓，本应深化其所在乡镇的政治变革，但它自己被母体中的传统力量阻击了，儒学化的价值选择，反而淡化、消解了返本开新的努力，使浔商集团从整体上未能完成时代所赋予的推陈出新任务。

"浔商现象"，是近世以来社会经济文化嬗变中颇具典型的商帮个案。它揭橥出："现代化"的特别意义在于，它不是经济的单轨运行，而是一个民族在其社会历史变迁过程中文明结构的重塑与重构。一个社会的未来和新希望，不存在于人们的幻想和意志、意绪中。未来的希望，存在于其既有社会结构中所孕育的支持其生长、创新的生命因子中。

历史上，南浔在自己的发展中曾创造了属于自己的独具魅力的商业文明——南浔市镇文明，应时而兴的浔商，以自己独有的方式创造了引人思索的"浔商文化"。可以预见，在经济全球化、文化多元化的趋势下，对"浔商文化"的分析及其总结，将不会是无的放矢的思考。只要南浔经济的活力源持续存在，对"浔商现象"的思考就远没有结束。

近代湖州师范教育档案整理与研究

档案研究是史学研究中的重点和要点，档案资料随着学术发展，其地位正在不断提高，且原始档案资料也为史学发展提供了最为可靠的佐证。从敦煌简牍档案到清宫档案，从中国第一、第二历史档案馆到地方档案馆，甚至是大学档案室，内容涉及经济、文化、社会、教育等多个方面。政府档案，私人档案也经常夺人眼球。在现今社会背景下，档案材料呈现出丰富多彩、结构复杂、层次分明、确真不伪的特点。档案资料的解禁为学界研究提供了诸多新素材和新领域，加之学界对档案资料的重视程度逐日加深，将档案作为"确史"，由此而知，档案研究正当其时。

一 近代湖州师范教育档案研究的现状

对于近代湖州教育档案的研究，从学术角度来说，尚未形成体系。对于近代教育及地方的近代教育研究尚显薄弱。对近代教育整体研究的文章仅有寥寥数篇，如伍卓章的《论民国初年的师范教育》，指出"1912—1919 年是我国近代师范教育定型的阶段"①；蔡青的《论民国时期师范教育改革》，认为"鸦片战争之后，救亡图存需要新式人才，开办新式学校需要师资，传统文化受到了西学东渐的冲击，以及日本的教育近代化的作用，促成了中国近代师范教育"②；石静的《民国初期的师范教育》，认为："民初师范教育改革发展的思路，不仅在当时发

---

① 伍卓章：《论民国初年的师范教育》，《云南教育学院学报》1988 年第 2 期。
② 蔡青：《论民国时期师范教育改革》，《群文天地》2012 年第 4 期。

挥了师范教育的社会效益，也为后世师范教育的发展提供了启示和借鉴"①；对近代时期北京、江苏、东北、湖南、江西、海南、安徽、西康等地师范教育的个案研究仅有王慧《论清末、民国时期天津师范教育制度的发展》、韩立云《民国初期高等师范教育发展的两种模式——以南京高等师范学校与北京高等师范学校为例》、吴晓朋《民国时期的江苏省乡村师范教育（1922—1937）》、青克尔《民国时期东北蒙古族师范教育述略》、王向文《民国时期湖南师范教育研究》、刘晓健《试论民国时期江西的师范教育及其特点》、张德忠《异质的移植与内化：民国时期北京地区的师范教育》、黄善强《浅谈民国时期的海南师范教育》、彭慧艳《民国前期安徽师范教育改革（1912—1927）》、王开澄《民国西康师范教育发展启示》等；对女子师范教育、华侨师范教育、基督教师范教育、幼儿师范教育等特例研究的仅有王鸿英《民国时期华侨师范教育始末——以国立第二侨民师范学校为例》、许环环《民国时期女子高等师范教育模式述评》、魏晋《我国近代女子师范教育的重要成果——评〈民国时期河北女子师范学院的教学〉》、凌兴珍《民国时期的基督教师范教育——基于以四川为中心的考察》、秦泽虎《民国时期幼稚师范教育课程设置的研究》、明张君《民国初期幼儿师范教育的发展与启示》等。以近代乡村师范教育为核心的研究仅有吴晓朋《民国时期的乡村师范教育——以江苏省为中心的考察》、曲铁华《民国时期乡村师范教育的实施及特点》，苏刚《民国时期乡村师范教育制度变迁研究》，何有荣《民国时期师范教育与地方社会》和晏东《民国初期师范教育与早期共产主义知识分子的生成——以浙江一师为例》等。其中曲铁华认为："近代乡村师范教育制度的变迁影响深远，不仅推动了乡村师范教育的发展，而且也有力地推动了乡村教育的变革和发展"②；苏刚则认为："通过对近代乡村师范教育制度的变迁过程做整体性的分析，努力从多维度、多视角呈现这一时期乡村师范教育制度的发展状

---

① 石静：《民国初期的师范教育》，《广西社会科学》2003年第7期。
② 曲铁华：《民国时期乡村师范教育制度变迁的内在逻辑与当代启示》，《教育科学》2015年第6期。

况"①; 何有荣则是: "梳理运城师范教育发展的历史轨迹, 考察运城师范教育对地方社会的影响, 评价师范教育的历史功绩, 正确对待师范教育为地方社会的发展做出的贡献是有其重要意义的"②。可见, 近代师范教育正逐步形成其研究特色, 但仍有不足之处, 特别是在近代地方师范教育的研究上仍有较大潜力挖掘。师范教育强省——浙江省的师范教育研究仍处于起步阶段, 仅有阎登科《艰难的前行: 民国时期师范教育的发展轨迹——以钱塘道第三联合县立师范讲习所为中心的考察》和晏东《民国初期师范教育与早期共产主义知识分子的生成——以浙江一师为例》两篇文章, 阎氏认为: "讲习所在其发展过程中, 因政策变化、时代变迁、战争冲击, 或合或分, 或断或续, 历尽艰难和曲折, 但种子一旦种下, 便萌发出强大的生命力, 成为区域师范教育的主要源头和高等师范教育的重要根基"③; 晏氏则认为: "近代的师范教育作为培养知识分子的重要机构, 是产生早期共产主义知识分子的温床。中国共产党的很多早期领导人和骨干分子都曾毕业或就读于师范学校"④。因此对于浙江省近代师范教育应加大研究力量和研究投入; 就县市层面的近代师范教育研究成果是凤毛麟角, 近代湖州教育研究更是鲜见于学术界。

然而湖州作为近代史研究的重镇, 其近代师范教育更具有独特地位和价值, 近代湖州教育研究其实质是对近代教育历史的再认识。故本项目组以湖州师范学院 2018 年 60 周年校庆之际作为现实之契机, 以 "近代湖州教育档案整理" 项目为平台, 开展近代教育档案整理工作, 并展开初步研究。

二　近代湖州师范教育历程

随着时代变迁和历史因素的影响, 近代湖州教育档案散落于湖州、

---

① 苏刚:《民国时期乡村师范教育制度变迁研究》, 博士学位论文, 东北师范大学, 2015 年。

② 何有荣:《民国时期师范教育与地方社会》, 硕士学位论文, 四川师范大学, 2011 年。

③ 阎登科:《艰难的前行: 民国时期师范教育的发展轨迹——以钱塘道第三联合县立师范讲习所为中心的考察》,《教师教育论坛》2016 年第 11 期。

④ 晏东:《民国初期师范教育与早期共产主义知识分子的生成——以浙江一师为例》,《武汉理工大学学报》(社会科学版) 2016 年第 5 期。

嘉兴、杭州、上海等地，课题组主要对相对较为集中的湖州教育档案进行梳理，得出对"浙江省立师范教育学校"和"浙江省立湘湖乡村师范学校"为核心的近代湖州师范教育的基本面貌。

（一） 创立于艰难困苦之中

湖州师范学校始建于 1916 年。当时全省痛感师资之缺乏与需要，各道均属有师范讲习所设立。湖州所辖的吴兴、长兴、德清、武康、安吉、孝丰六县当时属钱塘道，道治在杭州。钱塘道尹呈在吴兴创办钱塘道第三联合县立师范讲习所，是为旧湖属有湖师范教育之始。这所学校的创始人叫郑凝。从 1912 年起，曾任浙江官立两级师范学堂学监和清末浙江省谘议局副议长沈钧儒先生，一直担任浙江省军政府教育司司长。沈钧儒先生桃李天下、思想开明，他提醒从日本学成归来的高足郑凝，提升国民基本素质是立国之本，此事要从大量培育师资力量开始。老师的忠告和鼓励，促使郑凝在海归之后，毅然远离台州故土，来到当时离省城杭州不远、条件比较艰苦的湖州，利用年久失修的安定书院，建立起了钱塘道第三师范讲习所，湖州地区从此拥有现代最高级别的教师培育基地。郑凝在钱塘道第三师范讲习所的时间不长，但对一个经过现代文明洗礼的 27 岁年轻知识分子来讲，在当时的所作所为，对浙北百姓融入现代文明的贡献是无庸置疑的。百年树人的前辈教诲，在郑凝身后得以完美实现，不仅惠及他的家族后代，而且影响了整个区域文化。

浙江省立湘湖乡村师范学校于 1928 年夏间由第三中山大学派操震球、孔雪雄等负责筹划，10 月 1 日开学，操任校长。1929 年二月操以病辞，继任者方兴严。是年暑后，大学区制停止施行，学校改由浙江省教育厅管辖，方以事辞，由刘澡继任。以前学校办法，完全模仿晓庄师范，自施行弹性制的教学由黄同义继任校长，遵厅令照普通学校施行年级编制。并办理特科一级，建筑大部分校舍。1932 年 2 月，黄复辞职，由金海观继任。是年 8 月起，始试行工学制。学校初名浙江省立乡村师范学校，自 1933 年度起，改名为浙江省立湘湖乡村师范学校。

湘湖位于钱塘江之南，萧山之西，说者谓其风景具有"秀丽壮伟闲静曲折四大特点"。湖之四周群峰重叠，小山亭立于其间者凡八。湖心

有压湖山，实为"秀丽中之精粹"，学校位于山下，因自然形式将沿山
沮洳之地，改为荷塘鱼塘。山麓设菜园花圃及桃李之林，山腰筑动物园
及操场。山顶平地数方，形如圆桌。1934 年冬季，由简师班第三届学
生，筑一亭于其地，是为爱湖亭。教室、寝室、礼堂、办公室、图书
馆、科学馆、文艺馆及湘湖医院，则环列于山之阳。压湖山之西，有长
约 400 米之西湘堤以接锭山，设有农艺馆及锭山中心小学。又北 200 里
有老虎洞。压湖山东南以长二里许之东湘堤与石岩村相接。山上有一览
亭，岩壁峭峻，登临其巅，可望浦阳江下游各地。石岩山与老虎洞山为
湘湖内最高之山，其下各有学校附设之中心小学。学校校址凡十顷，又
山百亩，逐年设施，虽未美备，而规模粗具矣。

（二）成长于颠沛流离之间

近代中国政局动荡不安。国内军阀混战，后来又是国民党军对北洋
军阀的北伐战争。南京国民党政府建立后，仍然是战火不断，抗战全面
爆发；抗战胜利后又是解放战争。随着战火的蔓延，以湖州师范学校为
代表的湖州中等师范教育也处在颠沛流离之间。

首先是办学地点不断变迁。由于条件简陋，规模扩大，办学场地多
次变更。1916 年创办的钱塘道第三师范联合讲习所，当时借用吴兴县
学前滩安定书院为校舍。1918 年后每年均有招改，学生渐增，房屋不
敷，呈准以乌程县学为校址，修葺乌程县学旧有房屋为分校，并经营扩
充校舍。1919 年，前座校址、门房，及最北平屋一座落成，移入新校
舍办公，而以安定书院为分校。1937 年抗日战争全面爆发后，学校更
是不断迁移，学生们的求学生涯也随着学校一起颠沛流离。抗战期间，
学校先后搬迁到长兴小溪口、安吉孝丰、桐庐分水、安吉灵峰、淳安威
坪、吴兴天宁寺等地办学。"我们那时候都是住在老百姓家里，睡在地
上。没有黑板，没有课桌椅，只能借用地主家里的桌板来上课。"[1] 也
许是那段记忆太过深刻，一位当时的学生郑耕夫对于彼时的岁月依然记
忆犹新，"我们吃的是粗加工的糙米，很难下咽，没有菜就自己上山挖
竹笋，挖野菜，实在没得吃了就用油或盐炒饭增加一些味道，更多时候

---

[1] 《浙江省湘湖乡村师范学院概况》，1934 年 4 月，全宗号 297，卷宗号 121，湖州市档
案馆藏。

大家会烧一大盆黄豆，十几个人就着一盆黄豆吃好久"①。为了防止做饭师傅偷工减料，班里每天都派人作"监厨"，监督做饭师傅每顿的菜和米用量。也正是这段艰苦的岁月造就了学生坚毅的性格和勤俭的生活习惯。

其次是校名不断变更。1916 年钱塘道第三师范讲习所，当年又改为浙江第三联合县立师范讲习所，1917 年改为浙江省立第三师范学校，1923 年改为浙江省立第三中学校师范部，1927 年改为浙江省立第三中学师范部，1930 年浙江省立第三中学第二部，1932 年又改浙江省学区联合师范讲习所，1933 年改为浙江省立湖州初级中学，1937 年改为浙江省立湖州中学，1938 年为浙江省立临时联合中学，1940 年为浙江省第二区各县联立师范讲习所，1941 年为浙江省第二区各县联合小学师资训练所、浙江省第二区六县联合简易师范学校，1942 年为浙江省立浙西第二临时师范学校，1943 年浙江省立浙西第二临时师范学校等名称。湘湖乡村师范学校原名浙江省立乡村师范学校，1933 年起改名为浙江省立湘湖乡村师范学校。

再次是办学体制不断变化。从管理体制上看，一开始是县立师范讲习所，后来改为省立师范讲习所，又改为省立师范学校，再改为中学师范部，学区联合师范讲习所、六县联合师范讲习所、简易师范学校等。从学制上看，最短的为半年制的六个月结业师范训练所，招收年制的预科生，一年制师范训练班学生，两年制和三年制师范讲习科学生，最长的有四年制简易师范科。档案资料显示："自创办钱塘道第三联合县立师范讲习所，以迄于吴兴陷敌，学校西迁，凡二十一年有奇，旧制师范本科学生毕业六届，共约一百五十一人，讲习科六届，共约一百零九人，师资训练班两届，共约六十二人，代办县立师讲所一届，共约四十人。此一段时间，造就颇多，而毕业生之服务成绩，亦为社会所称道。计自区成立至胜利复员，于未满六载中，以校址未定，且时受敌伪奸匪之窜扰，竟播迁五次，应变五次，全校日处惊涛骇浪之危境中，精神物质，损失殊多；乃以师生坚苦支撑，更蒙政府当局，不时协助——尤以

① 《浙江省湘湖乡村师范学院概况》，1934 年 4 月，全宗号 297，卷宗号 121，湖州市档案馆藏。

二区于专员为多，每于政务之余必亲临视导，解决困难——卒能屹立前线，使师范教育赖以延续，弦歌未尝中绝，此一段时间，造就亦颇不少，计简师科毕业一届，共约三十九人，师训班结业四届，共约一百八十人，简师三届，共约四十七人。"①

湘湖师范学校设师范班及简师班二部。简师班计一、二、三、四年共四级，师范班计一、二、三年共三级。简师班普通制修业四年，工学制修业四年半。师范班普通制修业三年，工学制修业三年半。浙江省立湘湖乡村师范学校推广教育自 1921 年起，始划区进行。分文字的、生计的、公民的与健康的四方面。文字教育方面，设有民众学校馆，民众阅览处问字处，代笔处等若干处。生计教育方面，曾办理一养鱼合作社，但以人事天时，两俱不善失败。在徐家坞办理一茶叶运销合作社，在锭山办一粮食消费合作社，乡民兴致尚佳。公民教育方面，如引导民众修治道路，参加公益事业及训练民权等。与民众合作修治之道路，计东湘堤一条，长约一公里；青山张大路一段，湾里张大路一段，东汪大路一段，西汪大路一段。关于村镇工作，如劝诫赌博，调节纷争，救济贫困等尚博一般民众之好感。在压湖山办一公民训练班，以校工为对象；在锭山办理一班，以农民为对象。成绩尚有可观。定山洗衣妇女亦组织培训班，定期施以训练，颇有效果。健康教育方面，如迁移石岩粪缸，西汪塘上粪缸；设置民众运动器具，开民众娱乐会。又设湘湖医院二处，一在石岩，一在压湖山，民众每日就诊人数，自十余人至六七十人不等。病人除湘湖附近村落外，有来自义桥新坝长河头浦沿及萧山县附郭各村者。男病人多至石岩就诊，女病人多至压湖山就诊，以压湖山医院有女医师及学校女生任看护工作，较便于妇女之整治也。医院工作，除诊病外，如为附近各小学施种牛痘（其范围西及闻堰，东至金西桥，北至湖里孙等处）；为民众打姜片虫（杭州居民有越江来求打虫者）；注射疫苗；为孕妇检查胎儿状况。自 1923 年 9 月起，与卫生署接洽，设一姜片虫扑灭机关与学校石岩医院，人少费细，尚乏显著成效。此外在徐家坞地方设有农民音乐队，在沿湖各村轮流举行说书，在定山村举行家长谈话会（与推广人员养成所合办），又沿湖各村满 65 岁正直

---

① 《浙江省立湖州师范学校概况》，1948 年 6 月，全宗号 297，案卷号 90，湖州市档案馆藏。

之老农，每2月由校请其来校款以茶点、饮食，是为敬老会；每半年由学校女导师女学生召集乡村妇女，与之谈话，是为妇女联欢会；儿童节时召集沿湖各村儿童集合本部，共同庆祝节假，并举行婴儿比赛会；从以上各集会上施全湖男女老幼以教育，是为学校全民教育的计划，固不仅部分的识字教育已也。

（三）　维持于风雨飘摇之际

抗战胜利后，湖州师范学校自1946年春复员吴兴，以校舍泰半毁于兵焚，不敷分配，须在附近设法，租用民房，而仅存者，整理与布置，亦需时日；兼以校具，图书，仪器等，均需自孝丰运来，颇费周折，故迟迟至三月中，始勉开课。其时设本部于天窨巷前湖中旧址，借白地街民房为全部男生宿舍，太和坊布业会馆设附馆，红墙湾归安县学设附小，一切因陋就简，不异战时。初则以白地街屋主无意续租，而校舍又狭小难容，几经筹划设法，觅定附近之钱业会馆，商借作为临时校舍，设立简师部，即开工修葺；同时将天宁寺之屋舍，重行支配，复加整理，环境顿形改观，又感校具残缺，不敷应用，酌量添置。准备月余，至秋如期开学，乃撰订各种计划及实施方案，并装订或修订规章，切实实行，以谋校务之整顿与进展。关于设施，尤致力于校风之改造，与程度之提高；关于设备，则购办仪器，充实图书，添置教具，及校具，逐项分期实行，不遗余力。在此过进途中，缺憾固多，而最成发展之障碍者，莫如校舍之破残与狭小，故又呈准教厅废补修建费，六事修理，粉饰油漆，焕然一新。近又得二区于专员之赞勉暨湖属六邑县长社会贤达之协助，筹募糙米近九百石，于天宁楼西北，被毁屋基上构筑新楼，且取于公之字名之曰乐安，所以志其重建学校之苦心，而留永久纪念也。当此经济枯竭，物力为艰之际，筹募经营良非易易，然斯楼竟于4月兴工，至7月落成，为时会不半载，又不可淹没者也。

湘湖师范学校所办之推广事业一向少有本地领袖人才参加，颇有"人存政举，人亡政息"之现象。为本地人才起见，因有青年服务团之设立。团员须为湘湖附近村民，年龄在十五岁以上而有高小毕业之程度者。训练为期二年。课程除参酌学校简易师范班标准外，与以农事、医药、畜牧及乡村工艺，合作事业等之指导，务使其离校后不必恃教育职业维持生活，同时于维持生活之外，能指导民众，教育儿童，以从事于乡村之改进。现有团员六人，计石岩二名，定山一名，西汪三名，惟各生年龄稍稚身体亦不十分强壮，能否符合预定之理想，则在吾人之努力矣。以上六名为基本团员，每一基本团员须招识小学四五年级程度之童友若干人，予以指导，使其协助各项事业，是为辅助团员。对于辅导团员之指导，先有三种：一集合指导，每星期日一次，由辅导员讲演或共同讨论，注重灌输知识，及解决工作上困难问题；二巡回指导，次数不定，注重工作成绩之考核，及偶发事项之指导；三个别指导，及基本团员担任，每一基本团员指导辅助团员二人。

三　近代湖州师范教育的特点

近代湖州师范教育的特点可以归纳为以下三个方面：

（1）政局动荡，弦歌不断。近代是中国政局最为动荡的时期，前期有军阀混战，接下来是国民革命军对北洋军阀的北伐战争，中期有长达八年的全面抗日战争，后期有解放战争。短短的 38 年间，一直是战火纷飞。但是，湖州的师范教育却从 1916 年创办的钱塘道第三县立师范讲习所开始，虽然名称、体制、地址一直在变，但 33 年间的师范教育却一直持续办学，规模逐渐扩大，招生日益增多，可谓是弦歌不断。

（2）条件简陋，精神富有。近代湖州的师范教育虽然条件很艰苦，很多学生不但食不果腹，而且居无定所，因陋就简，学校的教学设备也不多，师资力量也略显薄弱。但是，那时的师生的精神却很饱满。教师教有所长，学生学有所成，他们是一代有理想、有追求的人。听听他们的校歌，读读他们的校训，都可以感受到这种精神。

（3）层次复杂，管理不差。近代湖州师范教育虽然办学层次颇为复杂，有半年制、一年制、两年制、三年制，还有四年制的学生。但是无论是师范讲习所，训练所，还是师范学校，甚至是中学师范部，都有一套严格的教育管理制度，既有军事化规范管理，有些规章制度还很详细具体，更有人性化的民主管理，强调学生的自治与自我管理，有许多有人情味的管理方法，保证了教学科研工作的正常开展，其中很多制度可以为我们今天所借鉴。

四　近代湖州师范教育的启示

近代的师范教育虽然是初创，条件简陋，但其教育思想与教育理念已经为我们今天的师范教育奠定了一些基本的原则。比如湖州师范学校的校训提出十二个"本"："忠勇为爱国之本，孝顺为齐家之本，仁爱为接物之本，信义为立业之本，和平为处事之本，礼节为治世之本，服从为负责之本，勤俭为服务之本，整洁为强身之本，助人为快乐之本，学问为济世之本，有恒为成功之本。"① 今天看来，这些思想仍然有着很强的现实针对性。

（1）师范教育着眼于砥砺学生的道德品行。首先是学校对于学生思想行为开展训导，为求便于实施计，切实推行训导制，加强导师工作。各级导师，除逐日调阅日记，随时对于学生之思想、行为、学业及身心健康，加以考察，各别予以积极指导外，并充分利用课余及例假时间，集合本级学生，举行谈话会，讨论会，郊游会，同业会等，以作文体生活之训导。不论各别或团体训导，要皆用理智以指导端正，用感情以鼓励其前进，而达思想纯正，人格健全之目标。又每学期各级导师对本级学生定期举行各别谈话两次，将学生之性行，思想，学业身体状况等项，详密填载于记录表，以为操行评分之参改；并于每学期终填载操行成绩时，针对学生优点及缺点，分别填载报告单通知其家长，以资联络。其次是着力于树立优良学风。近代师范教育，学生以久经战乱，迭遭颠沛，且受社会时习之熏染，不无愤感愤激，行动越轨，气焰意张。为救弊针衰计，对于优良学风之树立，实屡刻不容缓之举。故自易长后，学校训导设施即以此为重点，期使学生养成正确之意识、纯正之思想、力学之志趣、勤劳之习惯、守法之精神、积极之态度，以表现合理之行为，而蔚为优良风气，一扫过去陋习。然散漫、轻躁、浮嚣、盲从、傲慢等缺点渐除，校风已大变矣。再次是注重训练学生文明礼貌。师范学生于毕业后即为人师，起领导作用，在校而注意礼貌，即为尊师重道之表示，其于将来教导儿童，关系更钜，故对学生礼仪训练，学校

① 《浙江省立湖州师范学校概况》，1948 年 6 月，全宗号 297，案卷号 90，湖州市档案馆藏。

向颇重视。学生注意礼貌与否，亦列入操行成绩改查项目中，为日常改查之一。最后是在重视智力开发的同时，也重视体育锻炼。学生体魄之健强，固有赖于锻炼，而平时注意整洁与否，影响身心健康亦至钜，故学校对学生整洁习惯之养成，不稍忽视，每日由军训教官、童训教练、级任导师，施行内务及教室整洁检查，每周将个人优劣次数及团体成绩，统计并公布一次，个人及团体成绩，均列入操行成绩中计算，每次团体成绩最优者，并给以镜架悬挂，以资奖励。又每月大扫除一次，同时举行教室、寝室，及公共场所整洁比赛，每次将优劣成绩及名次，予以公布。此外一学期于开始后与结束前，各举行体格总检查一次，了解学生一学期来发育情形健康状况，以谋改进。又如：遵时作息、禁止零食、厉行早操、实施课外运动，以养成学生有规律之生活与良好之习惯，凡此虽非关整洁，而其增进学生身心健康之目的则一。

（2）师范教育着眼于培养学生的爱国情怀。近代之教育宗旨规定是根据三民主义，以充实人民生活，扶植社会生存，发展国民生计，延续民族生命为目的：务期民族独立、民权普遍、民生发展，以促进世界大同。

师范教育展示出拯救国家危亡之爱国情操。近代师范教育在内忧外患的情况下艰难前行，在其师范教育的发展过程中必然受到爱国主义的影响，湖州师范教育的思想亦不例外。在其档案资料中以下诗歌能够较好的展示其在师范教育思想中的爱国情结：

> 牢落词伤三十年，传家故物有青锋，
> 诗宜远淡堪呈佛，酒不懵腾娴学仙；
> 国破山河供涕泪，时危文字掩烽烟，
> 书生发乱终疏阔，汉马无功一慨然。
> 乱后胸怀愈不平，由来厌听战鼓声，
> 春风着意苏残柳，夜月无情照废城；
> 涉世总嫌更事少，传人争奈以诗鸣，
> 欲酬素志知何日，万卷图书万里程。[①]

---

① 《浙江省立湖州师范学校概况》，1948 年 6 月，全宗号 297，案卷号 90，湖州市档案馆藏。

诗歌为教师所著，并得到学生的广泛吟诵，让诸多学子热泪盈眶。此情此景，爱国主义在师范教育思想中的地位可见一斑。学校遵照部章，学生一律免收学费，其膳费遵照本省教育厅之规定免收全部或一部，杂费及代管费则遵厅令规定之数额，向学生征收。凡家境清贫、成绩优良、品行端正、体格健全之学生，得于投考或每学期开始时，取具县政府之家境清贫证明书，补函向学校申请公费待遇。毕业生应遵照法令规定，至各县服务，其年限至少三年。毕业生在服务期内，不得升学或从事教育以外职务；违者追缴其在学时一切费用，如系升学，并得请其所升入之学校令其退学。

（3）师范教育着眼于强化学生的法纪观念。首先是重视学生自治组织建立。师范学校为培养学生自治精神与自治能力起见，积极加强各种学生自治组织，如：校自治会、级自治会、膳委会、各种学术研究会及剧咏团等。其工作之进行，经常予以辅导，故有计划、有步骤，而未有论越规范。各种活动如：论文竞赛、演讲竞赛、书法竞赛、表演竞赛、壁报竞赛、球类比赛等，均利用校自治会组织下之各部推行，而请由各导师指导。校自治会与级自治会之组织，系以部颁学生自治会规则与学校所订之级自治会组织须知为根据，而为一元化。凡各级自治会之分股，悉照校自治会之部数，即服务、学艺、健康、风纪、事务等五部是也。此种一元化组织，颇收臂指之效，盖各部召集各级该股之负责人员，讨论该部应行举办革事项，决议后即可转知各级实施之，迅速统一。学校自治会各项活动之能顺利推行，未始非此简化组织有以助之也。厉行军事童军管理。师范学校遵照规定，于普师暨简师四年级实施军事管理，简师三年级以下实施童军管理。军训与童训编制各不相同，为求队形整齐划一计，参酌军训组织及童训组织办法，统一编制，举行升降旗、进膳及公共集会等，均须依此固定队形排列，膳厅与寝室之位次，亦依此编排，使点名便利，集队迅速。此外对于日常生活之管理，均遵照规定办法施行。其次，严格限制学生事假。学校学生承载时之积弊，每因细故即行告假，以致请假频繁，影响学业姑置不论，即就生活行为而言，亦易松弛放荡。为积极整顿计，于易长之初，即严密订定请假办法，规定非不得已，一律不准学生请假，取款购物能由学校代办者，系为代办。各生每月事假，最多不得超过四次，如遇外宿，更非有家长或保证人来函不可。制度规定，每学期各科缺席时数达该科教学总时数三分之一以上之学生，不得参与该科之学期考试。每学期缺席日数达该学期教学总日数三分之一以上之学生，不得参与全部学期考试。无学期成绩之学科，或成绩不及格之学科，在三科以上之学生，或仅二科无学期成绩或不及格，但其在科目为公民、国文、算学、理化、劳作及各种教育学科等科中之任何二科之学生，均应留级一学期（连续留级以二次为限）。如学校无相当学校，可发给转学证书，令转插其他师范学校相当班次。学生有下列事之一者，得令其退学：一是学业成绩过劣，不堪造就，连续留级逾二次者；二是未请休学，或休学停学期满，不申请复学者；三是自请休学连续逾二次者；四是操行成绩不及格者。

（4）师范教育着眼于鼓励学生的探索精神。首先，各教师必须参加所任教科之教学研究会。各种研究会于每学期教务会议中，由各科教师互选一人为主席，负责召开每学期各科定期开会三次，讨论教材之选择，教学之方法，教学上之问题及设备，并决定本学科之教学活动等，以便收集思广益之效。每次开会，教务主任亦参加。其次，学校每周周末，由各级轮流举办周末晚会，表演节目，均由各级轮及班级自定，或话剧、或歌舞、或双簧、或杂技，悉听其便，惟所演节目，事先须经训导处核准，并请由导师指导；此种活动，非仅调剂精神，联络感情，抑且可训练办事能力与表演技能，自上学期推行以来，成效颇佳。学校为增进学生阅读之能力，并养成学术研究之空气起见，指导学生自治会组织各种课外研究会，如教育研究会、文艺研究会、自然科学研究会、社会科学研究会、美术研究会、技艺生产研究会、医疗卫生研究会及剧咏团等。各生得依其兴趣，自由参加；但至少一种。各种研究会，分别聘请各科教师负责指导。每学期除阅读指定之课外书籍、作札记报告并定期举行讨论会研究问题外，或出外参观、或请人演讲。总之，期于各种活动中，提高学生自动研究之兴趣，而从事进修，以匡教课之不及。

（5）师范教育着眼于造就学生的劳动技能。师范教育实施生产劳动训练。师范学校采行工作竞赛办法，以鼓励学生劳动服务，并提高其兴趣。实施以来，凡预定之工作，如：整理环境、修筑走道、清除土堆，均能合乎要求，依限完成。本学期建筑安乐楼，则轮转运石，学生为校服务之精神，于此可见。至于生产方面，则因农村未开，仅由劳作教师指导学生设计自制教具及日常用品，以增高其生产之知能，与专业之兴趣。此外举凡个人或公共事务，其于学生有益者，无不鼓励其利用课余时间，亲自操作以期养成勤劳习惯，发展创造思想，树立生产教育之基础。

（6）师范教育着眼于提升学生的服务意识。师范教育呈现出重视地方发展之思想内涵。在近代的教育宗旨中提到"中国近代之教育，根据三民主义，以充实人民生活，扶植社会生存，发展国民生计，延续民族生命为目的：务期民族独立，民权普遍，民生发展，以促进世界大同"①，近代湖州师范教育秉承政府之要求，扶植社会生活。因此在上述的师范档案中都有提及建设地方社会，发展民生的资料，如"成立地方教育辅导资料室，配合地方教育辅导及研究之需要，成立地方教育辅导资料室；召开区地方教育辅导会议暨区国民教育研究会，议决案件等……"，可见师范教育在当时的社会发展中所起到的作用。

---

① 《浙江省立湖州师范学校概况》，1948 年 6 月，全宗号 297，案卷号 90，湖州市档案馆藏。

跋语

　　如果要问一所大学的特色，人们更多地是从文化视野出发进行诠释和说明。道理很简单，文化不是空泛的虚设和可有可无的应景道具，而是一所大学的底色、韵调，是一个大学长期的叙事积淀，套用一句医学用语，是"色素沉积"的结果，诗意的表达则是"霜重色愈浓"。

　　执教于太湖之畔、苕水之滨的湖州师范学院，流连于文化江南绿意浓浓的校园，特别是沈左尧图书馆前那棵古老而苍劲的朴树，它就像一个忠实的读者，紧紧依傍、守护着知识的大厦。每每经过朴树，我都不由地时时在此驻足。朴树下是一本打开的石刻书，树铭由湖州师范学院著名文化学者、图书馆老馆长王增清先生亲拟：

　　朴树

　　编号：浙 E3051

　　树龄：约 110 年

　　保护等级：三级

　　古树铭：此古朴原植于人民路 128 号，即吾校之旧址也。1997 年随学校易居于此。当年移栽，年轮逾百而成活，堪称奇迹。迄今老枝新绽，呈生机而勃发；根深叶茂，竞万物而滋荣。其生命之强盛、气象之更新，不亦吾校万众奋搏而图昌隆之征象耶。

　　老实说，古老的朴树，某种意义上，也是学校精神的象征。不是吗？历经百余年岁月沧桑，它以一个见证者、守望者的身份，见证着这个学校的前世今生，分享着这个学校的梦想与光荣。由朴树，也生发了我对自己所在历史学科、专业的思考与眺望。

　　湖州师范学院的历史学科与专业是改革开放的产物，1982 年起步，

1998 年开始本科教学，历久而年轻。说其历久，乃是就学科本身而言，"根深叶茂，竞万物而滋荣"；论其年轻，则是指专业在湖州师范学院开设的时间，二十余岁正是事业成长激越勃发的华龄。湖州师范学院的历史教师队伍是年轻甚或是青涩的，但若以他（她）们所取得成绩，则可以说是"小学科大承担"。自 2011 年成功举办"海峡两岸纪念辛亥革命 100 周年学术研讨会"，历史学科相继举办了"海峡两岸民国人物与社会学术研讨会""海峡两岸抗战记忆与历史影像学术研讨会""海峡两岸湖丝·海洋文化论坛""湖州与近代中国理论研讨会""丝绸之源·太湖文明全国学术研讨会""族鉴南浔：世家望族暨沈氏文化全国学术研讨会""跨越与对话：海上丝绸之路文化交流学术论坛"等有特色、高水平的全国性学术会议，特别值得一提的是 2018 年 11 月主办了"第四届全国大学生历史学论坛"，这也是全国大学生历史学论坛首次花落长江以南高校。不仅如此，历史学科还参与协办了中国首届字砖文化研讨会（上海）、第三届防风文化全国学术研讨会（德清）、全国第三届黄帝文化学术研讨会（缙云）。高水平学术论坛的持续举办，为提升学科专业影响力，深化历史专业教学改革和人才培养提供了发展跃升的新平台和新路径。不仅如此，历史学科还实现了名家讲学的常态化。如著名历史学家、社会科学家、人文学者章开沅、张宪文、熊月之、张广志、孟世凯、赵世超、刘宝才、宋镇豪、李振宏、程民生、侯建新、包伟民、桑兵、汪朝光、卓新平、殷玮璋、李健民、阎照祥、陈红民、沈坚、戴建兵、陶飞亚，以及彭林、荣维木、吕福新、计翔翔、卢向前、廖大伟、曹必宏、鲍鹏山、金以林、沈长云、彭邦本、宫长为、杜勇、葛志毅、裘士京、周秋光、罗运环、王晖、李长莉、袁成毅、关晓红、何忠礼、葛金芳、李玉、王健、赵玉宝、孙敬明、尚永琪、管宁、胡震亚、胡成、张勇安、朱从兵、张彦修、孙竞昊、朱彦民、徐义华、刘中玉、丁贤勇、陈君静、朱明歧、郭培贵、唐燮军、鲍永军等先后或多次莅临历史学科指导并讲学，台湾地区著名学者张力、张启雄、刘石吉、李盈慧，以及年轻学者林泉忠、任天豪等亦多次到湖讲学交流。同时并有英国威斯敏斯特大学阿南德教授、捷克新丝绸之路研究所副所长白子捷博士、日本明治大学高田幸男教授等来湖参会或进行学术交流与合作。

回顾湖州师范学院历史学科走过的发展道路，对于地方高师院校专业发展而言，一定要有"仰望星空、脚踏实地"的情怀和精神。仰望星空其实就是高站位、大视野，脚踏实地就是认真遵循教育规律，以阳明心学"致良知"的实践精神扎实做好专业发展、教师发展。历史学作为一个投入不多的小专业，坚持到今天，很不容易，尤其是在一些学校逐步放弃的时候，湖州师范学院的领导和历史人坚守坚持住了。在当下贞下起元的新时代，我们又迎来了国家专门设立历史研究院，中国历史学繁荣发展的重大机遇期。唯有不忘初心，慎终如始，方能守望好、发展好学科专业水映千江云开万里的蓝天事业。

在此，特别感谢尊敬的学术大家熊月之先生！熊先生十分关心湖州师范学院历史学科的发展，多次来湖亲自指导。2017年为襄助"跨越与对话：海上丝绸之路文化交流学术论坛"，专门撰写了《湖丝映射的天空》，并亲莅论坛作主旨报告，此次蒙先生慨允将其作为首页代序，先生高义，在在可表！

感谢汪朝光先生！朝光先生乃当代民国史研究大家，于那一段风云史事每每有真知灼见，启发吾辈格物致知。不惟如此，先生并多次来湖讲座和指导湖师历史学科团队，当论集稿成又欣然赐序，幸何如之！

感谢中国社会科学出版社宫京蕾！她的认真态度和专业精神，确保了书稿的质量。没有她的辛劳付出，不会有本著的顺利出版。心谊在在！

本著以《历史研究的江南视野》为题，就研究者立身之所在，聚焦江南，发散问题，上下求索，试图从小历史的晴雨变化，眺望跃动的时代变迁，借以检视本学科发展之成果。因此之故，本著目标虽指向于江南区域的问题性研究，但不作系统性设计免囿作者思考的视界。如所周知，江南、江南文化、江南学是近年学界的热门话题，湖师历史人面对此潮，不能免俗，也不必离俗，但不作高头讲章，写好江南叙事应是职业和学养之鹄的。根据研究所得，具体分目如下：

《徐中舒之问与良渚文化再认识》《说"瓯"》《论〈越绝书〉的文化整合意识》《范型嬗变的宋学路向：胡瑗与宋初学术建构》《海岛教案："第三域"视阈下的文化排异与和合》《孙中山与张静江关系考述》《"浔商现象"刍议——基于两个时段的历史观察与认识》由李学

功完成；《"吕洞宾过沈东老"仙话考述》《胡瑗历史地位再评价》由周
扬波完成；《沈郎钱形制问题研究》《湖州发现西洋人物铜饰牌小考》
由杨心珉完成；《〈刘一止集〉整理弁言》由龚景兴完成；《天一阁的藏
书制度及借阅史实考》由张银龙完成；《太平天国运动时期人口变动对
民俗文化的影响——以浙江湖州为考察》由张剑完成；《近代嘉兴秀州
中学学生自主能力培养探析》由韩慧莉完成；《从官师合一到政学分
途：辛亥革命前后读书人的职业选择》由鲁卫东完成；《孟杰与近代湖
州福音医院研究》由王淼完成；《蒋汝藻：近代儒商雄贾》由李章程完
成；《近代湖州师范教育档案整理与研究》由虞文清、张剑、李娟
完成。

李学功
己亥端午於南太湖尺见阁